MINERVA
はじめて学ぶ教科教育
4

吉田武男
監修

初等理科教育

大髙 泉
編著

ミネルヴァ書房

監修者のことば

　本書を手に取られた多くのみなさんは，おそらく学校の教師，とくに小学校の教師になることを考えて，教職課程を履修している方ではないでしょうか。それ以外にも，中等教育の教師の免許状とともに，小学校教師の免許状も取っておこうとする方，あるいは教育学の一つの教養として本書を読もうとしている方も，わずかながらおられるかもしれません。

　どのようなきっかけであれ，本シリーズ「MINERVA はじめて学ぶ教科教育」は，小学校段階を中心にした各教科教育について，はじめて学問として学ぶ方に向けて，教科教育の初歩的で基礎的・基本的な内容を学んでもらおうとして編まれた，教職課程の教科教育向けのテキスト選集です。

　教職課程において，「教職に関する科目と教科に関する専門科目があればよいのであって，教科教育は必要ない」という声も，教育学者や教育関係者から時々聞かれることがあります。しかし，その見解は間違いです。教科の基礎としての学問だけを研究した者が，あるいは教育の目的論や内容論や方法論だけを学んだ者が，小学校の教科を1年間にわたって授業を通して学力の向上と人格の形成を図れるのか，と少し考えれば，それが容易でないことはおのずとわかるでしょう。学校において学問と教科と子どもとをつなぐ学問領域は必要不可欠なのです。

　本シリーズの全巻によって，小学校教師に必要なすべての教科教育に関する知識内容を包含しています。その意味では，少し大げさにいうなら，本シリーズは，「教職の視点から教科教育学全体を体系的にわかりやすく整理した選集」となり，このシリーズの各巻は，「教職の視点から各教科教育学の専門分野を体系的にわかりやすく整理したテキスト」となっています。もちろん，各巻は，各教科教育学の専門分野の特徴と編者・執筆者の意図によって，それぞれ個性的で特徴的なものになっています。しかし，各巻に共通する本シリーズの特徴は，多面的・多角的な視点から教職に必要な知識や知見を，従来のテキストより大きい版で見やすく，「用語解説」「法令」「人物」「出典」などの豊富な側注によってわかりやすさを重視しながら解説されていることです。また教科教育学を「はじめて学ぶ」人が，「見方・考え方」の資質・能力を養うために，各章の最後に「Exercise」と「次への一冊」を設けています。なお，別巻は，教科教育学全体とその関連領域から現代の学力論の検討を通して，現在の学校教育の特徴と今後の改革の方向性を探ります。

　この難しい時代に子どもとかかわる仕事を志すみなさんにとって，本シリーズのテキストが各教科教育の大きな一つの道標になることを，先輩の教育関係者のわれわれは心から願っています。

2018年

吉田武男

はじめに

　科学の進歩は著しく，その影響は現代社会や日常生活の隅々にまで及び，人類の存亡の鍵さえ握るほど大きくなっている。次世代の子どもたちは，ますます進展した科学技術社会の中で生きることになる。たしかに現代の子どもたちは，スマートフォンやテレビゲームなどには慣れ親しんでいるものの，自然科学が対象にしている自然そのものについての経験や体験は，昔日と比較すると格段にやせ細っている。いいかえれば，現代の子どもたちは，科学の成果にはなじみ親しんでいるものの，科学が対象にし問いかける自然そのものからは遠ざかりつつあるのである。そうした子どもたちに，最初に理科・科学を教える小学校の教師は大きな役割と重い責任を担っている。

　日本の初等理科は世界的にも注目を集め高く評価されている。代表的な国際学力調査である TIMSS や文部科学省の学力学習状況調査の小学校理科調査においても，児童の理科学力，理科に対する意識や態度も優れている。この点は，国際平均を大きく下回る点も少なからずある中高生徒の理科学力やその意識や態度とは大きく異なっている。しかし，学力学習状況調査によれば，子どもたちの自然体験不足ばかりではなく，初等理科から中等理科への円滑な接続をどう図り，定性的な理解から定量的数量的な理解や処理へどのように導き発展させるのか，などの課題が初等理科に残されているのである。

　こうした課題の解決をも目指して，小学校理科の新しい学習指導要領が2017年3月に告示された。新学習指導要領では，小学校理科の目標の示し方，理科的な見方や考え方の新たな捉え方など，初めて導入された点も少なくない。

　本書は，小学校の新学習指導要領理科編に対応するとともに，初等理科の基底にある理念や現代の主要な理科教育論を踏まえつつ，初等理科の実りある実践へと進めるような最新の理論と実践に不可欠な内容を余すところなく系統的に取り上げている。

　第Ⅰ部「初等理科の基本的視点」では，初等理科の歴史や目標を，第Ⅱ部「初等理科のカリキュラムと内容」では，初等理科のカリキュラムの全体的な動向とともに，初等理科の4つの内容の柱であるエネルギー，粒子，生命，地球のそれぞれの内容構成と児童の認識を，第Ⅲ部「初等理科の学習指導」では，現代の代表的な学習論や学習活動とその指導のポイントを，第Ⅳ部「初等理科の評価と授業」では，初等理科における評価と授業づくりや学習指導案の作成までを，それぞれ詳しくわかりやすく解説している。また本書の各章では，詳しい側注，各章の内容の理解を確認するための「Exercise」，学びを深めるための道案内である「次への一冊」を設けて，初等理科を初めて学ぶ皆様方の学びの充実と広がりに供している。本書を手にして，初等理科の主要な理論と実践への要点を系統的効率的に学ぶことで，皆様は初等理科の実践へ自信をもって臨み優れた実践ができる，と著者一同確信し期待している。

　末尾で恐縮ではあるが，ご多忙を極めるなか玉稿をお寄せいただいた各章の執筆者の方々と，ご面倒をおかけし，また多大なご尽力を賜ったミネルヴァ書房の編集担当，河野菜穂氏，深井大輔氏の両氏に深甚の謝意を表したい。

2018年7月

編著者　大髙　泉

目次

監修者のことば
はじめに

第Ⅰ部 初等理科の基本的視点

第1章 世界の初等理科教育の歴史 …… 3
1 初等理科教育の成立 …… 3
2 イギリスにおける初等理科教授の思想 …… 4
3 ドイツにおける初等理科教授の思想 …… 5
4 アメリカにおける初等理科教授の思想 …… 7

第2章 日本の初等理科教育の歴史 …… 11
1 明治初期における近代教育制度の創始と科学教育の導入 …… 11
2 教科「理科」の出現 …… 13
3 大正期における初等理科教育 …… 15
4 昭和戦中期における初等理科教育 …… 16
5 戦後以降の初等理科教育 …… 17

第3章 初等理科教育の目的・目標と科学的リテラシー …… 21
1 理科教育の目的の特質と目的設定の論理構造 …… 21
2 理科教育の目的と科学観 …… 23
3 科学的リテラシー …… 24
4 現代日本の初等理科教育の目標 …… 26

第Ⅱ部 初等理科のカリキュラムと内容

第4章 初等理科カリキュラム構成とその動向 …… 31
1 科学概念の獲得を志向する初等理科カリキュラム …… 31
2 ヒューマナイジングを志向する初等理科カリキュラム …… 33
3 日常生活との関連を志向する初等理科カリキュラム …… 34
4 創造性の育成を志向する初等理科カリキュラム …… 36

第5章　初等理科教育の内容の柱①――エネルギーとその認識 ……… 39
1　小学校理科の「エネルギー」に関わる内容 ……… 39
2　「エネルギー」概念を構成する3つの要素 ……… 44
3　「エネルギー」に関わる児童の認識と指導上の留意点 ……… 44
4　他教科との関連 ……… 47

第6章　初等理科教育の内容の柱②――粒子とその認識 ……… 49
1　小学校理科の「粒子」に関わる内容 ……… 49
2　「粒子」概念を構成する4つの要素 ……… 53
3　「粒子」に関わる児童の認識と指導上の留意点 ……… 54
4　児童の日常生活や他領域，他教科との関連 ……… 59

第7章　初等理科教育の内容の柱③――生命とその認識 ……… 61
1　小学校理科の「生命」に関わる内容 ……… 61
2　「生命」概念を構成する3つの要素 ……… 67
3　「生命」に関わる児童の認識と指導上の留意点 ……… 67
4　他教科との関連 ……… 69

第8章　初等理科教育の内容の柱④――地球とその認識 ……… 71
1　小学校理科の「地球」に関わる内容 ……… 71
2　「地球」概念を構成する3つの要素 ……… 79
3　「地球」に関わる児童の認識と指導上の留意点 ……… 79
4　日常生活や他教科との関連 ……… 81

第Ⅲ部　初等理科の学習指導

第9章　初等理科教育における探究学習論と問題解決学習論 ……… 85
1　理科教育における問題解決学習論 ……… 85
2　シュワブによる探究学習論 ……… 88
3　初等理科教育が目指す探究学習・問題解決学習 ……… 91

第10章　初等理科の基礎的な学習理論とそれを踏まえた指導 ……… 95
1　初等理科の指導改善に貢献する学習科学――熟達者研究を例にして ……… 95
2　初等理科の基礎的な学習理論――学習の促進を図るための基本的な視点 ……… 96
3　初等理科の基礎的な学習理論を踏まえた指導――その具体的な手立ての例 ……… 100

第11章　初等理科のグループコミュニケーション活動とその指導 … 105
1. コミュニケーション活動の意義 … 105
2. 初等理科でのコミュニケーション活動 … 106
3. 「深い学び」につながるコミュニケーション活動 … 107
4. 「深い学び」につながるコミュニケーション活動の指導 … 109

第12章　初等理科の言語活動とその指導 … 117
1. 言語活動の充実 … 117
2. 学習論研究における言語 … 121
3. 言語活動充実のための指導 … 122

第13章　初等理科の観察活動とその指導 … 127
1. 観察活動の意義 … 127
2. 感覚器官と観察活動 … 128
3. 観察活動の種類 … 130
4. 初等理科における観察活動 … 131
5. 観察活動の指導 … 133

第14章　初等理科の実験活動とその指導 … 137
1. 実験活動の意義 … 137
2. 実験活動の種類 … 139
3. 初等理科における実験活動 … 140
4. 実験活動の指導 … 142

第15章　初等理科のプロセス・スキルとその指導 … 145
1. プロセス・スキルの意義 … 145
2. プロセス・スキルの種類 … 146
3. 初等理科におけるプロセス・スキル … 148
4. プロセス・スキルの指導 … 151

第Ⅳ部　初等理科の評価と授業

第16章　初等理科教育における学習評価 … 157
1. 学校教育における学習評価 … 157
2. これまでのわが国の学習評価の実際 … 158
3. 新学習指導要領での3つの資質・能力と評価の3観点 … 160
4. 新学習指導要領のなかで活用される評価法 … 162

  5 学習評価と授業サイクル ……………………………………………… 164

第17章 初等理科実験の安全指導と実験室管理 …………………………… 167
  1 理科実験事故とリスク・危機管理 …………………………………… 167
  2 安全指導 ………………………………………………………………… 169
  3 実験室管理 ……………………………………………………………… 172

第18章 初等理科におけるものづくり ……………………………………… 177
  1 理科におけるものづくり ……………………………………………… 177
  2 理科学習としてのものづくり ………………………………………… 180
  3 アメリカの理科におけるものづくりの例 …………………………… 182
  4 ものづくり活動をめぐる課題 ………………………………………… 183

第19章 初等理科の授業研究 …………………………………………………… 187
  1 注目される日本の授業研究 …………………………………………… 187
  2 教師の資質・能力を育成する授業研究 ……………………………… 188
  3 授業研究への参加で学べること ……………………………………… 189
  4 授業研究で養われる理科の授業づくりの力 ………………………… 191

第20章 初等理科の学習指導案の作成 ………………………………………… 195
  1 学習指導案とは ………………………………………………………… 195
  2 学習指導案に記述する内容及びねらい ……………………………… 196
  3 質の高い学習指導案の書き方とその利用 …………………………… 200

小学校学習指導要領 理科
索 引

第 I 部

初等理科の基本的視点

第1章
世界の初等理科教育の歴史

〈この章のポイント〉

　初等理科教育は，先進国における初等教育制度の成立にともなって，19世紀に欧米を中心にその精度を増し充実してきた。本章ではその時代の先進的独創的な初等理科教授思想・実践を紹介する。具体的には，(1)イギリスでは初等理科教育の価値を明確化したハックスレーと発見的教授法と実験室教授法を提唱したアームストロング，(2)ドイツでは体系的分科的理科教授と開発的発見的教授法を構想・実践したディスターベーク，(3)「生活共同体」説に基づく独創的な理科教育内容・教材の構成と展開法を唱えたユンゲ，(4)アメリカでは自然に親しみ共感的な態度をも育成する自然科・自然学習や，全心を込めた目的的活動で経験を通した総合的な学習であるプロジェクト・メソッドを取り上げ解説する。

1　初等理科教育の成立

　初等理科教育の起源は，16世紀のヴィヴェス（J. L. Vieves），本格的には17世紀のコメニウス（J. A. Comenius, 1592〜1671）にまで遡ることができる。コメニウスは，教授の原理を体系立てた主著『大教授学』，初めての絵入り教科書である『世界図会』などを著している。前書においても理科教授を扱っているが，後に，レーバー（J. Reber）が『自然科』（*Naturkunde*）という大部の著書として編集・翻訳・解説しているほど，理科教育の先駆者でもあった。その後，18世紀には，汎愛派のバゼドウ（J. B. Basedow, 1724〜90），その思想と実践の継承・発展者であるザルツマン（C. G. Salzmann, 1744〜1811）なども理科教育を進めた。しかし，本格的に初等理科教育が展開されたのは19世紀に近代的学校制度が成立して以降である。初等教育制度の確立とともに，初等教育の内容の近代化の運動も次第に実を結び，少なくとも進歩した国々では読み書き計算だけを教えるのではなく，地理，歴史，理科，図画，手工などの近代的教科が学校に取り入れられるようになった。19世紀は，18世紀までに思想的に構想され，また優れた先駆者によって試験的に実施された近代初等教育の理念が，国家的規模において実現され具体化されていった時代である。このような普通教育の整備・確立への努力の進行と相まって，初等理科教育に関する思想もまた次第に成熟していった（梅根，1977，100〜101ページ）。

　本章では，そうした19世紀中葉から20世紀初頭までの初等理科教育の歴史の

▷1　コメニウス
モラビア（現在のチェコ共和国の一地方）生まれの牧師・教師・教育学者。17世紀に自然の法則を模倣して教授を施す自然主義を唱えた。

▷2　汎愛派
バゼドウが1774年創設した汎愛学舎で教鞭をとったり，彼の教育思想に共鳴した人々。

なかで，初等理科教育のあり方を考えるうえで着目すべき独創的な思想とその取組みを取りあげることにする。そこで，イギリスでは，初等理科教育の価値・目的論を展開したハックスレー（Th. H. Huxley, 1825～95）と発見的教授法と実験室教授法を提案したアームストロング（H. E. Armstrong, 1848～1937），ドイツでは体系的分科的理科教授と開発的発見的教授法をいち早く構想したディスターベーク（F. A. W. Diesterweg, 1790～1866）と独創的な理科の単元構成の基礎となった「生活共同体」説を提唱したユンゲ（F. Junge, 1832～1905），アメリカでは，「自然科」の構想と実践に携わったジャックマン（W. S. Jackmann, 1855～1904）とベイリー（L. H. Bailey, 1858～1954），そしてプロジェクト・メソッドのウッドハル（J. F. Woodhull, 1857～1941）とマクマレー（Ch. McMurry, 1857～1929）を取りあげる。

2 イギリスにおける初等理科教授の思想

1 ハックスレーの初等理科教授の価値・目的論

　ハックスレーは，イギリスが生んだ世界的に著名な自然科学者であるとともに，科学教育の普及発展に尽くした偉大な科学教育者でもあった。1871年には科学芸術庁主催のもとに小学校の教師のために講習会を開いたり，ロンドン市の教育委員会の委員として公立初等教育の充実に尽くし，公立小学校の正規のカリキュラムに理科を取り入れることに努力した。20歳代に行った「博物学の教育的価値」についての講演では，博物学の4つの陶冶価値を示している。第一は，観察力の訓練という能力訓練としての価値，第二は，生活実用的知識の習得という実用的価値，第三は，自然美の嘆賞という審美的情操的価値，第四は，自然法則認識という理論的価値である。教育委員会委員就任の前年1869年に行った「科学教育」と題する講演では，初等理科教授の価値について，第一に人文的価値，第二に日常的実用的価値，第三に専門家養成のための予備教育的価値を提唱している。彼は，道徳的社会的法則の認識と自然科学的法則の認識とを人間教育の二大領域と考え，そのいずれを欠いても完全な人間教育ではなくなるという教育観をもっていた。当時，自然科学的認識の教育がまったく欠けていることを指摘して，学校教育に自然科学教育を導入することの絶対的必要性を説いたのである。これが，第一の人文的価値である。

　そして彼は，普通教育としての科学教育はあらゆる科学の分野にわたり個々の科学知識を習得させることではなく，科学全般についての通観的な見通し（統一的理解）をもつことと科学的方法を体得することを目的とするものとした。しかし，科学のみを重視して文芸的美的教養をないがしろにする傾向にた

いしては厳しく批判した（梅根，1977，125〜141ページ）。

2　アームストロングの「発見的教授法」と「実験室教授法」

　アームストロングの科学教育論の主たる対象は中等教育であるが，初等理科教授過程に添付する要目には，初等物理や初等化学の実験が取りあげられている（寺川，1985，236〜242ページ）。その「実験室教授法」は初等理科教授においても大きな影響をもつものであるのでイギリスの理科教育史上傑出した理科教育論として取りあげることにする。彼は，まず，理科教育の固有な意義や価値の追究から出発した。そして，科学の本質の理解，科学的能力の育成，科学的態度・科学的精神の涵養，科学的方法の体得にこそ，理科教育固有の意義と価値があると考えた。これらの意義・価値を実現する方法が「発見的教授法」であった。それは，次のような理由からであった。

　　自然科学が自然科学たる所以のものは，自然科学の研究法にあり，この方法ゆえに自然科学は独自の領域を開拓し，体系を確立してきた。それゆえ，自然科学の何たるかを知ろうと思えば，科学の研究法の何たるかを知らなければならない。しかし，それは講義によって教えられるべきものではなく，生徒が実際に科学の研究法に基づいた研究を行ってみるのでなければ理解できるものではない。さらに，科学的能力や科学的態度，精神の育成なども，結局はそうした科学的方法に基づいた問題解決の過程において培われるものであるからである（木村編，1973，29ページ）。

　このような理由から，彼は単に実物教授や野外観察ではなく，実験室で厳密な定量的な実験を行う，いわゆる「実験室教授法」を導入し，それを理科学習の基本とする実践を試みたのである。彼は，例えば，「鉄の錆び」「アルキメデスの原理」の学習を事例に，当時一般的に行われていた非発見的方法による教授・学習展開と発見的方法による教授・学習展開を比較して示している（寺川，1985，247〜252ページ）が，その事例は，確かに，実験グループでの討論や教室全体での討論場面や児童の発表の様子を知りえないものの，現代の理科教育・初等理科教育において行われている典型的な探究的・問題解決的理科教授・学習の展開とほとんど変わりないものである。

▷3　アルキメデスの原理
アルキメデスが発見した「流体中の物体は，その物体が押しのけた流体の重さ（重量）と同じ大きさの上向きの浮力を受ける」という原理。

3　ドイツにおける初等理科教授の思想

1　ディスターベークの体系的分科的理科教授思想と開発的発見的方法

　ディスターベークは，徹底したペスタロッチ主義者で，ペスタロッチの直観

▷4　ペスタロッチ
世界的に影響力をもった有名なスイスの教育家。主著『ゲルトルート児童教育法』（1801年）。

第Ⅰ部　初等理科の基本的視点

▷5　直観の原理
認識の契機として感覚的直観を重視し，人間の自己活動を促し，直観から概念へという認識の形式をとる教授の原理。ペスタロッチの直観は，「数」「形」「語」の3つの要素をすべての認識の基礎とした。

▷6　庶物指教
object lessons の明治初期の訳語で，実物教授ともいう。ペスタロッチの直観教授の思想に基づいて欧米で展開された，実物を使って子どもの感覚に訴える教授法。

▷7　形式陶冶
知識の蓄積ではなく，記憶力，推理力，判断力，観察力などを陶冶することを人間陶冶の第一の目的とする立場であり，またこれらの心的諸能力の陶冶によって，これを他の領域の学習にも転移させることを前提としている。

▷8　実質陶冶
形式陶冶に対する概念である。陶冶を抽象的な人格形成，心的諸能力の一般転移のためとする立場に反対して，知識・内容の理解・蓄積に重きを置く立場。カリキュラムにおいて古典語の時間を削減し，かわって自然科学や近代語を導入したのは実質陶冶の主張に基づくものである。

▷9　ヒューマニズム
人文主義。ヨーロッパで14，15世紀に展開したルネッサンスの指導理念である人間中心主義という概念。

▷10　リンネ
18世紀のスウェーデンの植物学者，生物学者。生物分

の原理を教授の根本的原理として重視した。しかも，庶物指教的な原理としてではなく，自己活動的な認識活動の原理として捉えたのである。自己活動的な直観的方法とは，具体的，特殊的，個別的，現実的なものから出発して，抽象的，一般的，原理的なものをそのなかから導き出す方法であり，科学の研究方法でもある。直観から出発して科学的な思考過程を子ども自らが体験することによって，科学的な思考の訓練を行い，自己活動的な真理の探究者を育成することを目指した。このように形式陶冶主義に基づき，自主的に科学する人を育てることを理科教授の目的とした。しかし，単なる形式陶冶主義に終始するのではなく，あらゆる基本的認識の領域が広く教材として選ばれ，人間の精神的素質は多方的全面的に開発されるべきものとして実質陶冶主義の立場をも尊重していた。

　　科学は学習者に与えられるものではなく，生徒（子ども）自身によって発見され，彼自身によって自己活動的に獲得されるべきものである。……真の教師はその生徒（子ども）にでき上がった科学の建物を見せることをしないで，彼に科学の土台を築かせ，彼とともに科学の家を建て，こうして彼に建てかたを教える（梅根，1977，104～105ページ。（ ）は筆者）。

　初等理科カリキュラムとしては，「直観科」から出発し，博物等を経て直観能力を発展させ，やがて物理教授に至るという初等理科教育の体系を提案した。彼は，理科教授法を相対立する次の2つのタイプに分類している。一つは，「伝達的教理的教授法」で，授与的で生徒の受容性に重きを置く方法であり，もう一つは「開発的発見的教授法」で，探究的で子どもの自発性・自己活動性に重きを置く方法である。

　ヒューマニズムに立脚する非実用主義的な「科学のための科学」の立場をとり，体系的科学を初等教育へ導入し，方法上の原理としての自己活動的，直観的，発見的方法を提案した点で，近代的な初等理科教授論の一つの完成点に達していた。こうした理科教授思想は，世界の他の国々にも広がり，19世紀全体を支配する先駆的思想になった（梅根，1977，112ページ）。

2　ユンゲの総合的理科教授思想と「生活共同体」説

　ユンゲは当時主流になっていたリンネ（C. v. Linne）の流れをくむ分類学的な博物教授に疑問を抱いていた。それは子どもたちが，博物の授業を終えた時には，実に数百に上る数の植物の名前を知っているが，2年も経つとありふれた植物の名前も思い出せず，植物分類学上のカテゴリー（階級）である種や目の名称，葉の形などをことごとく忘れてしまうからである。

　彼は，動物学者メービウス（K. A. Möbius）の下で，生体の構造とその生活様式との間にある相互依存関係について学び，これをヒントに生命ある有機体を

統一的に理解することができる「生活共同体 (Lebensgemeinschaft)」という概念を発展させた。その実例を示すものとして『生活共同体としての村の池』(ユンゲ，1977) を著した。「村の池」は郷土的で直観的な小さな生活共同体であるが，同時に大きな共同体としての地球の一つの要素的事例である。それは，同一の場所，同一の生活環境に共存する多くの生物からなる生活共同体であり，その相互依存の関係や外的条件 (物理化学的条件，空気，水の状態など) への適合関係に着眼させながら観察させ，そこから生物学的な法則の認識に導こうとするものである。「生物学的法則」は8つあり，その1つである「保存適合性の法則」は，「生物の住所・生活様式は生活構造と相関をもっている。例えば魚は水中に棲む。したがってひれをもち，水中を泳ぐ」という内容である。このように子どもは，「村の池」のなかの生物の相互関係，その環境との依存関係を観察することによって統一的な自然理解へと導かれるのである (梅根，1977，178〜179ページ)。

類を系統化し「分類学の父」と呼ばれる。

つまり，特殊のもの・個別的なものを通じて一般的なものを理解させるのである。これによって，あらゆる生物の種類にわたって系統的羅列的にあるいは百科全書主義的に教材を取りそろえる必要も，動植物の名前や形態を無数に記憶させる必要もなくなった (梅根，1977，179ページ)。

▷11 **百科全書主義**
あらゆる知識を集成し，普遍的知識体系の教育を理想とする主張。汎知主義ともいう。

博物教授の目標は，自然における統一的生活の明瞭で情緒豊かな理解をもてるようにすることであった。それは，「村の池」の場合，次のような過程を経て達成される。すなわち，(1)個々の事物とそれに宿る法則性の観察，(2)子どもの眼に入りやすい小さな生活共同体における既知の存在についての認識の繰り返し，(3)未知の存在への法則の適用，(4)地上の生活 (共同体の) 総体における法則の適用および再発見，という過程を経るのである (ユンゲ，1977，148〜149ページ〔訳者解説〕)。

ここに，初等理科カリキュラム編成，内容・教材の選択，構成と展開に関して，「生活共同体」説の独自性を見ることができる。

4 アメリカにおける初等理科教授の思想

1 「自然科 (Nature-Study)」運動

アガッシー (L. Agassiz)，パーカー (F. W. Parker) 等の思想の影響を受けたジャックマンは，1891年に『小学校における自然科』(*Nature Study for Common School*) を著した。ジャックマンの初等理科教授構想の要点は次のようなものであった。第一に，すべての教材を一年の四季の変化に合わせて配列し，子どもの生活に親しみあるようにしたこと，第二に，専門的に分化した科学の体系によらずに，子どもを野外に出し，野や森で生きた自然を学ばせることを主眼

▷12 **パーカー**
1837年，ニューハンプシャー州生まれ。ペスタロッチ等の思想の系譜につながり，デューイの教育思想にも重要な影響を与え，アメリカの新教育運動の父ともいえる。シカゴ大学初代教育学部長も務める。

としたこと，第三に，「読方や書方」などの教材に博物を利用する副次的な理科教授ではなく，独立した科目としたこと，である。20世紀に入ると，コロンビア大学教育学部を中心に雑誌『自然科評論』（The Nature Study Rewiew）が創刊され，「アメリカ自然科協会（American Nature Study Society）」が設立され，「自然科」運動はアメリカ全体に広がった（梅根，1977，266～268ページ）。

そのなかで，ベイリは1903年に『自然科の理念』（The Nature Study Idea）を著し，自然科の概念を一層明確化し，新しい初等理科教授のあり方を確立した。彼は，将来の学者・専門家を養成するための科学教授（science teaching）とあらゆる人が豊かな人生を送るのに必要な自然に対する科学的態度を養うための自然科とを明確に区別した。自然科は，博物（自然史）や生物学や初等科学などではなく，したがって，自然科は科学ではなく，知識でもなく，事実でもなく，それは精神であり，心の態度なのである（梅根，1977，269～270ページ）。ベイリは，「自然科は従来の教育課程に何かもう一つのものを外側から付け加えるものではない」，といっている。したがって教科名を意味する「自然科」という訳語は，ベイリのいう Nature-Study に適合しているとはいえないのである。このため「自然学習」という訳語を当てることもある。ベイリの「自然学習」は，「自然の詩的解釈」（ベイリ，1972，93～102ページ）に象徴されるように，自然に親しみ共感する態度・方法なのである。それゆえそれは，学校教育に限定されるものではなく，自然保護運動などにおいてとられる態度・方法なのである（ベイリ，1972，149ページ〔訳者解説〕）。彼は，具体的教材の一例として子どもにとって身近な「小川」をあげ，われわれの住んでいる大自然の縮図として，多面的な自然現象を感受させるテーマとして勧めている。ここには，小川を関連の場としてそこに体系科学的な教材配列とは異なった別個の経験の総合体を形成しようとする意図を見ることができる（梅根，1977，273ページ）。

2　プロジェクト・メソッドによる理科教授

プロジェクト・メソッド（Project Method）が現れたのは，農業学校長のスチムソン（R. W. Stimson）が小学校で家庭プロジェクトの名の下で行われていた一種の家庭学習を農業教育に取り入れたことが発端であるが，教育学者のキルパトリック（W. H. Kilpatrick, 1871～1952）が，プロジェクトを「全心を込めて行う目的的活動」として明確化した。これは，何かの計画的な一つのまとまった実際の仕事を通して子どもに総合的な教育作用を及ぼそうとするもので，ウッドハルが1918年に『科学教授論』（The Teaching of Science）を著し，プロジェクト・メソッドによる理科教授を構想・展開した。彼は，当時の理科教授が専門科学の分科的体系にとらわれ，いわゆる基礎原理の教授に終始する傾向を批判し，「経験による学習」を主張した。そして「日常経験を科学的に研究

▷13　キルパトリック
1871年生まれのアメリカの教育学者。新教育運動の推進者。デューイの実験主義の影響を受け「生活即教育」の理論を具体化したプロジェクト・メソッドを完成させた。

すること」を強調したのである。そうした立場を「一般理科（general science）」と名付けた。そしてその具体化の方法をプロジェクト理科に求めたのである。プロジェクトはまず必ずある問題から出発し，通常の教材に見られる論理的系列には従わず，子どもは積極的，自主的に問題解決にあたり，自分の目的に照らして事実を選択し調べていき，「終わり」ということばで終わることなく，次々に問題を求めていく態度に導く，という極めて実践的主体的な学習であった（梅根，1977，275～282ページ）。

　こうしたプロジェクト・メソッドを初等理科教授で展開したのがマクマレーである。1905年に出版した『科学教授法』では，初等理科が子どもの生活経験に立脚すべきこと，したがって，科学体系による論理的な分科主義によることなく，生活中心の総合単元によるべきものであることを説いている。家庭生活から出発するならば，それを中心としてそこからいろいろな科学へ向かって種々の問題が枝を出してくる。例えば，通風は物理学や生理学に，料理は化学やその他の科学に，家庭衛生はほとんどすべての科学に関係する。マクマレーは1920年に『プロジェクトによる教授』（*Teaching by Projects*）を著し，当時すでに課題とされていた教科目と教材の豊富化・過剰を克服するには，生活的プロジェクトによる教材編成以外はないとの立場から，プロジェクトをもって教科教材の統合の必要性に応ずる教材構成の原理と位置づけた。その大単元は，実に広範囲にわたるもので，例えば，手技的家庭プロジェクトは，裁縫，家畜，園芸，木工，印刷製本，料理などにも及んでいるのである（梅根，1977，283～287ページ）。

Exercise

① 現在の小学校においても理科は学ばれている。理科を教え，学ぶ現代的意義・価値をハックスレーの思想を手がかりに考えてみよう。
② 現在の小学校理科教育においても問題解決的・探究的な授業が求められているが，その起源ともいえる発見的探究的な初等理科教授の思想の流れと発見的な理科授業の必要性について考えてみよう。
③ 理科の内容や教材の編成には，一方で自然科学の分野それぞれに対応して物理学・化学・生物学・地学と分科的に組織するカリキュラムと，他方であるテーマの下にそうした分野を統合的総合的に組織するカリキュラムがある。それぞれの長所と短所を初等理科教育の歴史を踏まえて考えてみよう。
④ 初等理科教育の目標，内容，教材，教授と学習を考える時，生活とのかかわり，自然とのかかわり，自然科学とのかかわり，技術とのかかわりなどをどのように捉えるかがポイントになる。初等理科教育史のなかから，それぞ

第Ⅰ部　初等理科の基本的視点

れのかかわりとよりよく対応する初等理科教授思想を整理してみよう。

📖 次への一冊

梅根悟『梅根悟教育著作選集第5巻初等理科教授の革新』明治図書出版，1977年。
　　イギリス，ドイツ，フランス，アメリカなどの初等理科教授の歴史を知ることができる名著であり，その後のわが国の理科教育論における海外の理科教育史の記述はほとんど本書によっている。

学校理科研究会『現代理科教育学講座3巻歴史編』明治図書出版，1986年。
　　日本，アメリカ，フランス，ドイツ，ソビエトの1980年代までの理科教育史と理科教育思想を扱っている。

ユンゲ，F.，山内芳文訳『生活共同体としての村の池』明治図書出版，1977年。
　　ユンゲの代表的著作である。その思想の詳細を知ることができるし，訳者による詳細な解説も参考になる。

ベイリ，L. H.，宇佐美寛訳『自然学習の思想』明治図書出版，1972年。
　　ベイリのNature-Studyに関する著作であり，その詳細を知ることができるし，訳者による解説も参考になる。

木村仁泰編『理科教育学原論』明治図書出版，1973年。
　　理科教育の基礎的原理的問題を海外の歴史と動向をも踏まえて広範に知ることができる。

寺川智祐『アームストロングの理科教育論研究』風間書房，1985年。
　　アームストロングの理科教育論の研究書であり，発見的方法，実験室教授について豊富な事例とともに詳しく知ることができる。

大髙泉「理科教授・学習の本質」大橋秀雄他編『理科教育事典　教育理論編』大日本図書，1991年，109～114ページ。
　　イギリス，アメリカ，ドイツ，フランスの理科教育史上の代表的な考えを探るとともに，それを踏まえて理科の教授・学習をめぐる代表的論点について整理している。

引用・参考文献

ベイリ，L. H.，宇佐美寛訳『自然学習の思想』明治図書出版，1972年。
学校理科研究会『現代理科教育学講座3巻歴史編』明治図書出版，1986年。
ユンゲ，F.，山内芳文訳『生活共同体としての村の池』明治図書出版，1977年。
木村仁泰編『理科教育学原論』明治図書出版，1973年。
今野善清他編『学校教育辞典』教育出版，2003年。
教育思想学会編『教育思想事典』勁草書房，2004年。
寺川智祐『アームストロングの理科教育論研究』風間書房，1985年。
梅根悟『梅根悟教育著作選集第5巻初等理科教授の革新』明治図書出版，1977年。
ヴァイマー，H. & シェラー，W.，平野一郎監訳『ドイツ教育史』黎明書房，1979年。
山田栄他編『教育学小事典』協同出版，1974年。

第2章
日本の初等理科教育の歴史

〈この章のポイント〉

　明治初年の学制下において科学教育が導入され，その後「理科」という新教科が出現し，理科教育の原型が形成された。大正期には，第1次世界大戦からの影響下で新たな理科教育が模索され，低学年理科特設運動が高まりを見せた。昭和戦中期に入ると，国民学校令下で「理数科理科」が設置されるとともに，「自然の観察」として低学年理科がはじめて制度化された。戦後，教育の民主化政策の下で学習指導要領（最初は「（試案）」）が作成され，以降改訂を重ねながら，かなりの程度わが国の理科教育の方向性を規定してきた。本章ではわが国における初等理科教育の変遷について解説する。

1　明治初期における近代教育制度の創始と科学教育の導入

1　「学制」下の科学教育

　幕末期に目の当たりにした欧米列強の強大な国力を前に，明治新政府は諸外国と対等に渡り合える近代国家の建設を急務としていた。それには，国民全体に学校教育を施すことが必要であるとして，1872（明治5）年に「学制」が発布され，それに基づく「小学教則」が文部省（現文部科学省）によって制定された。ここに，わが国における近代教育制度の基盤が確立されたのである。

　それと同時に，科学教育も制度化された学校教育のなかにはじめて導入され，その歩みをはじめることとなる。とくに，「学制」下では，科学技術の発展によって国力の増強を目指すという意図もあり，科学教育がひときわ重視された。小学校は，下等／上等小学の各4年制からなり，文部省の「小学教則」には，自然科学関係の教科名として下等小学で「養生口授」と「(窮)理学輪講」、上等小学で「(窮)理学輪講」「博物」「化学」および「生理」があげられている（日本科学史学会編，1964，212～215ページ）。これら自然科学関係の教科の授業時間数は，全授業時間数の約15％を占め，数学関係の教科を含めればその割合は40％以上にものぼり，科学教育重視の姿勢が顕著に表れている。また，教科書としては，明治初年に刊行された科学啓蒙書が多く例示された。

　しかしながら，この文部省の「小学教則」は実際にはほとんど実施されず，代わって全国に普及したのは，1873（明治6）年に師範学校が制定した「小学

▷1　窮理学
江戸から明治初年にかけて使用された学問名称で，主に物理学を意味する。

▷2　科学啓蒙書
明治初年に発行された一連の大衆向けの科学書。代表的なものに，1868（明治元）年に発行された福沢諭吉の『訓蒙窮理図解』などがある。その後，「学制」の発布とともに科学啓蒙書ブームが起こり，そのほとんどが窮理書であったことから，「窮理熱」とも呼ばれた。

第Ⅰ部　初等理科の基本的視点

教則」であった。師範学校の「小学教則」は，アメリカの教則の翻訳版といわれているが（日本科学史学会編，1964，203ページ），そこには自然科学関係の教科名は見当たらず，「読物」「問答」「復読」などが並んでいる。科学教材は，アメリカの教則がそうであるように「読物」で取りあげられ，現に下等小学の「読物」教材である『小学読本』巻4は，全文窮理学教材であった。また，上等小学では，『物理階梯』▷3や『小学化学書』▷4などが教科書として指定された。

そうしたなかで展開された科学教育の内実は，ただ教科書を輪読，輪講し，最後に暗記するというものであった。

［2］ 「教育令」・「改正教育令」下の科学教育

1879（明治12）年，政府は「学制」に代わる新たな教育制度案として「教育令」を公布した。この「教育令」は，地方の教育の自主性を大幅に認めた点に特徴があり，いわば中央集権的な強制力をもった「学制」からの変転を示すものであった。しかし，それまでに築かれた統制的な教育制度が一挙に崩壊の危機を迎える事態に立ち至り，わずか1年後の1880（明治13）年には，再び統制的な「改正教育令」が公布された。「改正教育令」では，「教育令」下で4年に短縮されていた小学校課程が，初等科（3年），中等科（3年），高等科（2年）とされ，儒教思想に基づく修身教育重視の方針をとることとなった。

また，文部省は1881（明治14）年に「改正教育令」に基づく「小学校教則綱領」を制定した。「小学校教則綱領」において，自然科学関係の教科は初等科にはみられず，中等科に「博物」と「物理」，高等科に「博物」「化学」「生理」などが置かれた。ここで特徴的なのは，「物理」の時間が大幅に減少した代わりに「博物」の時間が増加し，さらに自然科学関係の教科の授業時間数が「学制」下の60％程度にまで減少したことである（奥田監修，1985a，360ページ）。

こうした「小学校教則綱領」にみられる自然科学関係教科の教育内容について，例えば「物理」の項では，「物理ハ中等科二至テ之ヲ課シ物性，重力等ヨリ始メ漸次水，気，熱，音，光，電気，磁気ノ初歩ヲ授クベシ凡物理ヲ授クルニハ務テ単一ノ器械及近易ノ方便ニ依リ実地試験ヲ施シ其理ヲ了解セシメンコトヲ要ス」（奥田監修，1985b，46〜50ページ）と規定されている。つまり，科学の初歩的内容を教え，またそれに際しては実地試験を行ったり，「博物」では動植物を収集したりと，「学制」下で一般的であった輪読，輪講ばかりによらず，実物・実験に基づく教授が謳われたのである。これには，アメリカからもたらされたペスタロッチ主義の開発教授法▷5の影響があったとされる（蒲生，1969，60ページ）。このような考え方は，当時としては革新的であったが，多くの教師は，本の代わりに実物を使うといった末梢的模倣しかできず，それは合理精神を育成するようなものではなかった（蒲生，1969，57〜72ページ）。

▷3 『物理階梯』
明治5年に発行（文部省刊，片山淳吉訳編，3巻）された物理教科書で，高度な内容であったが当時最もよく普及した。パーカー（Parker）の "First Lesson in Natural Philosophy" を主にしつつ，カッケンボス（Quackenbos）の "Natural Philosophy" も参考に作成されている。

▷4 『小学化学書』
明治7年に発行（文部省刊，市川盛三郎訳，3巻）された化学教科書で，『物理階梯』と並んで当時を代表した。原本は，ロスコー（Roscoe）の "Chemistry" で，実験を基礎にして理論を考える習慣を養うことを主張した点は，極めて進歩的であった。

▷5　開発教授法
東京師範学校を拠点に高嶺秀夫らによって唱導されたペスタロッチ主義の教授法。暗記や注入といった方法を否定し，実物を用い，子どもの直接経験によって諸能力を開発することを目指した。

2　教科「理科」の出現

1　「小学校令」の制定と新教科「理科」

　1886（明治19）年，文部省は一連の学校令を公布し，教育と学問を強い国家統制のもとに置き，軍国主義的な教育方針を打ち出していった。教育の指導理念も，自由主義的なアメリカ流から国家主義的なドイツ流へと転換したのである。ここで制定された「小学校令」は，以後数度に渡る改正を経ながら，1941（昭和16）年の「国民学校令」制定に至るまで連綿と続いていく。

　「小学校令」並びにその後間もなく出された「小学校ノ学科及其程度」により，小学校は尋常小学校（4年）と高等小学校（4年）とに分けられ，尋常小学校の4年間が義務教育年限と定められた。そして，この「小学校ノ学科及其程度」では，従来の「物理」「化学」「生理」といった各教科に代わる形で，「理科」が設置された。「理科」という新たな教科名は，1885（明治18）年改正の「再改正教育令」の下，同年12月25日に文部省から各府県に通牒された「小学科課程表」ですでに登場していたが（倉沢，1975，807～810ページ），「小学校令」下でその実質的な歩みをはじめることとなった。ここでは，教科名の一新以上に大きな変化がもたらされた。まず，「理科」は義務教育期間外の小学校第5学年（高等小学校第1学年）からはじまり，しかも週当たりわずか2時間だけで，授業時間数が激減したのである。もっとも，「改正教育令」下においても自然科学関係教科の授業時間数は減少傾向にあったが，それが一層際立った。また，教育内容も大きく様変わりした。「小学校ノ学科及其程度」の「理科」の項では，「理科ハ果実，穀物，菜蔬……等人生ニ最モ緊切ノ関係アルモノ。日月，星，空気……等日常児童ノ目撃シ得ル所ノモノ」（奥田監修，1985b，53ページ）とされ，ただ自然物や現象が羅列されるのみであった。つまり，「小学校教則綱領」のそれとは対照的に，「理科」では，科学そのものではなく，生活に関係深く日常児童が目撃し得る自然の事物・現象と技術的所産に関する個別的な知識が教えられることとなったのである（大高，2001，4～5ページ）。

　教科「理科」の出現にともなうこうした変化の要因については，代表的な見解が2つみられる（大高，2001，5ページ）。一つは，従順な人間の養成を目指す国家主義的な教育方針下では，科学的な自然観や合理的な考え方の養成を目指す科学教育は危険と見なされたから，というものであり，もう一つは，科学教育が危険視されたからではなく，小学生という発達段階や当時の教育事情に合わせたから，というものである。

▷6　学校令
1886（明治19）年に文部省によって公布された，「小学校令」「中学校令」「師範学校令」および「帝国大学令」の総称。

2　「理科の要旨」にみる教科「理科」の性格

　1890（明治23）年，文部省は先の「小学校令」を改正し，翌1891（明治24）年にはそれに基づく「小学校教則大綱」を制定した。このなかで，各教科の「要旨」がはじめて明文化され，教科「理科」の性格も規定されることとなった。

　「理科の要旨」の文言は，「理科ハ通常ノ天然物及現象ノ観察ヲ精密ニシ其相互及人生ニ対スル関係ノ大要ヲ理会セシメ兼ネテ天然物ヲ愛スルノ心ヲ養フヲ以テ要旨トス」（奥田監修，1985b，56ページ）というものであった。ここでは，科学そのものの知識の教育ではなく，観察する力の養成であったり，生態学的な自然観や自然に対する態度面の養成が前面に押し出されている（板倉，2009，209ページ）。とくに，「其相互及人生ニ対スル関係ノ大要ヲ理会セシメ」の部分は，ドイツのユンゲによる「生活共同体」説に基づく理科教授思想から影響を受けたという見方がなされている（板倉，2009，215ページ）。また，「天然物ヲ愛スルノ心ヲ養フ」の部分は，「自然を愛する心情を養う」といった形で，今日の小学校学習指導要領理科の目標にも受け継がれている。

▷7　生活共同体
ユンゲ（Junge）の著書『生活共同体としての村の池』（*Dorfteich als Lebensgemeinschaft*）に表されたもので，地球上の生活体は，互いの関連のもとに1つの有機的な統一体をなしていると捉えるような考え方。

3　小学校理科教科書の国定化

　1886（明治19）年の「小学校令」制定は，教科書の検定制度の導入を示すものでもあった。1902（明治35）年に検定教科書をめぐる汚職事件が発覚したことを契機に，文部省は翌1903（明治36）年に「小学校令」を改正し，国定教科書制度を敷いた。しかし理科については，国定化の枠から外れ，さらに児童用教科書の使用を禁止することが，「小学校令施行規則」で規定された。つまり，理科では教師用の検定教科書のみが用いられることとなったのである。

　これら児童用教科書の使用を禁止する動きの背景には，理科は書物によって学ぶ教科ではなく，直接経験を基礎にすべきであるという考え方や，教科書をただ理解・記憶する学習を押しつけてしまうことへの懸念があった（奥田監修，1985a，368ページ）。だが，いざ児童用教科書が使えなくなると，現場の小学校教師は大いに戸惑い，当時発行されていた「生徒筆記代用」や「理科筆記帳」といった類の，教科書ではない児童用図書を使用する動きが広まりをみせ，それを受けて文部省はまず教師用理科教科書の編纂・発行を決意するに至った。

　そうしたなか，文部省は1907（明治40）年に再び「小学校令」を改正し，尋常小学校を4年制から6年制として義務教育を6年に延長した。理科は尋常小学校第5学年から開始となり，義務教育段階で理科が課されることとなった。

　そして，1908（明治41）年，文部省編纂の『尋常小学理科書（教師用）』第5・6学年用が発行された。当時まだこれらは国定ではなかったが，1910（明治43）年の「小学校令施行規則」の改正にともなって国定教科書となり，併せ

て児童用国定教科書『尋常小学理科書』も発行され，義務教育最初の国定理科教科書として，翌年から使用されていった。ただし，この『尋常小学理科書』は，備忘録的に要点を整理記載したものであり，「<u>がく</u>は四片に分れ，<u>はなびら</u>は四枚あり。<u>をしべ</u>は六本ありて，……」（下線は原文ママ。日本科学史学会編，1965，221ページ）といった具合に，終始無味乾燥な表現が並んでいた。

3　大正期における初等理科教育

1　第1次世界大戦の影響と新教育運動の普及

1914（大正3）年に勃発した第1次世界大戦は，「科学戦」と称されるように新型の科学兵器が多数用いられ，当時の人々に大きな衝撃を与えた。そうした新兵器開発や産業立国を推進するため，科学技術の振興の必要性が声高に叫ばれ，理科教育拡充の機運が一気に高まりを見せていった。その表れとして，文部省は1919（大正8）年に「小学校令施行規則」を改正し，これまでよりも1年前倒しする形で尋常小学校第4学年から理科を課すこととした。

また一方で，第1次世界大戦は，わが国で新しい教育思想が普及する契機ともなった。それまで模範としてきたドイツ国家主義がこの大戦で敗北したことで，イギリスやアメリカから自由主義・民主主義という思想が流れ込み，「新教育」という新たな教育思想ももち込まれた。これは，ペスタロッチやデューイの流れをくみ，子どもの必要と興味を基礎とした，いわば子ども本位の実物教育を提唱するものであった。こうした考え方に根差した理科教育の実践研究は，自由主義を謳って創立された成城小学校などの私立小学校を中心に展開され，後の低学年理科設置を求める動きへと結びついていった。

2　児童実験の隆盛

第1次世界大戦の影響によって，理科教育の推進に向けた大きな流れが形作られようとするなか，理科教育の質的改善の面から児童（生徒）実験が重視された。この考え方は，欧米留学から帰国した棚橋源太郎によって，大戦直前に紹介されていたものであった。棚橋は，留学中に学んだアームストロングの「発見的教授法・実験室教授法」に基づいて，1913（大正2）年に『新理科教授法』を発行し，そこで児童生徒による実験観察の重要性を強調したのである。

そして大戦末期頃にかけて，文部省は国庫補助をして実験設備の充実を図るとともに，1918（大正7）年に訓令を出して生徒の実験観察を奨励した。これらは主に中等学校に関しての施策であったが，実験観察重視の流れは着実に小学校にも波及していった。だが，実験観察に対する教師の考え方や指導力不足

▷8　新教育
19世紀末から20世紀初頭にかけ，欧米の先進諸国を中心に広まった新しい教育思想。児童の個性や自発性，自由な創造，身体活動・作業を重視するような，児童を中心とする点に共通原理がある。日本では，主として大正期に盛り上がりを見せたことから，「大正新教育」や「大正自由教育」と呼ばれることもある。

▷9　発見的教授法
子どもに知識を教えるのではなく，子どもを発見者の立場に立たせ，子ども自身に事実を見出させることに主眼を置いた教授法。

のため，設備面での充実とは裏腹にその十分な運用はなされず，児童生徒の実験観察に基づく理科は次第に衰微していった（奥田監修，1985a，378ページ）。

3 低学年理科特設運動

　小学校の理科については，大戦後の1919（大正 8 ）年にその開始が第 4 学年に早められたものの，未だ低学年（第 1 学年～第 3 学年）には設置されていなかった。とはいえ，東京高等師範学校附属小学校に代表される特定の附属小学校や一部の私立小学校では，以前から「直観科／郷土科」あるいは「自然科」といった名の下に低学年理科の実験的研究が行われており，アメリカ流の自然科の思潮も紹介され，低学年理科についての認識と理解は深まっていった。

　そして，1919（大正 8 ）年に開催された民間の教育団体「理科教育研究会」による第 1 回全国理科教育研究大会において，低学年理科（自然科）の設置をめぐる討議がなされ，文部省への建議案が決議された。低学年理科を求める要請はますます高まりを見せ，低学年理科特設運動として全国に及んでいったのである。この運動は，以降昭和初期にかけてねばり強く続けられ，1941（昭和16）年の低学年理科「自然の観察」の新設へとつながっていった。

▷10　**理科教育研究会**
1918（大正 7 ）年に東京帝国大学の林博太郎らを発起人として設立された研究会。文部省の諮問機関的性格をもつものでもあった。

4　昭和戦中期における初等理科教育

1　「国民学校令」の制定と「理数科理科」の設置

　第 1 次世界大戦直後に隆盛を誇った科学技術の振興，理科教育重視の風潮は，大正末期からの深刻な経済的不況や，政府による教学刷新運動のなかで急速に勢いを失い，批判精神を生む合理的な考え方は国家主義を脅かす存在であるとして，理科教育は敬遠されるようになっていった。しかしその渦中にあっても，大正期に続く低学年理科の実践研究をはじめ，理科教育の改善に向けた取組みが熱心な教師の手によって行われていた。

　一方，昭和10年代も半ばとなり，戦時色がいよいよ強まってくると，奇しくも再び理科教育に光が当てられることとなった。つまり，政府は戦争の勝敗を左右する軍事産業・技術を強化する必要性から，その基礎となる科学，理科教育の振興を図らざるをえなくなったのである。

　1941（昭和16）年，文部省は「国民学校令」を公布し，小学校を国民学校と改称して，新たな教育制度を発足させた。国民学校は，初等科（ 6 年）と高等科（ 2 年）からなり，この 8 年間が義務教育期間として定められた。また，教科は，「国民科」「理数科」「体錬科」「芸能科」および「実業科」の 5 教科が設けられ，理科は理数科の内の 1 教科として位置づけられた。

▷11　**教学刷新運動**
思想統制の流れのなかで，「国体」と「日本精神」を強調し，学問研究や大学教育の分野を筆頭に学校教育，社会教育，教員人事制度などの分野にまで渡る刷新を求めた運動。

この「理数科理科」の性格について,「国民学校令」と同年に制定された「国民学校令施行規則」のなかでは,「理数科理科ハ自然界ノ事物現象及自然ノ理法ト其ノ応用ニ関シ国民生活ニ須要ナル普通ノ知識技能ヲ得シメ科学的処理ノ方法ヲ会得セシメ科学的精神ヲ涵養スルモノトス」(奥田監修,1985b,261ページ)と規定された。明治にはじまる「小学校令」下でみられた,自然物に関する知識の教授や自然と人間との関係の理解を強調する方向から,新たに科学的処理の方法の習得や科学的精神の涵養といった能力・態度の育成を重視する方向へと,理科のねらいがシフトしたのである(奥田監修,1985a,386～387ページ)。

❷ 制度化された低学年理科――「自然の観察」

　ところで,「理数科理科」の設置において何より特筆すべきは,それが国民学校第1学年から行われた点である。第1学年～第3学年を対象に,「自然の観察」という形で理科が課されることとなり,低学年理科特設運動の努力がついに実を結び,はじめて制度化された低学年理科が導入されるに至った。

　「自然の観察」を教えるにあたって,文部省は同名の国定教科書『自然の観察』を計5冊編纂し,発行した。ただし,これらはすべて教師用教科書であり,児童用教科書は作成されていない。それは,教科書中心に指導するような,本で教える理科を助長し,悪影響を及ぼすことを懸念したためであった。『自然の観察』を作成する際には,低学年理科の先駆的な実践研究が参考にされ,児童自身に経験させ,考えさせることを重視した指導展開が例示された。

　また,低学年用の『自然の観察』に続いて,初等科第4学年～第6学年用の国定教科書『初等科理科』が学年ごとに編纂,発行された。『初等科理科』については,教師用教科書だけではなく,児童用教科書も発行されることとなった。この教科書は,従来「小学校令」下で用いられてきた国定教科書『尋常小学理科書』とは,まったく性格が異なるものであった。そこにみられる記述は,淡々と観察事実を列記する無味乾燥な形式ではなく,「しらべてみましょう」「どうすればよいでしょうか」のように,直接実物を扱いながら児童に問いかけたり,児童の作業や考えを促すような形式となっている。こうした方向性は,低学年用の『自然の観察』とも基本的に共通しており,大正期を中心に長らく取り組まれてきた理科教育改革運動の成果が反映されたものであった。

5　戦後以降の初等理科教育

❶　教育の民主化と学習指導要領の作成

　1945(昭和20)年8月に終戦を迎え,連合国軍最高司令官総司令部(GHQ)

▷12　連合国軍最高司令官総司令部(GHQ)
戦後,日本の占領政策のために置かれた連合国の中央管理機構。このなかに設置された民間情報教育局(CIE)は,教育改革の指導的役割を担った。

による占領統治が敷かれた。そして、GHQ指導の下、戦時教育体制は速やかに解体され、教育の民主化に向けた抜本的な改革が次々と行われた。

1946（昭和21）年5月、文部省は「新教育指針[13]」を発表し、学校教育の民主化の方向性を明確に示した。1947（昭和22）年3月には、「教育基本法」および「学校教育法」が公布され、小学校（6年）と中学校（3年）の義務教育9年からなる新たな学校教育制度が、翌4月から開始されることとなった。

▷13　新教育指針
戦後の新しい教育の趣旨やあり方を具体的に解説したもので、5分冊の冊子として文部省が公刊し、全国の教員・師範学校生徒に配布された。

また、こうした学校教育制度を実施していくに当たり、文部省は1947（昭和22）年3月に「学習指導要領一般編（試案）」を発表した。「学習指導要領」という表現は、アメリカの"course of study"の邦訳といわれているが、この時は「試案」が付され、「新しく児童の要求と社会の要求とに応じて生まれた教科課程をどんなふうにして生かして行くかを教師自身が自分で研究して行く手びき」（「学習指導要領一般編（試案）」）として出されたものであった。

続いて、同年5月には「学習指導要領理科編（試案）」が発表された。ここでは理科の目標として、「すべての人が合理的な生活を営み、いっそうよい生活ができる」ことを目指し、「物ごとを科学的に見たり考えたり取り扱ったりする能力」「科学の原理と応用に関する知識」および「眞理を見出し進んで新しいものを作り出す態度」の3つを育成することが謳われた（「学習指導要領理科編（試案）」）。また、その下には具体的な目標が13項目あげられ、「機械や器具を使う能力」「健康を保つ習慣」「科学の仕事の尊さを知ること」など、現代の理科の目標には見られないものも多く含まれていた。

2　小学校学習指導要領理科の変遷

「学習指導要領理科編（試案）」［1947（昭和22）年版］の不十分さを補うべく、文部省は1952（昭和27）年にこれを改訂して、「小学校学習指導要領理科編（試案）」を発表した。この［1952（昭和27）年改訂］は、［1947年版］の基本原理を踏襲しつつ、経験主義、生活単元・問題解決学習重視の姿勢が色濃く表れたものとなった。戦後間もなくの理科教育は、アメリカからもち込まれた経験主義教育の考え方やそれに基づく生活単元・問題解決学習からの影響を受けて形作られていったが、［1952年改訂］では詳細な指針を示すことにより、その徹底を図ったのである。しかしながら、子どもが生活経験から問題を見つけ解決していく生活単元・問題解決学習では、科学の体系的な知識習得は見込めず、それが基礎学力の低下を招いたという批判が強まり、「這い回る経験主義」と揶揄されることも少なくなかった。

こうした反省に立ち、小学校の学習指導要領［1958（昭和33）年改訂］では、系統的な学習が重視されることとなった。理科では、自然から直接学ぶことを重んじつつ、基礎的な事項を確実に学習できるよう配慮された。なお、この時か

ら「試案」が外れ，明確な教育課程の基準を示す告示の形をとるようになった。

　1968（昭和43）年には，多岐に渡る内容の消化不良や生活応用中心の内容の過剰といった昭和30年代の問題点と，当時世界的な潮流であった理科教育の現代化への動向に呼応した改訂が行われた。小学校理科では，自然の認識，科学的な能力や態度の育成を目指すとともに，内容面については「A 生物とその環境」「B 物質とエネルギー」「C 地球と宇宙」の3区分制が導入された。

　[1977（昭和52）年改訂]では，基礎的・基本的事項への内容の精選，ゆとりある充実した学校生活の実現に向けた教科標準時間数の削減，といった方針の下，小学校理科では，直接経験を重視し，自然を愛する豊かな心情を培うことが強調され，観察や取扱いが困難で高度な抽象的説明を必要とする内容は削除された。授業時間数も，高学年で週当たり4時間から3時間へ削減された。

　[1989（平成元）年改訂]は，小学校理科にとって大きな変化をもたらした。「生活科」の新設にともない，第1・2学年の理科と社会科が廃止されたのである。小学校理科では，直接経験を重視し，問題の発見から結論に至る一連の活動を主体的に体験し，問題解決能力や自然に対する科学的な見方・考え方を養うことが目指された。また，生活科の新設によって内容の精選・集約はさらに進み，従来第3学年～第6学年で107あった小項目が79にまで削減された。

　[1998（平成10）年改訂]では，「ゆとり」のなかで自ら学び自ら考える力などの「生きる力」の育成が基本に置かれ，その象徴的存在として「総合的な学習の時間」が新設された。小学校理科では，「見通しをもって」観察，実験などを行うことが強調されるとともに，重点を置いて育成すべき問題解決能力の具体化が図られた。授業時間数は，小学校理科全体でみると[1989年改訂]から70時間も削減された。内容も大幅に精選されたが，ものづくりや自然災害に関する内容は充実され，またはじめて「課題選択」学習が導入された。

　[2008（平成20）年改訂]では，「知識基盤社会」における「生きる力」の育成という基本理念の下，教育課程全体のなかで「活用型学習」や「言語活動」が重視された。小学校理科では，授業時間数が[1998年改訂]と比べて55時間増加に転じた。また，内容領域が3区分から「A 物質・エネルギー」と「B 生命・地球」の2区分に変更されるとともに，「エネルギー」「粒子」「生命」「地球」といった科学の基本的な見方や概念を柱とした内容の構造化が図られた。

　そして2017（平成29）年3月，小・中学校の新学習指導要領が告示された。「社会に開かれた教育課程」の実現に向け，求められる資質・能力の明確化やその育成のための「主体的・対話的で深い学び」といった視点が示されている。こうした資質・能力ベースの理科教育実践が，今後展望される。

▷14　理科教育の現代化
アメリカを中心とした科学カリキュラム改革運動（PSSC 物理などに代表される各種カリキュラムプロジェクトの開発）からの影響を受け，教育内容の現代化を求めて展開された運動。最新の現代科学の基本概念を抽出し，教育内容を構造化・精選するとともに，科学を探究の過程と捉え，これを学習者にたどらせるなかで科学の基本概念を習得させるという，探究学習が強調された。

▷15　知識基盤社会
新しい知識・情報・技術が，政治・経済・文化をはじめ社会のあらゆる領域での活動の基盤として飛躍的に重要性を増す社会。

Exercise

① 明治期から現代まで，各時代の初等教育における理科（自然科学関係教科）の設置学年・配当授業時間数を調べて整理し，その傾向を読み取ろう。
② ①の結果も根拠にしながら，理科（科学）教育が重視された時代と敬遠された時代を各々抜き出して整理し，その要因を詳しく探ってみよう。
③ 各時代における理科（科学）教育の目的・目標の中身を比較し，共通点と相違点を探ってみよう。

📖次への一冊

吉本市『理科教育序説』培風館，1967年。
　　前半は理科教育目的論，後半は理科教育史に関する内容である。後半では，理科教育思想との関連も踏まえつつ，明治以降の理科教育の史的展開が検討されている。
板倉聖宣『増補日本理科教育史（付・年表）』仮説社，2009年。
　　1968年初版の増補改訂版で，義務教育段階の学校教育を中心とした理科教育の歴史の変遷が，詳細にまとめ上げられている。巻末の年表も詳しく充実している。
柴一実『戦後日本の小学校理科学習指導要領及び教科書の成立に関する研究』すずさわ書店，2016年。
　　戦後間もなくのわが国における小学校学習指導要領理科と理科教科書の成立事情を中心に，1次資料を重視した緻密な分析に基づく研究成果がまとめられている。

引用・参考文献

蒲生英男『日本理科教育小史』国土社，1969年。
板倉聖宣『増補日本理科教育史（付・年表）』仮説社，2009年。
国立教育政策研究所「学習指導要領データベース」（https://www.nier.go.jp/guideline/）。
　　本文中の学習指導要領の引用箇所は，本データベースに基づく。
倉沢剛『教育令の研究』講談社，1975年。
日本科学史学会編『日本科学技術史体系 第8巻 教育1』第一法規，1964年。
日本科学史学会編『日本科学技術史体系 第9巻 教育2』第一法規，1965年。
日本科学史学会編『日本科学技術史体系 第10巻 教育3』第一法規，1966年。
大髙泉「明治の理科教科書と「理科」の出現」筑波大学附属図書館『つくばね』第27巻第3号，2001年，4～5ページ。
大髙泉「戦後の理科教育の歴史」角屋重樹他編『小学校理科の学ばせ方・教え方事典 改訂新装版』教育出版，2009年，26～31ページ。
奥田真丈監修『教科教育百年史』建帛社，1985年 a。
奥田真丈監修『教科教育百年史（資料編）』建帛社，1985年 b。

第3章
初等理科教育の目的・目標と
科学的リテラシー

〈この章のポイント〉
　初等理科教育の目的・目標は，理科を学ぶ児童と理科を教える教師にとって学ぶ根拠や教える根拠を与えるものである。本章では，理科教育の全体的目的とその背後にある科学観との関係を類型化して示すとともに，近年，理科教育の目的を示す概念として世界的に普及している「科学的リテラシー」の意味内容と，目標の示し方が大きく変わった新学習指導要領の小学校理科の目標について解説する。

1　理科教育の目的の特質と目的設定の論理構造

1　理科教育の目的の特質

　通常の理科授業では，教師はある学年・学級の一定集団の児童に45分前後の授業時間を通してある一定の教育内容を教えている。一方，児童はその教育内容を学んでいる。教師と児童が絶えず意識しているかどうかはともかく，そうした教師の教えるという行為には，その行為を正当化し根拠づける目的が存在する（「……のために教える」）。児童の学ぶという行為にも，その行為を正当化し根拠づける目的が存在している（「……のために学ぶ」）。1時限の授業の計画は学習指導案と呼ばれるが，そこには必ず「本時の目標」としてその時間で教師と児童が達成すべき目標が明記されている。「本時の目標」は当該学年の理科の目標の下位の目標であり，それはまた学校段階別の理科の目標の下位目標であり，それはさらに小・中・高の理科教育全体を貫く教科としての理科の目標の下位目標である。このように理科教育の目標には階層性が存在する。この階層性は，一時限ごとの授業の内容に密接に関連した具体的な目標から，人格，人間の能力・態度等について言及した教科全体の一般的抽象的な目標へ至るまでの階層性でもある。本章で論じるのは，その最上位にある理科という教科全体の目標である。この最上位の目標は，一般に目的と呼ばれることが多い。
　ところで，理科教育が行われている社会や組織が共通していても，時代が変われば，理科教育の目的・目標も変化し，また，時代・年代が同じであっても，理科教育を営む社会や組織が異なれば理科教育の目的・目標も変わる。つ

まり，理科教育の目的・目標は歴史と社会に規定されている。言い換えれば時間と空間に規定されているのである。

２　理科教育の目的設定の構造モデル

　それでは，この理科教育の目的はどのような論理構造で設定されるのであろうか。この論理構造をモデル的に考察してみよう（大髙，1991，35～46ページ）。まずある教材，教育方法，教師，施設・設備等々，教授学習過程を規定するすべての要因を一定の条件に設定したなかで，ある発達段階の児童に，ある教育内容に関する教育行為がなされた場合，その児童にいかなる変容（例えば知識の増大，能力・技能・態度の獲得・変化，人格の変容など）が生じたかが想定される。次にこの変容が理想的な人間像を描いた教育の全体的な目的に適合しているか，いないかが判断される。適合・合致している場合，この変容がその教育行為の価値・意義と捉えられるのである。つまり，ある教育行為がなされた結果，教育の全体的な目的に照らしてみて児童に望ましい変容が生じた場合，この教育行為が教育的に価値ある行為である，と判断される。これらの望ましい変容のうち，より本質的なもの，あるいはその内容（理科の内容など）にとって独自・固有なものを選択して設定し，これらをその教育行為を営む根拠としているのである。これを言い表したのが目的であり，目的は教育行為を営む根拠となる。逆にそうした価値を実現するためには，この教育行為を営むことが求められることになる。

　この変容は，いろいろな要因・条件にかかわるために客観的実証的にはなかなか捉え難い側面をもっている。上述のモデルにしたがって理科教育が実現しうる教育的な価値を想定したり，それに基づいて理科教育の目的を設定することは，一方では，理科教育の主たる内容を提供している自然科学が人間や社会にいかなる影響や変容を及ぼしているのかという認識に本質的に規定されている。そして他方では，この影響や変容についての価値判断の基準を与える教育の全体的目的に基本的には規定されている。前者の認識は，自然科学をいかなるものとして捉えるのか，つまり科学観によっている。後者，すなわち教育の全体的目的は教育観に基本的に依拠している。

　この教育観は，理科教育に限らず，他の教科教育の目的を設定する場合にも同様の働きをしうるものである。それゆえこれらの要因のなかでは，科学観が理科教育の目的の設定に関して最も固有な要因である。ここに理科教育の目的を分析する視点として，とりわけ科学観に着目する理由がある（吉本，1967，171～172ページ）。

2 理科教育の目的と科学観

　理科教育の目的と科学観との対応は複雑であるが，ここでは両者の関係をモデル的に考えてみよう。これまでの理科教育のなかで典型的に現れてきた両者の関係は，以下に論じる3つに類型化できる。現代の理科教育の目的は，これらのうちどれか一つの目的のみで成立していることはなく，そこに占める比重は必ずしも同じではないものの，複数の目的をその要素的目的として含んでいる（大髙，1991，35～46ページ）。

1　実用的知識の伝達と実利的科学観

　この目的は，日常生活や職業生活を営んだり，国家の産業を発展させるのに役に立つ自然科学の知識の伝達に重点をおき，また技術に関する（機械・道具などの）知識・技能も伝達することを目指すものである。つまり，実用的知識の伝達がここでの中心となる。この目的の下で行われた教育の成果についても極めてわかりやすいため，この目的は理科教育の目的の底流になっている。例えば，明治の小学校理科にはこの目的観が顕著にみられた（板倉，1968，189～232ページ）が，現在の日本の学習指導要領における理科教育の目的には，この目的が明記されることはなくなった。とはいえ，この目的が否定されたというわけではなく，すでに広く共通理解に達しているので改めて明記する必要がなくなったとみることができる。現在でも，途上国の科学教育ではこの目的への関心が相変わらず高いのである。

　この目的が依拠している科学観は，生活の向上や産業の発達など，主として経済的社会的進歩・発展をもたらす原動力として自然科学を捉えるものである。端的にいえば自然科学を「役に立つもの」と捉えるのがこの科学観である。歴史的に見て，学校教育のなかに理科教育が導入された主たる根拠の一つが，自然科学の「実利性」「功利性」に求められているように，この科学観は，理科教育の目的設定にあたって大きな影響を及ぼしてきている。

2　科学的能力の育成と探究としての科学観

　この目的は，自然科学の方法の理解・体得とその探究過程を導くような生きて働く基本的科学概念の理解・習得を目指すものである。ここでは，自然科学の知識・概念を獲得する科学的探究の過程を極めて重視し，児童自身を，新しい知識を求める科学の探究者として，しかも純粋科学の探究者として位置づける。この目的は，1960年前後に興隆したアメリカの科学教育改革運動やそこで開発されたPSSC物理, BSCS生物など「学問中心カリキュラム（Discipline-

▷1　PSSC物理
アメリカの1950年代末から1960年代にかけての科学教育改革運動期に，物理科学研究委員会（Physical Science Study Commitee）が作成した高校生向けの物理のカリキュラムである。その後，同種のカリキュラム改革は，高校のみならず，初等学校用の理科カリキュラムにも広がり，また理科以外の教科にも広がり，一連のカリキュラムはアルファベット・カリキュラムとも呼ばれている。

▷2　BSCS生物
PSSC物理に続いて，生物科学カリキュラム研究（Biological Science Curriculum Study）が作成した高校生向けの生物カリキュラムであり，生物科学のアプローチの多様さを反映して黄版, 青版, 緑版の3通りある。BSCSはその後も社会や科学教育の変化に対応して多様なカリキュラムを開発し現在も継続している。

▷3　学問中心カリキュラム
PSSC物理やBSCS生物のような，自然科学等の各学問・学科に対応して，その専門科学的能力の育成に重点を置いた一群のカリキュラムの総称である。カリキュラムの内容は当該学問・学科そのものの内容であり，その組織形態は分科的である。

centered Curriculum）」に典型的にみてとることができるが，現在でも世界の理科教育の目的の基本になっている。

この目的の背後には，自然科学を，すでにできあがった知識の体系としてではなく修正されうる流動的な概念体系として，また同時に，この概念体系を生み出しそれに基づいて展開する人間の知的探究活動として捉える科学観がある。この科学観では，科学の概念体系と科学の方法とを不可分のものとして統一的に把握することが特徴的である（シュワブ，1970，13～24ページ）。

3 社会的能力の育成と社会的存在としての科学観

この目的は，社会の極めて多様な文脈から自然科学を理解することを目指すとともに，そうした理解に基づき，科学・技術に関連した社会の現実問題を解決するために，いうなれば，社会的能力の育成を直接的自覚的に目指している。こうした理解は，科学論的理解であるが，そのカバーする範囲は広く，広義の科学論的理解，ないし，自然科学の多面的総合的理解と呼びうるものである。

ところで，上記 2 の目的が，「科学そのもの（in science）」の理解を目指すのに対して，この目的は，「科学について（about science）」の理解を目指している。もともとこの「科学について」の理解は，主として1970年前後の欧米の先進的なカリキュラムにおいて，「科学の本性（nature of science: NOS）」の理解を目指すものとして出現してきた（McComas, 2000）。ここでいう社会的能力は，例えば，科学技術に関する問題や公的論争にかかわりそこで意思決定できることを含み，民主社会の一員として科学・技術政策に参画したり，科学・技術にかかわる社会問題を解決するための能力である（大髙，1991，39～42ページ）。後述するように，科学的リテラシーの意味は広く，前述の 2 の目的をも含むことも多いが，この 3 の目的が目指しているのはシティズンシップとしての広範囲に及ぶ科学的リテラシーの育成なのである。

この目的の背後にあるのは，自然科学を，その成立・営み・影響においても，文化や社会と不可分な人間の営みとして捉える科学観である。すなわち，自然科学を社会的存在として，しかも現代社会の存亡の鍵を握るほどの社会的な営みとして捉える科学観である。こういった理科教育の目的とその背後にある中心的な科学観である社会的存在としての科学観は，STS（Science, Technology & Society）教育の基本的科学観にもなっている（ザイマン，1988）。

3 科学的リテラシー

「科学的リテラシー（scientfic literacy）」，「科学リテラシー（science literacy）」（以下，「科学的リテラシー」で統一）は，主としてアメリカにおいて理科教育の

▷4　科学論
「科学とは何か」を究明する研究・学問領域やその成果である。科学論の下位分野には，科学哲学，科学史，科学社会学などが含まれる。

▷5　STS教育
STSは科学（Science），技術（Technology），社会（Society）の頭文字をとったもので，1970，80年代を中心に，アメリカやイギリスの科学教育において興隆した科学教育の思想や実践である。その特徴は，科学そのものの内容に加えて，科学・技術に関する社会問題など「科学と社会」にかかわる内容を取り上げ，科学・技術と社会の相互関係の理解や当該社会問題についての意思決定（decision making）力の育成などをはかるものである。

目的・目標を表す言葉として使われてきたが、現在はヨーロッパはもとより日本でも珍しい言葉ではなくなってきた。科学的リテラシーは、「科学的な事実、概念や法則といった自然科学の成果の理解のみならず、自然科学という人間の営み全体にかかわる現代人すべてに不可欠な素養を指すもの」（鶴岡, 1998, 40〜45ページ）、と理解されている。アメリカではすでに、1960年代末期に普及しており、ペラ（M.O. Pella）らは、「科学的リテラシー」を一般教育としての理科教育によって育成されるべきシティズンシップ・能力と捉え、それは次の6カテゴリーに属する理解・体得からなるとした（鶴岡, 1979, 159〜168ページ）。6つのカテゴリーとは、「概念的知識」、科学的探究の方法論的側面である「科学の本性」、科学のもつ価値基準、すなわち、科学的探究における科学者の行動規範である「科学の倫理（ethics of science）」、科学と哲学、文学、芸術、宗教等、文化的要素との関係を示す「科学と人文（science and humanities）」、科学と政治、経済、産業等、社会の諸側面との関係を示す「科学と社会（science and society）」、および「科学と技術（science and technology）」である。

現在、科学的リテラシーの意味内容はさらに広範になっている。「全米科学教育スタンダード」は、「科学的リテラシー」について次のように述べている。

> 科学的リテラシーの必須の側面は、科学の題材の知識と理解、即ち物理科学、生命科学及び地球科学に関する知識である。科学的リテラシーには、科学の本性、科学の営み及び社会や個人の生活における科学の役割の理解も含まれる。……科学は、経験的基準、論理的議論及び懐疑的再検討によって特徴づけられる、一つの認識方法である。生徒たちは、科学とは何であり何でないのか、科学は何ができて何ができないのか、そして科学は文化にどう寄与するのかを理解しなければならない（鶴岡, 1998, 43〜44ページ）。

一方、OECD（経済協力開発機構）のPISA2009は、科学的リテラシーについて次のように4点から定義している（国立教育政策研究所, 2010, 148ページ）。

① 疑問を認識し、新しい知識を獲得し、科学的な事象を説明し、科学が関連する諸問題について証拠に基づいた結論を導きだすための科学的知識とその活用。
② 科学の特徴的な諸側面を人間の知識と探究の一形態として理解すること。
③ 科学とテクノロジーが我々の物質的、知的、文化的環境をいかに形作っているかを認識すること。
④ 思慮深い一市民として、科学的な考えを持ち、科学が関連する諸問題に、自ら進んで関わること。

このように「科学的リテラシー」は、理科教育の目的・目標を表す概念として、世界的にも普及してはいるが、その意味内容は一様ではない。「科学的リテラシー」で示される理科教育の目的は、第2節で論じた理科教育の目的の類

▷6 **全米科学教育スタンダード**
全米研究審議会（National Research Council）が1996年に公表した科学教育の国家的スタンダードで、原語は、National Science Education Standardである。そこには科学教授スタンダード、科学の内容スタンダード、科学教育におけるアセスメント・スタンダードなどが含まれている。国家的スタンダード（標準）であり科学教育界への影響は大きいが、日本の学習指導要領のような拘束力をもつ国家のカリキュラム基準ではない。

型から見ると，2 の専門科学的能力の育成，3 の社会的能力の育成を包含している，といえよう。

4　現代日本の初等理科教育の目標

1　小学校理科の目標としての資質・能力と見方・考え方

学習指導要領に示された現代日本の小学校理科の目標をみてみよう。

①2008年3月告示・小学校理科の目標：
　自然に親しみ，見通しをもって観察，実験などを行い，問題解決の能力と自然を愛する心情を育てるとともに，自然の事物・現象についての実感を伴った理解を図り，科学的な見方や考え方を養う（文部科学省，2008，7ページ）。

②2017年3月告示・小学校理科の目標：
　自然に親しみ，理科の見方・考え方を働かせ，見通しをもって観察，実験を行うことなどを通して，自然の事物・現象についての問題を科学的に解決するために必要な資質・能力を次のとおり育成することを目指す。
　(1)　自然の事物・現象についての理解を図り，観察，実験などに関する基本的な技能を身に付けるようにする。
　(2)　観察，実験などを行い，問題解決の力を養う。
　(3)　自然を愛する心情や主体的に問題解決しようとする態度を養う。

　新学習指導要領の小学校理科の目標の示し方はこれまでとは大きく変わった。これは，新学習指導要領では育成すべき資質・能力の検討と反映に重点が置かれたからである。すなわち，まず，「何ができるようになるか」の検討に重点が置かれ，それを資質・能力の形で表現することがすべての教科で行われたからである。そしてこの資質・能力の柱は3つあり，「知識及び技能」「思考力，判断力，表現力等」「学びに向かう力，人間性等」である。それぞれに対応した理科での内容は下記の通りである。

　(1)　「知識及び技能」：自然の事物・現象に対する概念や原理・法則の理解，科学的探究や問題解決に必要な観察・実験等技能
　(2)　「思考力，判断力，表現力等」：科学的な探究能力や問題解決能力など
　(3)　「学びに向かう力，人間性等」：主体的に探究しようとしたり，問題解決しようとしたりする態度など

　これまでは，［2008年改訂］にみるように「科学的な見方や考え方」の育成が究極目標で，資質・能力を包括していた。しかし，今回の改訂（全教科）では，資質・能力をより具体的なものとして示し，「見方・考え方」は資質・能力を育成する過程で働く，物事を捉える視点や考え方として整理されたのである。
　まず「見方」は，さまざまな事象等を捉える各教科等ならではの視点であり，理科では領域ごとに示された。無論，領域固有でもなく，他の視点もある

という留保つきで各領域の科学的視点の例として示された。

(1) エネルギー領域：自然の事物・現象を主として量的・関係的な視点で捉えること。
(2) 粒子領域：自然の事物・現象を主として質的・実体的な視点で捉えること。
(3) 生命領域：生命に関する自然の事物・現象を主として多様性と共通性の視点で捉えること。
(4) 地球領域：地球や宇宙に関する自然の事物・現象を主として時間的・空間的な視点で捉えること。

次に「考え方」は，探究の過程を通じた学習活動のなかで，比較したり，関係づけたりするなどの科学的に探究する方法を用いて，事象のなかに何らかの関連性や規則性，因果関係等が見出せるかなどについて考える時の考え方である。この「考え方」は物事をどのように考えていくのかということであり，資質・能力としての思考力や態度とは異なっている。理科の学習においては，この「理科の見方・考え方」を働かせながら，知識・技能を習得したり，思考・判断・表現したりしていくものであると同時に，学習を通じて，「理科の見方・考え方」が豊かで確かなものとなっていくとされている（文部科学省，2018, 12～14ページ）。

2　日本の小学校理科の目標の特質と課題

小・中・高の学習指導要領理科の目標要素としては，(1)自然への積極的かかわり，関心・探究心の高揚（自然を愛する心情），(2)科学的な探究力と態度の育成，(3)自然の科学的な理解，(4)科学的な見方・考え方（科学的自然観）の育成があり，その目標達成のための教授学習過程として目的意識をもった観察，実験の実施が規定されているが（大髙，2012, 190ページ），前述の新旧の小学校理科の目標の要素を分析してみると両者でその実質はほとんど変わらない。そしてこれらの目標要素は，第2節で論じた理科教育の目的の類型から見ると，科学的能力の育成を中心に目指しているといえる。ただし，小学校理科の「自然を愛する心情の育成」は，いうまでもなく科学的能力ではない。この目標要素は，明治の「理科の要旨」にすでに出現していたが，理科の目標要素のなかで独自の位置を占めている。新旧の小学校理科の目標を含めて，現代の学習指導要領に示されている小・中・高の理科の目標は，前述の「科学的リテラシー」よりはるかに狭いといえよう。

▷7　理科の要旨
1886（明治19）年に新設・制度化された理科についての解説で，1891（明治24）年の「小学校教則大綱」において示された。そこには，理科の目標として，天然（自然）物・現象の観察とそれら相互の関係や人生（生活）との関係の大要の理解，および「天然物ヲ愛スルノ心ヲ養フ」ことが明記された。

Exercise

① 小学校学習指導要領理科編から理科教育の目標を抽出し，戦後以降の日本

の理科教育の目標の変遷とその背景を調べてみよう。
② 現代のイギリスやアメリカの理科教育の目的・目標と日本の理科教育の目的・目標とを比較してみよう。
③ 理科教育の目的・目標を分析して，その背後にある科学観を推測してみよう。

次への一冊

大髙泉「理科教育の目的・目標と科学的リテラシー」大髙泉・清水美憲編『教科教育の理論と授業Ⅱ 理数編』協同出版，2012年，179〜192ページ。
　理科教育の目的設定の論理構造について詳細なモデルを示し，また，理科教育の目的とその背後にある科学観との関係を整理している。

吉本市『理科教育序説』培風館，1967年。
　理科教育の目的をその背後にある科学観とのかかわりで分析・解明しようとした先駆的な本である。

ザイマン，J.，竹内敬人他訳『科学と社会を結ぶ教育とは』産業図書，1988年。
　STS（科学，技術，社会）教育について，その社会的背景やその背後にある科学のモデルについて示している代表的な本である。

引用・参考文献

板倉聖宣『日本理科教育史』第一法規，1968年。
国立教育政策研究所『生きるための知識と技能4　OECD生徒の学習到達度調査（PISA）2009年調査国際結果報告書』明石書店，2010年。
McComas, W. F., *The Nature of Science in Science Education*, Kluwer Academic Publishers, 2000.
文部科学省『小学校学習指導要領解説理科編』大日本図書，2008年。
文部科学省『小学校学習指導要領（平成29年告示）解説理科編』東洋館出版社，2018年。
大髙泉「理科教育の目的の分析視点に関する一考察——科学観との関連を中心に」『日本理科教育学会研究紀要』32巻2号，1991年，35〜46ページ。
大髙泉「理科教育の目的・目標と科学的リテラシー」大髙泉・清水美憲編『教科教育の理論と授業Ⅱ 理数編』協同出版，2012年，179〜192ページ。
シュワブ，J. J.，佐藤三郎訳『探究としての学習』明治図書出版，1970年。
鶴岡義彦「"Scientific Literacy"について」『教育学研究集録』筑波大学大学院教育学研究科，1979年，159〜168ページ。
鶴岡義彦「サイエンスリテラシー」日本理科教育学会『これからの理科教育』東洋館出版社，1998年，40〜45ページ。
吉本市『理科教育序説』培風館，1967年。
ザイマン，J.，竹内敬人他訳『科学と社会を結ぶ教育とは』産業図書，1988年。

第 II 部

初等理科のカリキュラムと内容

第4章
初等理科カリキュラム構成とその動向

〈この章のポイント〉
　科学技術が社会の基盤をなす現代社会において，市民は理科カリキュラムに関心を寄せている。メディアが，カリキュラムの成果を部分的に提示する各種理科学力調査結果について報道するほどである。初等教育は，人間形成の根幹をなす場である。初等理科カリキュラム構成は，学校教育だけでなく社会的な関心事となっている。本章では，初等理科カリキュラム構成とその動向を論じることにする。

1　科学概念の獲得を志向する初等理科カリキュラム

1　主要な科学概念

　初等理科教育の目的の一つは，児童の科学概念の獲得にある。この目的は，理科教育関係者間で一定程度の共通理解に達しているといえよう。正しい科学概念が獲得されることで，人間は自然現象さらにいえば社会現象に関して正しい科学的認識を有するようになると一般的に考えられているからである。改訂前と同様，新しい『小学校学習指導要領解説理科編』においても，科学的な概念等として，「エネルギー」「粒子」「生命」及び「地球」が踏襲されている（文部科学省，2018，20~21ページ）。これらの科学的な概念等は，理科教育関係者の間で「4つの柱」とも呼ばれている。4つの柱は，小学校理科カリキュラム構成にとどまるものではない。小学校，中学校，高等学校を貫いて，理科教育内容を構造化しているのである。周知の通り，科学概念の背後には，親学問と呼ばれる純粋自然科学の専門領域が存在する。現在のわが国の理科教育では，物理学，化学，生物学及び地学が専門領域に該当する。ただし，専門領域は歴史的社会的に変化するものである。例えば，教科「理科」が誕生する前にあっては，1872（明治5）年，文部省（現文部科学省）の「小学教則」において，養生口授，窮理学輪講，博物，化学，生理などの科目があった。すべての親学問が今に至るまで継続している訳ではないのである。また，現在の海外の科学カリキュラム，例えば，アメリカの科学に関する次世代スタンダードの内容領域に目を転じれば，物理科学，生物科学，地球・宇宙科学及び，工学・技術・科学の応用となっている。このように，初等理科（科学）教育において，主要とさ

▷1　わが国において教科「理科」が誕生したのは，1886（明治19）年である。小学校令を受けて「小学校ノ学科及其程度」に初めて記述された。

▷2　次世代スタンダード
2013年公表のスタンダードであり，通称 NGSS である。

れる科学の学問体系は歴史的社会的に規定されてきたのである。

　この自明ともいうべき規定要因をことさらに論じるのは，以下の理由からである。新しい『小学校学習指導要領解説理科編』では，児童が成人となる頃の社会を生き抜く資質・能力の育成が目指されており，未来社会の一例として人工知能（AI）の飛躍的な進展が示された（文部科学省，2018，1ページ）。極めて高度化された科学技術社会は，学校知識の意味の変化をもたらし得るものである。科学技術が加速度的に進展した社会を生き抜くために，ある理科教育関係者は，もっと多くの科学的な概念等を初等理科カリキュラムに組み込むべきであると主張するかもしれない。一方，だからこそ児童には減少する直接体験を最も重視し，経験を積ませることで，人間的成長を確固たるものとすべきだという意見も出るだろう。つまり，極めて高度化された科学技術社会の到来は，理科教育関係者に向けて，適切な初等理科カリキュラムとは何かを，強く問いかけるのである。

2　科学的な概念等の獲得と探究の過程

　児童が科学的な概念等を獲得して定着するためには，主体的な学びが必要である。そこで，その獲得がどのような状況において最もなされ得るのかが，重要な論点となる。1960年代，ニュー・カリキュラムが誕生した背景には，学問中心カリキュラムの妥当性を裏づける理論の提唱があった。この理論を示したのがブルーナーの『教育の過程』であった。

　ブルーナーは，「教科の課程は，その教科の構造をつくりあげている根底にある原理について得られるもっとも基本的な理解によって決定されなければならない」と主張した（ブルーナー，1963，39～40ページ）。彼は，子どもに科学の基本的概念を直観的思考によって把握させ，しだいに精緻化することで段階的に理解を深めさせるべきだと主張した。段階的な理解を深める構造化の形態として提案されたのが，スパイラル型のカリキュラムであった。

　ブルーナーは，「知的性格をそのままにたもって，発達のどの段階の子どもにも効果的に教えることができる」（ブルーナー，1963，42ページ）という仮説を提唱した。子どもが自身の発見を通して科学を学び得るとした点で，ブルーナー仮説は子どもの興味と学問の系統性の両立に展望を示すものであった。しかしながら実際には，流動的であったはずの探究の過程が固定化されてしまう傾向を生みだした。

　小学校の新学習指導要領においては，上述の課題を繰り返さない手立てがみられる。小学校理科における探究の過程の構成要素は，自然事象に対する気付き，問題の見出し，予想・仮説の設定，検証計画の立案，観察・実験の実施，結果の整理，考察や結論の導出とされた。その過程は，必ずしも一方向の流れ

▷3　ニュー・カリキュラム　PSSC 物理，BSCS 生物，CBA 化学，ESCP 地学などが有名である。

▷4　知識が常に修正されることを鮮明にするため，固定的な意味合いのある「教科」に代わって，動態的な意味をこめて「学問」という用語が使われた。

▷5　子どもの学習の起点を経験と学問のどちらに求めるべきかという二項対立的な捉えかたを超えるものと考えられた。

ではなく，授業ではその過程の一部を扱ってもよいとされた（文部科学省，2016，17ページ）。このように，初等理科カリキュラムでは，1時間の授業のなかで取り入れられる探究の過程があれば，広く単元全体で捉えるべきものがあってよいのである。理科教育実践の場においては，児童の活動が流動的になり得ることにも留意する必要がある。

2　ヒューマナイジングを志向する初等理科カリキュラム

1　科学技術と人間

　水俣病の発生のように，1970年代に顕在化した公害問題は，産業発展重視の価値観の再検討を求めるものであり，人間を中心にすえた福祉優先の社会へと方向転換する契機となった。教育界では，「人間」がキーワードになり，自己や人間関係を知る学習活動や学習者の情意的側面の重要性がいわれるようになった（全米教育協会，1976，58ページ）。

　1980年代になると「人間・居住・環境と科学技術」をテーマとした国際科学技術博覧会が開催されるなど，社会では人類にもたらされる科学技術の恩恵が強調されるようになり，希望的かつ楽観的な未来像が形成されるようになった。しかし，21世紀に入ると，遺伝子組み換えやヒトの遺伝子マップの作成など，人間のあり方にかかわる技術や知見が生まれ，倫理的な視点から人間は科学技術と対峙するようになった。さらに，2011年3月の東日本大震災における原子力発電所事故は，科学技術への不信感を招くことになった（文部科学省，2012，43～44ページ）。小学校段階においても，「たとえ素朴で直観的なレベルでの扱いであっても，科学・技術の成果が日常生活の中にどのように活かされているか，どのような功罪両面の影響を及ぼしているかについて考える学習も十分に可能であり，また，必要でもある」（日本学術会議，2013，4ページ）というように科学技術の二面性を学ぶことが求められるようになった。

▷6　水俣病
1956年，熊本県水俣市で公式発見された公害病。水俣病，第二水俣病（新潟水俣病），イタイイタイ病，四日市ぜんそくは，四大公害病と呼ばれる。

2　当事者性の担保と情意の喚起

　欠如モデルにみるように，科学技術は専門家の領分であって，科学技術の二面性については，初等理科で扱うにしても教師も児童もどこか人ごとのような当事者性を欠く部分があった。科学や技術に起因する社会的な問題には倫理的な側面を含むものもあり，科学知識だけでは問題は解決できず，もっとトータルな思考や意思決定能力が必要になる。そのためには，PISA2015の科学的リテラシーの定義にみられるように，思慮深い市民として科学的な考えをもち，科学に関連する諸問題に関与する能力を有し，科学や技術に関する筋の通った

▷7　欠如モデル
科学技術専門家の啓蒙活動が大衆の知識の欠如をなくし，そのことがひいては科学技術の支持につながるとする考え方。

第Ⅱ部 初等理科のカリキュラムと内容

議論に自ら進んで携わる必要がある（経済協力開発機構, 2016, 20〜21ページ）。科学（Science）―技術（Technology）―社会（Society）の相互連関に着目した理科カリキュラムでは，基本的な科学概念の理解を重視しつつ，科学的リテラシーの育成が目指されている。

▷8 STS教育と呼ばれている。

ところで，経済協力開発機構は近年になって，社会情動的スキルの重要性を指摘するようになった。そのスキルは，一貫した思考・感情・行動のパターンに発現し，学習によって発達させることができ，個人の一生を通じて社会・経済的成果に重要な影響を与えるものであり，認知スキルとも密接に関連している。具体的には，目標の達成（忍耐力・自己抑制・目標への情熱），他者との協働（社交性・敬意・思いやり），情動の制御（自尊心・楽観性・自信）などのスキルである（経済協力開発機構, 2018, 52ページ）。社会情動的スキルを育成するうえでも，理科の学びに当事者性を担保して，児童の情意的側面に働きかけることが急務であるといえよう。

3 科学技術に関連するキャリア教育

2012（平成24）年度学習指導要領実施状況調査によれば，「理科の学習をすれば，ふだんの生活や社会に出て役立つ」という質問に対して，「そう思う」「どちらかといえばそう思う」と回答した児童は，第4学年で80.4％，第5学年で75.0％，第6学年で69.7％であった（国立教育政策研究所, 2015, 11ページ）。割合の解釈については論者によって分かれるものの，肯定的な回答をした児童の割合が学年進行とともに低下傾向にあることは事実であろう。

「キャリア」の意味は，自らの役割の価値や自分と役割との関係を見出していく連なりや積み重ねにある（中央教育審議会, 2011, 17ページ）。キャリアの視点が理科教育になければ，児童は科学技術に関する自身の役割の価値や役割との関係を見出すことが困難になってしまい，理科の学びが役に立つのかどうかをわかりにくくなってしまうのかもしれない。近年になって初等理科教科書でも，科学技術に関連する職業が掲載されるようになった。この記述内容はキャリア志向の理科教育と無縁ではない。とはいえ，キャリアに対する関心・意欲等を育成する点で，最低限の記述内容といえるものであり，どの学習場面でキャリア的要素を入れるのかが重要になってくるであろう。

▷9 キャリア
「キャリア」の語源は中世ラテン語の「車道」にあり，やがて，人の経歴なども意味するようになった。

3 日常生活との関連を志向する初等理科カリキュラム

1 問題解決型の理科の学び

1950年代のわが国の理科教育には，経験カリキュラムが浸透した。理科教育

における経験カリキュラムでは，生徒の興味を引き出す「生活経験」が中心に，また，習得すべき科学的な能力，知識および態度が周辺に，各々配置された。初等理科教育における経験カリキュラムの典型を，「学習指導要領理科編（試案）」［1947（昭和22）年版］にみることができる。

　理科の指導目標は，「すべての人が合理的な生活を営み，いっそうよい生活ができるように，児童の環境にある問題について，物ごとを科学的に見たり考えたり取り扱ったりする能力，科学の原理と応用に関する知識，真理を見出し進んで新しいものを作り出す態度を育成すること」とされた。さらに指導目標には，筋道の通った考え方をする能力，生きものをかわいがり育てる態度，ねばり強く助けあい自ら進んで科学的な仕事や研究をする習慣，職業上必要なものの準備等々が例示されていた（文部省，1947，4ページ）。今でいえば，言語活動の充実，生命尊重の心情の涵養，社会情動的スキルの育成，キャリア教育の展開に通じるものでもあった。

2　主要な問題の設定と生活経験の課題

　上述の［1947年版］では，主要な問題を設定するため，生活環境のなかから5つの分野が例示された。すなわち，動物・人，植物，無生物環境，機械道具及び保健であった。第1学年〜第3学年では，動物の生活，植物の生活，空と土の変化，機械と道具のはたらきが単元とされていた。第4学年では，ジャガイモとサツマイモ，種まき，イネ，ウサギの世話，虫の生活，小川の貝，でんわ遊び，渡り鳥，紙玉鉄砲，おきあがりこぼし，こんろと湯わかし，春の天気が例示された。第5学年では，ニワトリの世話，キュウリと草花，花とミツバチ，カイコとクワ，写真機，油しぼり，夏の天気，夏の衛生，ポンプ，秋の天気，コト・フエ・タイコ，火と空気，家，冬の天気，甘酒とアルコールが列挙された。第6学年では，アサとワタ，山と水，海と船，砂と石，私たちのからだ，アサの刈り取り，自転車，電灯，きもの，金物，メッキ，電信機と電鈴，電動機，たこあげであった（文部省，1947，5〜8ページ）。

▷10　現在のように，小学校第3学年から理科がスタートするようになったのは，小学校の学習指導要領［1989年改訂］からである。

　経験カリキュラムでは，児童の実生活や職業に関するテーマが選ばれた。児童には切実感のある，学ぶ意味をみつけやすい理科カリキュラムであった。しかし，児童の生活経験は一様ではなく，選ばれたテーマが必ず興味を引き出すとは限らない難点があった。

4　創造性の育成を志向する初等理科カリキュラム

［1］　エンジニアリング・デザイン・プロセスの効果的な活用

▷11　STEM 教育
科学，技術，工学，数学に関する教育の略称である。

　現在の世界的な科学教育改革の一つに，STEM 教育の重視がある。STEM 教育には，エンジニアリング・デザイン・プロセスが組み込まれている。プロセスの構成要素には，「問題を定義（特定）する」「つくる」「改良する」などがある。問題の範囲を狭めていく過程において，問題の明瞭化が図られて，つくることを通して実感を高めて，改良を通して問題解決の質的向上を図るねらいがある。また，各構成要素は一方向ではなく，流動性が許容されている。
　例えば，2011年発行 Pearson 社の *Project STEM* をみると，第３学年～第５学年に，「鳥の餌台をデザインする」「肺活量計をデザインする」「浸食対策のものづくり」「もっと環境にやさしい洗剤をデザインする」「橋をデザインする」「スーパースニーカーをつくる」の６つのプロジェクトがある。各プロジェクトの主な構成要素は，エンジニアリングキャリア，数学の練習，言語の練習，ハンズオン型の探究，STEM プロジェクト，テクノロジーゾーン，キャリアスポットライト，パフォーマンス評価，標準化テスト対策等々であり，広範な学習活動が含み込まれている。ところで，STEM 教育ではエンジニアリング・デザイン・プロセスのみが強調されるのではない。科学的探究の過程もまた重視されている。先の STEM 教科書においても８段階からなる科学的方法が明記されていた。つまり，エンジニアリング・デザイン・プロセスと，科学的探究の過程とは，理科教授法の点で相互補完的な関係にあるといえる。

▷12　「問題を提示する」「仮説を述べる」「変数を特定し制御する」「仮説を確かめる」「データを集め，記録する」「データを解釈する」「結論を述べる」「もう一度確かめる」の８段階である。

［2］　学習者の自己効力感の涵養

　現実の初等理科教育の場には，好奇心が駆り立てられず，科学に興味をもてない児童もいる。この状況を打開する手立ての一つとして，ものづくりを考えることもできよう。ものづくりは他者のニーズに応えようとする制作行為でもある。ある調査によれば，実に98％の児童が「人の役に立つ人間になりたい」と願っている（内閣府，2014，58ページ）。現在の学校教育における学習形態の主流は学び合いである。また，他者のニーズに応えることは承認を得ることにつながりやすい。そこで，他者のニーズに応えて役に立ちたい感情が児童の学びの動因になるかもしれないであろう。すでに初等科学カリキュラムにある多くの活動が，工学的な問題に基づくものとなっている指摘もあることから（Bybee, 2012, pp.40-41），小学校教師は既存の学習活動を活用することで工学の実践を展開することもできよう。

3　創造性育成の課題

　創造性は，これからの社会を生きる児童にとって重要な能力の一つとなる。STEM 教育や STEAM 教育[13]は，児童の創造性育成という点で，有効な学びと考えられるものの，創造性の育成にも課題がある。創造性の測定方法は課題の一つであり，STEAM 教育のようなマルチ・アート教育と子どもの創造性や問題解決能力の間に明確な因果関係は証明されていない（経済協力開発機構教育研究革新センター，2016，320ページ）。

　創造性が発揮される状況には「フロー体験」があり，フロー体験には経験的に9つの要素が含まれているという（チクセントミハイ，2016，124～140ページ）。すなわち，(1)過程のすべての段階に明確な目標がある，(2)行動に対する即座のフィードバックがある，(3)挑戦と能力が釣り合っている，(4)行為と意識が結合している，(5)気を散らすものが意識から締め出される，(6)失敗の不安がない，(7)自意識が消失する，(8)時間感覚が歪む，(9)活動が自己目的的になる，である。

　この見解に従えば，創造性が発揮される局面においては，没頭をともなうため児童自身による言語化を前提とした自己評価は困難なものになるであろう。また，児童の内面的変化を主とするため，調査方法も質的なアプローチが必要であり，エビデンスを集積する研究の進展が待たれるところである。

▷13　STEAM 教育
STEM 教育に，芸術を加えた教育の略称である。

Exercise

① 日常生活や実社会と関連づけた理科授業を展開するうえで，児童の視点から今後，重要になると思われる学習内容について話し合ってみよう。
② 科学概念の獲得が今の段階では難しいと思われても，あと数週間もたてばその獲得が確実視される児童がいたとする。小学校教師として，どのような働きかけを児童にするかを考えてみよう。
③ 創造性の育成に関して，どのような評価規準・基準づくりをすればよいかを考えて，その妥当性を検討してみよう。

📖 次への一冊

梅根悟『初等理科教授法の革新』誠文堂新光社，1949年。
　　当時の各国の理科教授思想・方法をまとめている。終戦直後の問題解決型学習の理論的基礎を形成し，当時の理科教育実践を方向づけた。
ブルーナー，J. S., 鈴木祥蔵・佐藤三郎訳『教育の過程』岩波書店，1963年。

「探究の過程」「スパイラル型カリキュラム」等々，現在の理科教育実践に浸透・定着した考えが提起されている。

シュワブ，J. J., 佐藤三郎訳『探究としての学習』明治図書出版，1970年。
探究学習について，理論を確立した基本的文献である。「流動的探究」と「安定的（固定的）探究」の違いなどが解説されている。

マーネン，M. v., 岡崎美智子・大池美也子・中野和光訳『教育のトーン』ゆみる出版，2003年。
子どもの好奇心と驚きの経験や承認の重要性等々が論じられている。

メイヤロフ，M., 田村真・向野宣之訳『ケアの本質』ゆみる出版，2006年。
小学校理科では，動植物の世話をすることがある。ケアリングは，「世話」よりも広い概念である。社会情動的スキルの育成の点で，ケアリングが児童にどのような感情を生じさせるのかを考えるうえで参考となる。

引用・参考文献

ブルーナー，J. S., 鈴木祥蔵・佐藤三郎訳『教育の過程』岩波書店，1963年。
Bybee, the NSTA Reader's Guide to A Framework for K-12 Science Education, National Science Teacher Association, 2012.
中央教育審議会「今後の学校におけるキャリア教育・職業教育の在り方について（答申）」2011年。
チクセントミハイ，M., 浅川希洋志監訳，須藤祐二・石村郁夫訳『クリエイティビティ』世界思想社，2016年。
経済協力開発機構，ベネッセ教育総合研究所企画・制作，無藤隆・秋田喜代美監訳『社会情動的スキル』明石書店，2018年。
経済協力開発機構，国立教育政策研究所訳『PISA2015評価の枠組み』明石書店，2016年。
経済協力開発機構教育研究革新センター，篠原康正・篠原真子・袰岩晶訳『アートの教育学』明石書店，2016年。
国立教育政策研究所「小学校学習指導要領実施状況調査教科別分析と改善点（理科）」2015年。
文部科学省『平成24年版科学技術白書』2012年。
文部科学省「理科ワーキンググループにおける審議の取りまとめ」2016年。
文部科学省『小学校学習指導要領（平成29年告示）解説理科編』東洋館出版社，2018年。
文部省「学習指導要領理科編（試案）」1947年。
内閣府「平成25年度小学生・中学生の意識に関する調査」2014年。
日本学術会議「提言科学・技術を担う将来世代の育成方策～教育と科学・技術イノベーションの一体的振興のすすめ～」2013年。
Peason Education, Project STEM Grade 3-5, Peason, 2011.
全米教育協会，伊藤博訳『人間中心の教育課程』明治図書出版，1976年。

第5章
初等理科教育の内容の柱①
―― エネルギーとその認識 ――

〈この章のポイント〉
　エネルギー概念は理科の新学習指導要領において小・中学校理科で学ぶべき科学概念の4つの柱の一つとして位置づけられている。各内容項目は「エネルギーの捉え方」「エネルギーの変換と保存」「エネルギー資源の有効利用」の3つに分けて系統化されている。本章では，各学年で学習するエネルギーに関する内容を「見方・考え方」，資質・能力の3つの柱との関連に沿って学年・内容別に解説する。さらに，エネルギー教育に関する知見を交え，抽象的なエネルギー概念を小学生段階で扱う際の指導上の留意点や教材の扱い方について解説する。

1　小学校理科の「エネルギー」に関わる内容

1 学習指導要領における「エネルギー」の位置づけ

　新学習指導要領では，4つの科学の基本的な概念の一つとして「エネルギー」がある。エネルギー概念は抽象的な概念であるため小学校段階では明確には定義されない。このエネルギー概念は「エネルギーの捉え方」「エネルギーの変換と保存」「エネルギー資源の有効利用」の3つに分けられ，各内容が系統立てて示されている。ところで，新学習指導要領におけるエネルギーに関する各内容項目の説明には，他の領域と同様に児童が働かせる「見方・考え方」及び，育成を目指す「知識及び技能」「思考力，判断力，表現力等」「学びに向かう力，人間性等」について示している。理科における問題解決の過程の「エネルギー」を柱とする領域における「理科の見方」の特徴は自然の事物・現象を「主として量的・関係的な視点で捉える」ことである。ただし，これは「エネルギー」領域に固有のものではなく，他の3領域（粒子，生命，地球）においても用いられる視点であることに留意する必要がある。

▷1　中学校理科でのエネルギーは，さまざまな運動に関する学習を行った後に，「仕事をする能力」等と定義され，主に物理学の側面から学習される。

2 第3学年の内容

　第3学年の「エネルギー」概念に関連する内容として「A(2)風とゴムの力の働き」「A(3)光と音の性質」「A(4)磁石の性質」「A(5)電気の通り道」が設定

されている。今回の改訂における変更点が大きく2点ある。第一は題目が「風とゴムの力の働き」というように「力の」という言葉が追加されたことから，エネルギーの捉え方として風やゴムの力の大きさという量的・関係的な見方に関する内容が追加されたことである。第二は「A(3)光と音の性質」の(ア)で「日光の直進性」を表記されたこと，(ウ)で「音の性質」を扱うことが新たに追加されたことである。とくに音に関する学習は前学習指導要領になかったがそれ以前には扱われていた内容である。しかし，その目的や扱い方が変わっているので新学習指導要領に沿った見直しが必要である。

　第3学年での問題解決の過程における「考え方」の大きな柱は，「比較しながら調べる活動」を通して自然の事物・現象について追究する中で「差異点や共通点を基に問題を見いだし，表現すること」である。

　第3学年の「見方」の量的・関係的視点としては，以下のものが考えられる。「風とゴムの力の働き」では，まず風の力に関しては「力と物の動く様子」に着目する。今回の改訂では「風の力の大きさを変えると，物が動く様子も変わること」とあるように風の大きさという量を変化させた際の，物が動く距離の変化に着目させその風の力と移動距離という関係性に着目させることが大切である。ゴムの力に関しては「ゴムの力の大きさを変えると，物が動く様子も変わること」が明記されており，引っ張ったり伸ばしたりしたゴムが元に戻ろうとする力と物の移動距離に着目させる見方とそれにともない問題を見出す力を養うことが求められる。また，これらの内容は「エネルギーの捉え方」を取り扱う内容であるが，風力エネルギーや弾性エネルギーが運動エネルギーに変換される過程を扱っていることを教師が配慮すべきである。

　「光と音の性質」では，「光を当てたときの明るさや暖かさ」に着目し「光の強さ」との関係性に着目する。今回の改訂では「日光の直進」についても明記しており，従来の複数の鏡を用いて光を反射させ1点に集めたときの光の明るさの違いだけでなく，平面鏡を用いた実験による光の直進性についても着目させることになった。また，音の学習では「音を出した時の震え方」に着目し，音源の「震え方」と「音の大きさ」との関係性という視点で捉えさせる。例えば太鼓の膜を振動させたときの震え方の大小や，音を鳴らせた音叉を水面に接した際に生じる波紋の様子等に着目させ，音の大きさを変えたときの振動の違いを比較しながらその現象を探究するという内容になると考えられる。

　「磁石の性質」では，従来と同様に磁石に引きつけられる物とそうでない物，鉄のように磁化する物，磁石の同極同士は退け合い異極同士は引きつけ合うことについて知識を深めるようにする。さらに，磁石が物を引きつける力は磁石と物の距離によって変わることにも触れることが新学習指導要領で新たに示された。つまり，磁石の力の大きさと，磁石と物体間の距離という量的な関

係性についての見方をもたせて思考するように導く必要がある。

「電気の通り道」は前学習指導要領と大きな違いはない。電気に関する内容は各学年で扱われており，この学年で学ぶ電気に関する内容はその基礎となる。第3学年では，乾電池と豆電球のつなぎ方に着目して，電気を通すつなぎ方と通さないつなぎ方，電気を通す物と通さない物を比較することにより，電気に関する思考力を高めることが大切である。

3　第4学年の内容

第4学年の「エネルギー」概念に関連する内容として「A(3)電流の働き」が設定されている。今回の改訂における変更点としては，前学習指導要領での内容項目名の「電気の働き」から「電流の働き」へ名称が変わった点，従来第4学年で扱われた「光電池」が第6学年の内容項目「電気の利用」に移行した点である。ここでは，児童に考えさせる視点として「電流の大きさ」を量的に捉えるようにしたことが大きな指導上の変化であるといえる。

▷2　光電池は異なる複数の半導体を組み合わせて作られたものである。光起電力効果により，光エネルギーを電気エネルギーに変換する装置である。

第4学年での問題解決の過程における「考え方」の大きな柱は「関係付けて調べる活動」を通して自然の事物・現象について追究する中で「根拠のある予想や仮説を発想し，表現すること」である。第4学年の「見方」の量的・関係的視点としては，以下のものが考えられる。「電流の働き」においては，内容項目の名称の変更からもわかるように，電流の大きさや向きと乾電池の数等を量的に捉える。具体的には，乾電池の数を1個から2個に増やしたり，直列・並列などのつなぎ方を変えたりした際の電球の光り方，モーターの回転の速さの違いがあること等の様子に関連付けて着目させる。そのときの，電流の大きさの変化と電球の光り方やモーターの動きの様子の関係について根拠のある予想や仮説を発表したり，表現したりできるようにすることが大切である。

4　第5学年の内容

第5学年の「エネルギー」概念に関連する内容として「A(2)振り子の運動」，「A(3)電流がつくる磁力」が設定されている。第5学年での問題解決の過程におけるエネルギー概念に関する「考え方」の大きな柱は，条件制御をしながら「予想や仮説などを基に量的な変化に着目して解決の方法を発想する力」を育成することである。

「振り子の運動」における前学習指導要領からの変更点は，「糸につるしたおもりが1往復する時間は，おもりの重さなどによっては変わらないが，糸の長さによって変わること（傍点引用者）」から「振り子が1往復する時間は，おもりの重さなどによっては変わらないが，振り子の長さによって変わること（傍点引用者）」へ表現が変わり，「振り子の長さ」という視点が明確になったこと

▷3　振り子の周期は振り子の長さのみに依存して変化する。おもりの重さや振れ幅が変わってもその周期は変化しない。

41

である。この内容項目では,「変えない条件」として振り子の長さや振れ幅を一定にしたまま,「変える条件」としておもりの重さだけを変化させるといった条件制御を行い,その結果を予測し,得られた結果から振り子の長さによってのみその周期が変化することを見出す活動を行うことが大切である。また,この実験活動は,実験誤差を小さくするために,振り子を10往復させるのに要する時間をストップウォッチ等で計測する活動を3回行い,そこから周期を導くという定量的な実験を小学校理科で初めて扱う内容であるので,実験結果から得られる数量的変化の面白さを十分に児童に伝えるように配慮することが必要であろう。

「電流がつくる磁力」における前学習指導要領からの変更点は,内容項目の名称が「電流の働き」から「電流がつくる磁力」となり,電磁石が電流によって生み出す磁力によるものであることを明確にした点である。電磁石と磁石を比較しながら電磁石の性質を調べ,電流がつくる磁力を発生させることや,電流の向きと電磁石の極との関係について着目させることが大切である。この内容項目では,電流の大きさ・導線の長さ・コイルの巻き数等の量的な条件を制御しながら,電磁石の強さがどのように変化するのかを予想し,実験から得られた結果をもとに考察するという学習過程を大切にしたい。実験を行う際には,電流の測定には電流計や検流計を活用するが,電流がつくる磁界を調べる際には間接的な測定法である方位磁針を用いることが有効であることを理解させたうえで探究活動を行わせるように指導すべきである。

5　第6学年の内容

第6学年の「エネルギー」概念に関連する内容として「A(3)てこの規則性」,「A(4)電気の利用」が設定されている。今回の改訂における変更点は以下の通りである。内容項目「電気の利用」では,電熱線の太さと発熱の関係が中学校理科に移行されたこと,従来第4学年で取り扱われていた光電池が本内容項目に移行され単に乾電池と同じ働きをする教材としてではなく光エネルギーから電気エネルギーへのエネルギー変換を学習するための教材として位置づけられたこと,従来の電気エネルギーから光,音,熱エネルギーへの各エネルギー変換に次いで運動エネルギーへの変換の学習が追加されたことである。

第6学年での問題解決の過程におけるエネルギー概念に関する「考え方」の大きな柱は「多面的に調べる活動を通して,妥当な考えをつくりだす力や主体的に問題解決しようとする態度」を育成することである。

内容項目「てこの規則性」では,「力を加える位置や力の大きさ」に着目し,これらの条件を多面的に調べる活動を通して「てこの規則性」を学ぶものである。てこを働かせてつり合う場合に,支点・力点・作用点の各位置につい

て表などを使って整理するなかで，てこの「左側の（力点にかかるおもりの重さ）と（支点から力点までの距離）の積」とてこの「右側の（力点にかかるおもりの重さ）と（支点から力点までの距離）の積」が等しいという考えをつくりだし，問題を解決できるように指導することが必要である。この内容は小学校理科で扱う科学現象が数学的な関係性をもつことを初めて扱うものであり，児童が本格的に科学的な興味・関心を高めさせるためのきっかけになるようにしたい。

　内容項目「電気の利用」では，「電気の量や働き」に着目し，これらを多面的に調べる活動を通して「発電や蓄電，電気の変換」を学ぶものである。この内容では数多くの電気に関する実験が扱われる。例えば，光電池を用いた光エネルギーから電気エネルギーへのエネルギー変換，手回し発電機を用いた運動エネルギーから電気エネルギーへのエネルギー変換，手回し発電機からコンデンサーへの蓄電の実験を通したエネルギーの保存，コンデンサーに蓄電した電気を使って発光ダイオード（LED）や豆電球，電子オルゴール，電熱線，モーターを動かす活動による多面的な活動が考えられる。児童にエネルギーの変換と保存の概念を理解させるためには，これらの実験を個別に取り扱うのではなく，総合的・多面的に取り扱い考察させることが必要である。さらに，蓄電された電気を使って豆電球やLEDを点灯させその作動時間を比較する実験を通して，エネルギー変換の効率やエネルギー資源の有効活用といった視点を身に付けさせる。電球とLEDの点灯時間の違いという量的な視点を児童に与えることでエネルギー資源に関する妥当な考えをつくりだす力を育てることが大切である。また，この学習内容を実生活と関連付けて示すことが必要である。

　ところで，新学習指導要領では，理科でのプログラミング教育の導入が新たに示された。『小学校学習指導要領解説理科編』では，小学校理科におけるプログラミング教育の活用事例として，本内容項目で目的に合わせて光や音の各種センサーを用いてモーターやLEDの動きを制御するプログラミングを通した体験的な学習が示されている。プログラミング言語としてはScratch[4]というビジュアル言語がその扱いの容易さから小学校現場での知名度が高まっており，このようなツールを使用した活動が主流になると考えられる。

▷4　Scratch
米国マサチューセッツ工科大学（MIT）のMITメディアラボが開発したビジュアル言語の一つである。複雑な構文を覚える必要がないため，初心者でも容易に扱うことができる。最新版はウェブ上で使用できる。

6　中学校理科の「エネルギー」に関わる内容との系統性

　エネルギーに関わる内容は小学校段階で完結するものではなく，中学校・高等学校段階の各内容の基礎となっている。例えば，小学校第3学年で扱われる「風やゴムの力の働き」や第5学年の「振り子の運動」，第6学年の「てこの規則性」は，中学校第1学年の「力の働き」や第3学年の「力のつり合いと合成・分解」「運動の規則性」「力学的エネルギー」での学びにつながっている。

また，小学校第3学年の「光と音の性質」は中学校第1学年の「光と音」に，また，小学校の各学年で繰り返し扱われる電気の内容は中学校第2学年の電流と磁界に関する学習につながっている。教師は，小学校段階における各学年の学びの系統性における位置づけを十分に意識して授業に臨むことが必要である。これにより教師は児童に対しその単元内容を学ぶ児童への有効な声掛けをすることができるだろう。

2　「エネルギー」概念を構成する3つの要素

　小学校段階ではエネルギーの定義を直接教えることはなく，エネルギー概念に関連する風，ゴム，音，光，電気，電気モーターの運動といったエネルギーに関する要素を間接的に取り扱う。これらの要素は，風力（自然）エネルギー，弾性エネルギー，音エネルギー，光エネルギー，電気エネルギー，運動エネルギーという「エネルギーの捉え方」の概念の理解につながる。

　小学校第6学年の内容項目「電気の利用」では，手回し発電機で発電しコンデンサーへ蓄電することや，蓄電された電気を用いてLEDや豆電球，電気モーターを動かす実験を行う。これらの活動では「エネルギーの変換」や「エネルギーの保存」に関する学習が行われる。また，コンデンサーに蓄電した電気による豆電球やLEDの点灯時間の違いから「エネルギー変換の効率」に関する学習を通して「エネルギー資源の有効利用」のあり方を学ぶ。これは第4節で述べるように社会科でのエネルギー資源に関する理解にも関連している。これらの学習は中学校段階でさらに深く取り扱われるが，小学校段階では定性的に扱うことができるようにすべきである。

　以上の点から，教師は，各内容項目を扱う際，「エネルギーの捉え方」「エネルギーの変換と保存」「エネルギー資源の有効利用」というエネルギーの3要素のどの部分に関連するのかを把握し，関係性を念頭に置いて捉える必要がある。

3　「エネルギー」に関わる児童の認識と指導上の留意点

　以下では，新学習指導要領に基づく本単元の単元計画例と指導案例を示す。
☆単元計画（例）
〇第6学年「電気の利用」（全10時間扱い）

	学習内容	知識・技能	思考力・判断力・表現力	学びに向かう力・人間性
第一次：電気をつくる，ためる（4時間）	（1）電気をつくる 光電池や手回し発電機を使って発電できることを知る。 （2）電気をためる 作った電気をコンデンサー等の蓄電器に蓄えることができることを知る。	・光電池や手回し発電機を使うことで発電したり，発電した電気をコンデンサー等の蓄電器に蓄えたりできることを理解できるようにする。 ・発電や蓄電に関する技能を身に付けるようにする。	・発電や蓄電の働きについて追求する活動を通して，エネルギーの保存に関する妥当な考えをつくり出し表現すること。	・発電や蓄電の実験により，電気エネルギーの保存について主体的に問題解決しようとする態度を養う。
第二次：電気の利用（3時間）	電気を利用した道具 （1）光電池や手回し発電機を使って，電球や発光ダイオード（LED），電子オルゴール，電熱線，モーター等を動かし，多面的に電気が変換されていることを知る。 （2）蓄電器にためた電気が乾電池等の電気と同じ働きをすることを知る。	・身の回りに電気を利用した道具があることを理解できるようにする。 ・電気は蓄電器にためて利用できることを理解できるようにする。 ・電気エネルギーは，光，音，熱，運動の各エネルギーに変換できることを理解できるようにする。 ・コンデンサー等を正しく活用して電気をため，その電気を使用する技能を身に付けるようにする。	・発電したり蓄えた電気を利用し，身の回りにある電気を利用した道具を動かしたりする等の多面的な実験を通して，エネルギーの変換に関する考えをつくり出し表現すること。	・発電した電気や蓄電した電気を用いて多様な道具を動かし，エネルギー変換に関して主体的に問題解決しようとする態度を養う。
第三次：日常生活との関連（3時間）	（1）エネルギー資源の有効利用 同量の電気をためたコンデンサーに豆電球とLEDをつなぎ，両者の発光時間の違いから電気の使われ方の違いを知る。 （2）プログラミング センサーを使い，モーターやLEDを制御するプログラミングを行い，その仕組みを知る。	・豆電球とLEDの点灯時間の違いから，エネルギーの効果的な利用について理解できるようにする。 ・身の回りにあるセンサーやモーター等を活用したプログラミングの仕組みについて理解できるようにする。 ・蓄電器を豆電球やLEDと適切に接続して調べる技能を身に付けるようにする。 ・プログラミングにより適切に装置を制御する技能を身に付けるようにする。	・豆電球とLEDの点灯時間の違いから，エネルギーの変換効率について多面的に分析し，妥当な考えをつくり出し表現すること。 ・各種センサーを用いモーターやLEDを適切に制御するプログラミングを追求する中で妥当な考えをつくり出し表現すること。	・エネルギー資源の有効利用やプログラミングの仕組みを知る活動を通し，日常生活における電気の利用に関して主体的に問題解決しようとする態度を養う。

☆学習指導案
○単元名「電気の利用」（本時は7／10時間目）
○本時のめあて：
　豆電球と発光ダイオード（LED）の電気の使われ方に違いはあるのだろうか。
○目標：豆電球とLEDの点灯時間の違いから，エネルギーの変換効率につい

第Ⅱ部　初等理科のカリキュラムと内容

て多面的に分析し，妥当な考えをつくり出し表現できるようにする。

○準備物：

　　手回し発電機1台，豆電球1個，LED1個，コンデンサー2個，ストップウォッチ1つ（これらのセットを各班分用意する）

○指導の流れ

	学習活動 ○：予想される児童の発言	教師の支援・援助 ※印は評価規準及び評価方法
導入 （10分）	1．前時までに学習した内容を想起する。 2．本時のめあてを知る。 「豆電球と発光ダイオードの電気の使われ方に違いはあるのだろうか」 3．予想する。 ○両方とも電気を光に変えることができるので違いはないと思う。 ○前の授業で豆電球とLEDを手回し発電機を使って光らせたとき，手応えが違っていた。 ○豆電球は次第に熱くなるが，LEDは熱くならないという違いがあると思う。 ○明かりがつく時間に違いがあると思う。	・手回し発電機で発生させた電気エネルギーを用いて豆電球やLED，電子オルゴール等を動かすことができたこと，このことから電気エネルギーが光や音等のエネルギーの形態に変換されていたこと，コンデンサーに電気をためることができることを思い出させる。 ・これまでの観察・実験結果を総合して，一人ひとりが自らの考えを適切に予想し表現できるように支援する。
展開 （20分）	4．実験方法を知る。 実験の手順： ・2つのコンデンサーに手回し発電機を同じ回数だけ回して電気をためる。 ・それぞれのコンデンサーを豆電球，LEDにつなぎ，明かりがつく時間を測定する。 ・両者の明かりのついている時の様子，点灯する時間等を記録する。 5．実験活動を行う。 6．結果をもとに，両者にどんな違いがあるのか考察する。（班活動）	・手回し発電機を回す際は，2回とも同じ速さで回すようにさせる。 ・LEDが5分以上点灯する可能性があるので，測定する最大時間を5分とする。 ・明るさの変化の様子，電球のまわりのあたたかさ等についても着目させる。 ・班の仲間と協力して実験を行うように言葉がけをする。 ・点灯時間だけでなく，その他の気付きを見つけるように意識させる。 ・明かりがつく時間の違いから，豆電球とLEDにどんな電気の使われ方の違いがあるのかに視点を向けさせることを意図した言葉がけをする。 ※豆電球とLEDの点灯時間の違いから，エネルギーの変換効率について多面的に分析し，妥当な考えをつくり出し文章にまとめ表現している。【思考力・判断力・表現力】（ノート，発言）
まとめ （15分）	7．実験結果及び考察したことを発表する。 8．まとめ。	・児童に発言させた際，実験結果から論理的に導き出した意見になっているかを確認する。

・豆電球とLEDの電気の使われ方に違いがあることを知る。 ・明かりとして利用する場合,豆電球よりLEDの方がエネルギーの変換の効率が良いことを知る。 ・日常生活での応用について考える。 9. 次時の内容を知る。	・エネルギーの変換効率の違いについて児童に考えさせ,エネルギーの有効利用の観点からより良い暮らしについて考えさせる。

　エネルギー概念は実体をもたず抽象的な概念であるため,児童生徒に実感をともなった理解をさせることが難しい。一例をあげると,エネルギー概念を学んだ義務教育修了時の中学校第3学年の多くでさえ,エネルギーと力を混同して考えている,という報告がある(板橋,2014)。日本では,児童の発達段階を考慮して小学校段階ではエネルギー概念の定義は取り扱わず,光,音,電気,磁石,振り子,てこ等を用いてエネルギーの周辺概念を個別に取り扱う方法を取っている。このため,児童生徒はこれらの各要素の学びの関連性を理解していない可能性がある。そこで,教師はこれらの点に留意した指導を行う必要がある。とくに第6学年の「電気の利用」ではエネルギーの保存や変換という観点から,それまでに学習した各内容を統合した見方・考え方をさせるように指導する必要がある。さらに,教師が思いもしない児童生徒の多様な考え方の存在を十分に認識し,必要であればレディネステスト◁5を行うことにより,児童生徒の実態に即した授業を展開する必要がある。

▷5　レディネステスト
教師がある教科内容を学習する前に,児童生徒がもつその分野の知識等を把握するために行う事前調査のこと。

4　他教科との関連

　「エネルギー」概念の3つの内容の一つ「エネルギー資源の有効活用」に関する内容は社会的にみても大変重要である。他教科におけるこれに関連した内容としては,第4学年の社会科の都道府県の産業や地理的環境等の特徴について探求する学習がある。『小学校学習指導要領解説社会編』では「(中略)市などが行っている節水や節電の呼びかけ,家庭や学校,事業所などでの節水や節電の取組,太陽エネルギー利用の取組などを取り上げ,飲料水や電気,ガスなどの使い方を見直し有効に利用することが大切であることに気付くようにすることが大切である」という記述の他,廃棄物処理事業の一つとして資源の有効利用ができるようにすべきであることが述べられている。このように,理科での学びが社会科の環境教育としての内容とも関連していることを把握して授業を組み立てることが大切である。

　その他の例としては,第3学年の「風とゴムの力の働き」における風やゴムの力で動く車,「磁石の性質」における磁石の性質を用いたおもちゃ,第5学

年の「電流がつくる磁力」における電磁石を用いたおもちゃ等のものづくり活動は,「材料や用具を使い,表し方などを工夫して,創造的につくったり表したりすることができるようにする。」という図画工作科の目標とも関連する。教科横断的な授業により,学びの質をさらに有効なものにしてほしい。

Exercise

① 学習指導要領解説理科編の図1「小学校・中学校理科の『エネルギー』,『粒子』を柱とした内容の構成」を参考に,各学年で取り扱われる内容項目間の関係性を調べ,議論してみよう。
② 第6学年の内容項目「電気の利用」の例にあげた学習指導案において,児童に「多面的に分析し,妥当な考えをつくり出し表現できるようにする」ための教師の発問計画を構想してみよう。
③ 「エネルギー」領域に関する内容項目について,「見方・考え方」,3つの観点(「知識・技能」「思考力・判断力・表現力」「学びに向かう力・人間性」)を踏まえた学習指導案を作成してみよう。

📖 次への一冊

エネルギー環境教育研究会編『持続可能な社会のためのエネルギー環境教育——欧米の先進事例に学ぶ』国土社,2008年。
　海外のエネルギー環境教育に関する先進的な取組みをわかりやすく紹介している。教科横断的なエネルギーについての授業の扱いのうえで参考となる。
社団法人化学工学会編『図解　新エネルギーのすべて』工業調査会,2004年。
　太陽電池や燃料電池等のさまざまな最新の新エネルギーの原理について図表を用いてわかりやすく解説している。
佐島群巳他『エネルギー環境教育の理論と実践』国土社,2005年。
　各国のエネルギー環境教育に関する事例の紹介,それを基にした小学校段階におけるカリキュラム開発の視点,授業の具体案を示している。

引用・参考文献

板橋夏樹「中学生のエネルギー概念の理解に関する研究——義務教育修了段階の生徒を対象とした調査を事例として」『エネルギー環境教育研究』Vol.8,No.2,2014年,5～13ページ。
文部科学省『小学校学習指導要領(平成29年告示)解説理科編』東洋館出版社,2018年。
文部科学省『小学校学習指導要領(平成29年告示)解説社会編』日本文教出版,2018年。
文部科学省『小学校学習指導要領(平成29年告示)解説図画工作編』日本文教出版,2018年。

第6章
初等理科教育の内容の柱②
―― 粒子とその認識 ――

〈この章のポイント〉
　小学校理科の4領域のうち，「粒子」概念を柱とする内容領域では，物質の構成単位である「粒子」について児童が質的・実体的に捉えることが求められている。本章では，各学年における本領域の内容を概観し，「粒子」に関わる児童の認識と指導上の留意点を中心に解説する。とくに，重さや体積などの物質の性質や，溶解や燃焼などの身近な現象に関する児童のミスコンセプションが多く見られるため，そのようなミスコンセプションを変容させる授業方法について学ぶ。

1　小学校理科の「粒子」に関わる内容

1　「粒子」概念を柱とする内容領域の役割

　小学校の新学習指導要領において，理科の内容は引き続き「A　物質・エネルギー」と「B　生命・地球」の2つに区分されている。これに追って出された『小学校学習指導要領解説理科編』によれば，A区分の内容は，「時間，空間の尺度の小さい範囲内で直接実験を行うことにより，対象の特徴や変化に伴う現象や働きを，何度も人為的に再現させて調べることができやすいという特性」がある。「児童はこのような特性をもった対象に主体的，計画的に操作や制御を通して働きかけ，追究することにより，対象の性質や働き，規則性などについての考えを構築することができる」（文部科学省，2018，20ページ）。このA区分の「物質」が科学の基本的な概念の一つである「粒子」に相当する。

　原子や分子といった粒子が物質の最小構成単位であることは，紀元前のギリシアやエジプトに端を発し，現代まで続く物質の探究のなかで明らかにされてきた。古代エジプトを発祥とし，千年以上もの間発展してきた錬金術は副次的に，物質のより精緻な理解をわれわれにもたらしたといえる。このような物質の探究を経て科学の基本的な概念の一つとなった「粒子」概念を柱とする内容領域の学習を通して，児童の物質観が育まれる。

　新学習指導要領の理科の目標には，児童が「理科の見方・考え方」を働かせることが明記され，「粒子」を柱とする領域では，自然の事物・現象を，主と

▷1　錬金術
鉛や銅などの価値の低い金属から，金や銀などの貴金属を精錬しようとする試み。

▷2　理科の見方・考え方
問題解決の過程において，自然の事物・現象をどのような視点で捉えるかという「見方」については，理科を構成する各領域「エネルギー」「粒子」「生命」「地球」の特徴から整理されている。また，問題解決の過程において，どのような考え方で思考していくかという「考え方」については，児童が問題解決の過程のなかで用いる，比較，関係付け，条件制御，多面的思考といった考え方から整理されている（文部科学省，2018，13ページ）。

して質的・実体的な視点で捉えることが，他の領域と比較して特徴的な「見方」であるとされている（文部科学省，2018，13ページ）。つまり，この領域では，観察，実験を通して，児童が事物・現象の質的な特徴や変化を捉えたり，目に見えない粒子の存在を視覚以外の感覚や質量の計測などから実体的に捉えたりすることが，他領域よりも重視されているのである。以下の項では，小学校の新学習指導要領および『小学校学習指導要領解説理科編』に基づき，各学年の「粒子」に関する内容とその取扱いをみていく。また，［2008（平成20）年改訂］の小学校学習指導要領からの変更点についても述べる。

２ 第３学年の内容

第３学年では，「A(1)物と重さ」が「粒子」の内容となっている。ここでは，物の性質について，児童が形や体積に着目して，重さを比較しながら調べ，物の形や体積と重さとの関係を捉えることを目指している。そして，「㋐物は，形が変わっても重さは変わらないこと」と「㋑物は，体積が同じでも重さは違うことがあること」を理解するよう指導する。具体的に，前者については，粘土のような容易に形を変えられる物を用いて，平たくしたり，丸めたり，いくつかに分けたりして，重さを比較することで調べられる。後者については，同じ体積の粘土，木，プラスチック，金属等を用意し，重さを体感したり，器具を用いて重さを測定したりして比較することで調べられる。

３ 第４学年の内容

第４学年では，「A(1)空気と水の性質」と「A(2)金属，水，空気と温度」が「粒子」の内容となっている。まず，「空気と水の性質」については，児童が空気と水の体積や圧し返す力の変化に着目して，それらと圧す力とを関係付けて調べ，空気と水の性質を捉えることを目指している。そして，「㋐閉じ込めた空気を圧すと，体積は小さくなるが，圧し返す力は大きくなること」と「㋑閉じ込めた空気は圧し縮められるが，水は圧し縮められないこと」を理解するよう指導する。具体的に，前者については，閉じ込めた空気を圧し縮めることのできる空気鉄砲や注射器を用いることで，空気を圧す力と圧し縮めたときの体積や圧し返す力の関係を調べられる。後者については，同様の道具を用いて，水も圧し縮めることができるか調べ，空気のときと比較する。また，目に見えない空気の存在やその体積の変化を図や絵を用いて表現するように促す。そして，A区分では，ものづくりを行うことが求められており，この内容を活用して，ペットボトルロケットを作って飛ばすことが可能である。

次に，「A(2)金属，水，空気と温度」については，金属，水及び空気の性質について，児童が体積や状態の変化，熱の伝わり方に着目して，それらと温度

▷３　ペットボトルロケット
圧縮した水と空気を利用してペットボトルのロケットを飛ばすおもちゃ。容器内の圧力に耐えられるように，炭酸飲料のペットボトルを使うとよい。

の変化とを関係付けて調べ，金属，水及び空気の性質を捉えることを目指している。そして，「(ア)金属，水及び空気は，温めたり冷やしたりすると，それらの体積が変わるが，その程度には違いがあること」と「(イ)金属は熱せられた部分から順に温まるが，水や空気は熱せられた部分が移動して全体が温まること」，さらには「(ウ)水は，温度によって水蒸気や氷に変わること。また，水が氷になると体積が増えること」を理解するよう指導する。具体的に，金属については金属環と金属球を用いて，水及び空気については，丸底フラスコとガラス管等を用いて，温度変化時の体積変化を観察し，金属，水及び空気の体積変化の程度を比較する。続いて，金属の熱の伝わり方については，ロウを塗った金属板を熱してロウがどのように融けていくかを観察し，水については，示温テープや示温インクの色の変化を観察し，さらに，空気については，温度計を用いて空間内の複数箇所の温度変化を記録する。最後に，水の状態変化については，温度の変化にともなう水の状態の変化を記録し，温めたもしくは冷やした時間と水の温度をグラフで示し，そのグラフに水の状態も書き加えるとよい。そして，この内容におけるものづくりとして，空気の温まり方の学習を活用したソーラーバルーンや温度による体積変化を利用した温度計の製作を導入することができる。

4　第5学年の内容

　第5学年では，「A(1)物の溶け方」が「粒子」の内容となっている。ここでは，物の溶け方について，児童が物の溶ける量や様子に着目して，水の温度や量などの条件を制御しながら調べ，物の溶け方の規則性を捉えることを目指している。そして，「(ア)物が水に溶けても，水と物とを合わせた重さは変わらないこと」「(イ)物が水に溶ける量には，限度があること」「(ウ)物が水に溶ける量は水の温度や量，溶ける物によって違うこと。また，この性質を利用して，溶けている物を取り出すことができること」を理解するよう指導する。具体的に，一点目については，食塩やミョウバンを用いて，溶かす前の物の重さに水の重さを加えた全体の重さと，溶かした後の水溶液の重さの変化を比較しながら調べる。二点目及び三点目については，水の温度や量といった条件を制御した実験が求められる。また，水溶液を冷やしてろ過したり，水を蒸発させたりすることで，溶けている物質を取り出すこと（再結晶）で，溶けた物質は見えなくても水溶液のなかに存在していることを実感することができる。

　この「物の溶け方」では，新学習指導要領の内容の取扱いに，「水溶液の中では，溶けている物が均一に広がることにも触れること」が新たに追加された。具体的には，水に有色のコーヒーシュガーなどを溶かした際に，水溶液全体が同じ色になるのを観察することで捉えられる。

▷4　金属環と金属球
金属球とその金属球がぎりぎり通る大きさの金属の輪からなる金属の熱膨張を調べる器具。金属球を熱したときと，冷やしたときに，金属球がこの金属の輪を通るかどうかを確かめる。

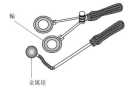

▷5　ソーラーバルーン
黒いビニール袋をつなぎ合わせて大きな袋を作り，そのなかに空気を入れ，天気のいい日に屋外で日光に当てると，なかの空気が温まり膨張して浮き上がるおもちゃ。

▷6　ミョウバン
溶解度が温度によって大きく変化する物質で，水の温度を上げても溶ける量があまり変わらない食塩との対比でよく使われる。日常的にはナスの漬物の色をきれいにするために使われる。

5 第6学年の内容

　第6学年では,「A(1)燃焼の仕組み」と「A(2)水溶液の性質」が「粒子」の内容となっている。まず,「燃焼の仕組み」については,児童が空気の変化に着目して,物の燃え方を多面的に調べ,燃焼の仕組みを捉えることを目指している。そして,「(ア)植物体が燃えるときには,空気中の酸素が使われて二酸化炭素ができること」を理解するよう指導する。具体的には,ろうそくを燃やし,燃やす前と燃やした後での空気中の酸素と二酸化炭素の量を比較する。その際,二酸化炭素の有無を調べる石灰水や,酸素や二酸化炭素の割合を調べる気体検知管や気体センサー◁8といった器具を用いるとよい。さらに,燃えた後の植物体の変化は,木片や紙などを燃やすことで観察できる。

　次に,「水溶液の性質」については,児童が溶けている物に着目して,それらによる水溶液の性質や働きの違いを多面的に調べ,水溶液の性質や働きを捉えることを目指している。そして,「(ア)水溶液には,酸性,アルカリ性及び中性のものがあること」「(イ)水溶液には,気体が溶けているものがあること」「(ウ)水溶液には,金属を変化させるものがあること」を理解するよう指導する。具体的に,一点目及び二点目については,塩酸,炭酸水,食塩水,石灰水,アンモニア水などの水溶液を用意し,色やにおいなどの違いや,水を蒸発させて溶けている物を取り出した際の様子の違いなどを観察する。また,リトマス紙◁9などを用いて,多様な水溶液を調べ,酸性,アルカリ性,中性という3つの性質(液性)にまとめられることを捉える。三点目については,塩酸をアルミニウムに注ぐと,気体が発生し,アルミニウムが溶けていく様子を観察できる。さらに,アルミニウムが溶けた水溶液から水を蒸発させると,新たな物質が出てくることが確認でき,元の金属と性質の異なる別のものに変化したことが捉えられる。

6 中学校理科の「粒子」に関わる内容との系統性

　小学校理科の「粒子」に関わる内容のうち,中学校理科の「粒子」に関わる内容に直接つながっているものは,次の3つである。第一に,第4学年「金属,水,空気と温度」における水の状態変化の内容は,中学校理科第1分野の第1学年「(2)身の回りの物質」の「(ウ)状態変化」の内容へと発展していく。中学校では,状態変化は物質が異なる物質に変化しているのではないことや,状態変化によって物質の体積は変化するが質量は変化しないことを学習する。

　第二に,第6学年の「燃焼の仕組み」の学習は,中学校理科第1分野の第1学年「(2)身の回りの物質」の「(ア)物質のすがた」及び第2学年の「(4)化学変化と原子・分子」の「(イ)化学変化」の学習につながる。この「燃焼の仕組み」

▷7 気体検知管
気体の濃度を測定する器具で,気体採取器と併せて用いる。調べる気体や気体の濃度によって検知管が異なるため,使用する際には注意が必要である。検知管は通常,一回しか測定できないため,未使用のものと使用済みの検知管が混ざらないように,回収方法を徹底しておく必要がある。

▷8 気体センサー
気体の濃度が測定できる機器で,値がデジタル表示されるものが多い。小学校の理科実験で容易に使用できる酸素や二酸化炭素のセンサーも販売されるようになり,検知管と異なり,複数回の測定や連続使用も可能となっている。

▷9 リトマス紙
液性を調べる際に使用し,酸性のときに青色リトマス紙が赤色に,アルカリ性のときに赤色リトマス紙が青色に変化する。素手で触らずにピンセットでつかむようにする。調べる液体をガラス棒につけ,リトマス紙の端につけて色の変化を見る。液性を調べる指示薬として,BTB溶液も使用できる。酸性で黄色,中性で緑色,アルカリ性で青色を示す。

は，第4学年の「空気と水の性質」を踏まえた内容であるため，これに関係する学習は小学校第4学年→第6学年→中学校第1学年→第2学年へと長期に渡って続き，中学校では気体の種類による特性や酸化・還元へと内容が発展していく。

　第三に，第5学年「物の溶け方」の学習を踏まえて，第6学年「水溶液の性質」へと内容が展開され，これらは中学校第1分野第1学年の「(2)身の回りの物質」の「(イ)水溶液」及び第2学年の「(4)化学変化と原子・分子」の「(イ)化学変化」の学習につながる。中学校では溶解度や再結晶，さらには化学変化や化学反応式へと内容が発展する。

　以上のように，小学校の「粒子」の内容は，中学校の「粒子」の内容へと系統的に続いている。上記に該当していない第3学年の「物と重さ」については，その内容が直接には中学校へと結びついていないように見えるが，物質の性質に影響を及ぼす体積と質量の関係を扱っており，物質の理解に不可欠な基本的事項であることから，この内容は小学校第4学年以降中学校に至るまで，「粒子」に関わるすべての内容の土台であるといえる。

2　「粒子」概念を構成する4つの要素

　小学校理科の「粒子」概念は，「粒子の存在」「粒子の結合」「粒子の保存性」「粒子のもつエネルギー」に分けて考えられることが，『小学校学習指導要領解説理科編』に示されている（文部科学省，2018，20ページ）。この4つの要素は，「粒子」概念を理解するうえで，重要な視点といえる。

　「粒子の存在」とは，物質が目に見えないほど小さな粒子から構成されていることを意味しており，例えば，第4学年の「空気と水の性質」では，空気を圧す力と体積の関係について，空気のなかを可視化した図にして考えることで，粒子の存在を児童に意識させることができる。

　「粒子の結合」とは，物質を構成する粒子が結合したり離散したりすることが，化学変化であることを意味しており，第6学年の「燃焼の仕組み」において，植物体の燃焼によって酸素が二酸化炭素に変化することや，同じく第6学年の「水溶液の性質」において，塩酸とアルミニウムの反応で，元のアルミニウムとは異なる別の物質ができることとの関連が強い。

　「粒子の保存性」とは，たとえ視覚的に捉えられなくても，物質を構成する粒子が消滅したり，何もないところから物質が生じたりせず，粒子は保存されることを意味している。このことは，第5学年の「物の溶け方」において，物が水に溶けても重さは保存されることなどで説明される。

　「粒子のもつエネルギー」については，粒子が運動していることと，その運

動が熱によって変化することを意味しているが、小学校では粒子の運動を直接取り上げることはない。しかし、第4学年の「金属、水、空気と温度」では、物質の温度による体積変化の学習を通して、物質を構成する粒子の運動の変化をイメージさせることが可能である。

これら4つの要素と、小・中学校の各学年における「粒子」に関わる内容との系統性を表6-1に示す。このように、「粒子」に関わる内容は小学校から中学校へとつながり、さらに高等学校の「化学」へと展開され、より発展的で高度な内容になっていく。

表6-1 「粒子」概念を構成する4つの要素と各学年の内容の系統性

校種	学年	粒子の存在	粒子の結合	粒子の保存性	粒子のもつエネルギー
小学校	第3学年			物と重さ	
	第4学年	空気と水の性質			金属、水、空気と温度
	第5学年			物の溶け方	
	第6学年	燃焼の仕組み		水溶液の性質	
中学校	第1学年	物質のすがた		水溶液	状態変化
	第2学年	物質の成り立ち		化学変化	
				化学変化と物質の質量	
	第3学年	水溶液とイオン			
		化学変化と電池			

出所：文部科学省（2018, 23ページ）より一部抜粋。

3 「粒子」に関わる児童の認識と指導上の留意点

1 物の重さ

本節では、各学年の「粒子」に関わる内容に対する児童の典型的な認識（とくにミスコンセプション）及び実験での指導上の留意点を述べる。

第3学年の「物と重さ」の実験では、粘土を用いて、形が変わっても重さは変わらないことを確認する。しかし、児童が粘土の形を変える作業をすると、手に粘土がくっついたり、ちぎった粘土の欠片を落としたりすることがあり、重さが変わってしまうことがある。このようなことが起きないように、児童に慎重に作業をさせる必要がある。また、電子てんびんのように、小数第二位までのグラム数が表示される計量器を使用すると、誤差範囲の数値の変化でさえも、重さが変化したと認識する児童もいるため、自動上皿はかり（台ばかり）のような針で重さを示すような計量器を使用するとよい。さらに、実験前に予想を立てさせると、計量器に接する面の大きさによって、重さが変わると考えている児童が少なからずいる。このような児童は、自分の予想と一致するよう

に実験結果を解釈してしまう（はかりの針や目盛りの読み取りが左右される）可能性があるため，重さを計測する際には，複数人の目で重さを読み取り，形を変える前後で重さが変化していないことを確認させる必要がある。

2　水の三態変化

　第4学年の「金属，水，空気と温度」において，水の状態変化を観察する際に，100℃近くまで水を熱すると，水のなかから盛んに泡が出てくる。この泡は水が気体に変化した水蒸気であるが，水のなかから出てきた空気であると考える児童がいる。なぜなら，目に見えない無色透明の気体は空気であると捉えがちであるからである。この学習では，沸騰した泡を集めて冷やすと水になることを確認し，泡は空気ではなく水が変化したものであり，水が沸騰すると目に見えない水蒸気に変化することを確実に理解させることが重要である。

3　溶解における重さの保存

　第5学年の「物の溶け方」では，物質が水に溶解したときに，物質の重さは保存されることを学習するが，児童は水に物が溶けて見えなくなると，存在そのものがなくなってしまい，水だけの重さになると考えてしまいがちである。あるいは，見えなくなったことで，溶かした物の存在すべてがなくなるわけではなく，少し軽くなると考える児童もいる。また，溶解度を超えて物質を溶かした際に，溶け残りがビーカーの底にたまると，その分の重さだけが増加すると考えたりして，物の存在や重さの認識が視覚に左右されてしまうことが多い。このようなミスコンセプションを解消するためには，どのような実験を行えばよいだろうか。この単元では，溶解現象の規則性も正しく捉えさせなければならないため，実験では，正確な条件制御や結果の整理及び解釈が求められる。以下に，「物の溶け方」の単元全体の流れと，溶解における重さの保存に関する1授業時間の展開について，一例を示す。

① 　第5学年「物の溶け方」の単元計画

　新学習指導要領では，育成を目指す資質・能力が「知識及び技能」「思考力，判断力，表現力等」「学びに向かう力，人間性等」の三つの柱に整理され，理科の各学年の各区分についても，この三つの柱から目標が設定されている。第5学年の「物の溶け方」の目標は，

知識及び技能：物の溶け方についての理解を図り，観察，実験などに関する基本的な技能を身に付けるようにする。
思考力，判断力，表現力等：物の溶け方について追究する中で，主に予想や仮説を基に，解決の方法を発想する力を養う。
学びに向かう力，人間性等：物の溶け方について追究する中で，主体的に問題解決し

> ようとする態度を養う。

と示されている。

前述のように，「物の溶け方」の単元では，「溶解における重さの保存」「溶解する量の限度」「溶けた物を取り出す方法」の3点が主な学習内容である。この3点を第1次，第2次，第3次の各まとまりとした単元展開（14時間）の事例を表6-2に示す。また，上記の目標に対応する評価についても，同様に三つの観点を想定し，各観点がどの時間に評価可能であるかを示す。

表6-2　第5学年「物の溶け方」の単元の展開

学習活動	時間	評価の観点		
		知識及び技能	思考力，判断力，表現力等	学びに向かう力，人間性等
第1次　溶解における重さの保存　（2時間）				
◆食塩が水に溶けていく様子を観察して，気付いたことを話し合う。食塩とコーヒーシュガーのそれぞれを溶かした水溶液の様子を観察し，気付いたことを話し合う。	1		○	○
◆食塩を水に溶かすと，全体の重さはどうなるかを調べる。	1	○	○	○
第2次　溶解する量の限度　（8時間）				
◆食塩やミョウバンが水に溶ける量に限度があるかを調べる。	2	○		○
◆食塩やミョウバンをより多く水に溶かす方法について考え，話し合い，実験の計画を立てる。	1	○	○	○
◆水の量を変えて，食塩やミョウバンの溶ける量が変わるか調べる。	2	○		○
◆水の温度を変えて，食塩やミョウバンの溶ける量が変わるか調べる。	2	○		○
◆物が水に溶ける量は，溶ける物，水の量，水の温度に関係していることを実験結果からまとめる。	1		○	○
第3次　溶けた物を取り出す方法　（4時間）				
◆第2次の水溶液を放置し，溶けていたミョウバンが出てくるのを観察し，溶けた物を取り出す方法を考え，話し合う。	1		○	○
◆水溶液を冷やして溶けていた物が取り出せるか調べる。	1	○		○
◆水溶液を熱して，水を蒸発させ，溶けていた物が取り出せるか調べる。	1	○		○
◆物の溶け方と水に溶けていた物を取り出す方法について，わかったことをまとめる。	1	○	○	○

○：評価可能な観点

② 「溶解における重さの保存」の1授業時間の展開

児童のミスコンセプションが多く表出される溶解における重さの保存を学習する1授業時間の学習指導案の一例を図6-1に示す。表6-2の第1次の2時間目に相当する授業である。

食塩は水に溶けてもなくならず，食塩と水を合わせた重さは，溶ける前と溶けた後も変わらないことを児童が理解し，水溶液の中の食塩をイメージできる

第5学年　理科学習指導案

日時：2018年○月○日（○）○校時
対象：第5学年1組（男子○名，女子○名）
場所：理科実験室
授業者：○○○○

1. 単元　　　　　物の溶け方（全14時間）
2. 本時の学習　　食塩を水に溶かすと，水溶液全体の重さはどうなるのだろうか。（2時間目／14時間）
3. 本時の目標　　実験を通して，食塩は水に溶けてもなくならず，食塩と水を合わせた重さは，溶ける前と溶けた後も変わらないことを理解し，水溶液の中の食塩をイメージし，説明できる。
4. 本時の展開

時間 (分)	○学習活動　・予想される児童の反応	◇指導上の留意点や支援　◆評価
導入 (10)	食塩を水に溶かすと，水溶液全体の重さはどうなるのだろうか。 ○グループ内で各自の予想を発表し，話し合う。 ・水溶液は透き通っていて，何も見えないから，重さもなくなってしまうのではないか。 ・食塩は水の中で浮いて少し軽くなると思う。 ・食塩水はしょっぱいから，水溶液の中に食塩があると思うな。だから，重さも変わらないのでは？ ・食塩が水にぬれるから，重くなるかもしれないな。 ○クラス全体で，どのような予想が出たか共有する。 ・食塩の重さは…「すべてなくなる」，「少し軽くなる」，「変わらない（そのまま）」，「少し重くなる」	◇前時の食塩が水に溶ける様子と，溶けた後の様子を想起させる。 ◆自分の予想を発表し，他者の予想にも耳を傾け，積極的に話し合いに参加している。（発言・行動）【学びに向かう力】 ◇各予想の人数分布を確認する。
展開 (20)	食塩を水に溶かしたときに，食塩の重さがどうなるかを調べるにはどうしたらよいだろう。 ○実験方法を考える。 ・溶かす前と溶かした後の重さを量ろう。 ・細かく重さを量るにはどうしたらいいだろう。 ○実験方法を確認して，グループごとに実験を行う。 ① 食塩を水に溶かす前の全体の重さ（水の入ったふたつきの容器，薬包紙，食塩）を，電子てんびんを用いて測定する。 ② 容器に食塩を入れ，ふたをして，よく振り混ぜる。 ③ 水が無色透明になったら，電子てんびんで再度重さを測定する。薬包紙もてんびんに乗せる。 ○実験結果を記録し，食塩を水に溶かすと重さはどうなるのかについて考察する。 ・食塩を水に溶かしても，全体の重さは変わらない。 ・予想と一緒だった，あるいは違っていた。	◇何と何を比べればよいのかに着目させる。 ◇溶け残りが出ない食塩の量を設定する。 ◇電子てんびんの使い方を説明する。 ◇水や食塩をこぼさないように注意を促す。 ◆電子てんびんを正しく操作し，得られた結果を表などでわかりやすく記録している。（行動・記録）【知識及び技能】
まとめ (15)	○食塩を水に溶かしても，重さはそのままで変わらないことが実験からわかった。食塩は水に溶けて見えなくなっても水の中に存在していることを全員で共有する。 食塩が溶けた水溶液の中はどのようになっているのか，イメージ図を描いてみよう。 ○食塩は水溶液の中でどのようになっているのかをイメージして，図にする。 ○グループ内で各自のイメージについて説明する。 ・とても小さい粒になっているのではないかな。 ・食塩は下の方に沈んでいるのかな。 ・食塩の粒は全体に広がっていると思う。	◆食塩が水に溶けても存在しているという様子を，自分なりのイメージ図にして，グループ内で自分の図を説明している。（記録・発言）【思考力，判断力，表現力等】 ◇コーヒーシュガーを溶かしたときの様子について思い出させ，全体に均一に広がることに気づかせる。

図6-1　「物の溶け方」単元の「溶解における重さの保存」の1授業時間の学習指導案

ようになるために，まずは，食塩を水に溶かすと，水溶液全体の重さはどうなるかを各自で予想し，グループ内で発表し合う。次に，その予想を実験で確かめる方法についてアイデアを出し合ってから，実験に取りかかる。その際，正確に重さを測定できる電子てんびんを使用する。溶解前後で重さは変わらないことを確認し，食塩がたとえ見えなくなっても，そこに食塩は存在していることを児童が理解した後に，無色透明な水溶液の内部がどのようになっているのかをイメージさせ，図や絵で表現させる。そして，グループ内での意見交流を通して授業のまとめを行う。児童によっては，水溶液の下部に食塩が沈んでいるような図を描くことがあるが，前時でのコーヒーシュガーを水に溶かしたときに，水溶液全体が色付いたことを思い出させて，粒子が水溶液全体に散らばるような図が描けるように促すとよい。

さらに，「見えないものでも存在していること」を理解させるには，次のような粒子モデルを利用するのも効果的である。まず，2枚の画用紙にそれぞれ大きなビーカーの絵を描き，片方には小さな粒子をビーカー全体にバラバラに描き，もう片方にはビーカーの一部分に粒子をくっつけて描き，それらを20m離れたところから児童に見せる。すると，後者のビーカーにしか粒子が入っていないように見えるが，画用紙を児童に近づけると，両方に粒子が入っていることに気づく。これによって，目に見えなくても，実際には存在していることを児童は実感できる（竹澤・伊佐，1999）。このように，児童に溶解現象をイメージさせるのに粒子モデルが有効であることは，これまでの研究ですでに明らかにされているが，この単元だけでなく，「粒子」領域のほかの内容においても，粒子モデルを利用することで，児童の物質観が育まれ，目に見えない現象も視覚的あるいは実体的にイメージすることができるようになるだろう。

4　燃焼による空気の変化

第6学年の「燃焼の仕組み」では，植物体が燃える際に，空気中の酸素が使われて二酸化炭素ができることを学習する。燃焼に酸素が関わっていることについては，日常経験や学習前に得た科学的な情報などからすでに知っている児童が多い。しかし，閉じられた空間内でろうそくの火が消えた後の空気の変化については，酸素がすべて使われてなくなってしまうという予想が多く出る。そのため，燃焼後の空気の様子については，石灰水を用いて二酸化炭素の発生を確認するだけでなく，燃焼前後での酸素の割合を，気体検知管などを用いて調べることが重要である。その際，ろうそくの燃焼前後での空気の変化を文章で説明させるだけでなく，集気びんのなかの空気の様子を，窒素，酸素，二酸化炭素の粒子を用いて図で表現させることも有効である。

4 児童の日常生活や他領域，他教科との関連

　最後に，「粒子」に関わる内容について，児童の日常生活や他領域（「エネルギー」「生命」「地球」），さらには他教科との関連に着目したい。まず，日常生活との関わりについては，以下のような事例があげられる。第3学年「物と重さ」では，体重測定の際に，どのような体勢をとっても表示される体重は変化しないことを確認することで，学習内容の理解の定着が図れる。第4学年「空気と水の性質」と「金属，水，空気と温度」では，ボールやタイヤなど，空気の性質を利用した児童に身近な物を授業で取り上げたり，鉄道のレールの継ぎ目のような温度変化と金属の体積変化を考慮した身の回りの設備や，空気の温まり方に基づいた冷暖房時の空気循環の効果などを説明したりできるだろう。第5学年「物の溶け方」では，飲み物に砂糖を溶かしたり，お風呂に入浴剤を入れたりした経験を，第6学年「燃焼の仕組み」では，キャンプなどで火を使った経験を単元の導入に活用することができる。

　次に，他領域と関連する内容として，第4学年「金属，水，空気と温度」で扱う水の状態変化の学習は，第4学年の「地球」に関わる内容の「天気の様子」における自然界での水の状態変化の学習と関連づけて，水は100℃より低い温度でも蒸発していることを捉えられるようにするとよい。さらに，第6学年「燃焼の仕組み」では，酸素と二酸化炭素の割合を調べるが，第6学年の「生命」に関わる内容の「人の体のつくりと働き」においても，呼吸の働きを調べる際に，酸素と二酸化炭素に着目させる点で一致している。この2種の気体が，燃焼と呼吸のどちらにも深く関わっていることを児童に意識させるとよいだろう。

　さらに，他教科との関連については，第3学年「物と重さ」における重さを計測する機器の使用や重さの単位に関して，算数科でも第3学年で長さ及び重さの単位を知り，およその見当を付け計器を適切に選んで測定することが学習内容となっており，内容の結びつきは非常に強いといえる。また，第4学年「空気と水の性質」と「金属，水，空気と温度」の内容は，家庭科の「衣食住の生活」のとくに「快適な住まい方」において，暑さ・寒さ，通風・換気などを学習する際に，関連づけることができるだろう。

　これらのことから「粒子」に関わる内容は，理科の一領域に閉じたものではなく，児童の日常生活や他領域・他教科とも密接に関連していることがわかる。したがって，「粒子」に関わる内容の学習において，これらの関連する多様な事例を用いることが可能であるだけでなく，「粒子」の学習を通して，他領域・他教科の内容の理解や能力の向上も期待できると考えられる。

Exercise

① 学習指導要領解説理科編の図1「小学校・中学校理科の『粒子』を柱とした内容構成」を参考に，各学年で取り扱われる内容項目間の関係性を調べ，議論してみよう。

② 表6-2に示した第5学年「物の溶け方」との内容の結びつきが強い第6学年「水溶液の性質」の単元の展開を考えてみよう。

③ 「粒子」領域の実験では，他領域に比べ加熱器具や化学薬品を用いることが多い。具体的にどのような点に注意して指導すべきか調べてみよう。

📖 次への一冊

日本理科教育学会編『理科の教育』東洋館出版社，Vol. 66, No. 784, 2017年。
　　新学習指導要領に沿った「理科の見方・考え方―粒子―」を特集した号で，粒子に関わる児童生徒の見方を育成するための多様な授業実践例が示されている。

山下修一・小野寺千恵「小学校5・6年の溶解の学習に一貫して粒子モデルを用いた効果」『理科教育学研究』Vol. 50, No. 1, 2009年, 85〜91ページ。
　　第5学年「物の溶け方」と第6学年「水溶液の性質」の学習において，粒子モデルを用いた群と用いなかった群とを，質量保存や気体の溶解等の児童の理解状態から比較し，粒子モデル使用の効果を実証している。

宗近秀夫「小学生の溶解認識における概念変容の研究」『理科教育学研究』Vol. 43, No. 2, 2002年, 1〜12ページ。
　　小学生に溶解現象を教える際の粒子モデルの有効性について調査し，「溶液の均一性」の理解には効果的であるものの，「質量の保存」の理解には効果的ではないことを指摘している。

日置光久・森本信也編著『「体験」で子どもを動かすには――豊かな自然体験と科学的な体験』東洋館出版社，2007年。
　　「粒子」についての小学生の見方や考え方を育成するための授業案が複数提案されている。児童の考え方とその変容の具体的事例が示されているため，授業の進め方をイメージしやすい。

引用・参考文献

文部科学省『小学校学習指導要領（平成29年告示）解説理科編』東洋館出版社，2018年。

竹澤秀之・伊佐公男「素朴概念を生かした科学概念の形成――小学校5年「水溶液」の学習を通じて」『福井大学教育実践研究』Vol. 24, 福井大学教育学部附属教育実践研究指導センター，1999年，231〜237ページ。

第7章
初等理科教育の内容の柱③
―― 生命とその認識 ――

〈この章のポイント〉
　理科の新学習指導要領においても「生命」に関する概念は，従前と同様に，小学校理科で学ぶべき科学概念の4つの柱の一つとして位置づけられている。各内容項目は「生物の構造と機能」「生命の連続性」「生物と環境の関わり」の3つに分けて系統化されている。この章では，第3学年～第6学年で学習する「生命」に関する内容を資質・能力の3つの柱との関連に沿って学年・内容別に解説する。さらに，中学校理科の「生命」に関わる内容との系統性や他教科との関連についても解説する。

1　小学校理科の「生命」に関わる内容

1　「生命」に関する概念

　新学習指導要領においても，従前と同様に4つの科学の基本的な概念の一つとして「生命」がある。この「生命」に関する概念は「生物の構造と機能」「生命の連続性」「生物と環境の関わり」の3つに分けられ，各内容が系統立てて示されている。「生命」を柱とする領域における「理科の見方」の特徴は，自然の事物・現象を主として多様性と共通性の視点で捉えることである。ただし，これは「生命」を柱とする領域に固有のものではなく，他の3領域（エネルギー，粒子，地球）においても用いられる視点であることに留意する必要がある。
　自然の事物・現象のなかには，生物のように環境との関わりのなかで生命現象を維持しているものがある。児童はこの生物を対象として，主体的，計画的に諸感覚を通して働きかけ，追究することにより，生物の成長や働き，環境との関わりなどについての考えを構築することができる。このような学習の内容区分が「生命」を柱とする領域といえる。

2　第3学年の内容

　第3学年では，「生命」概念に関連する内容として「B(1)身の回りの生物」が設定されている。「B(1)身の回りの生物」では，「(ア)身の回りの生物と環境との関わり」「(イ)昆虫の成虫と体のつくり」「(ウ)植物の成長と体のつくり」を学習

▷1　「身の回りの生物」で大切なことは，「動物は食べる」「動物は子孫を残す」「植物は成長する」「植物は花から実をつける」の4点である。

する。これらの内容は，生活科「(7)動植物の飼育・栽培」の学習を踏まえ，関連づけて指導する必要がある。学習指導要領〔2008（平成20）年改訂〕では，「昆虫と植物」「身近な自然と観察」と2つに分かれていたが，新学習指導要領では「身の回りの生物」として一つにまとめられた。ただし，内容については変わりがない。ここでの学習のねらいは，身の回りの生物の理解を図り，観察，実験などに関する技能を身につけるとともに，主に差異点や共通点を基に，問題を見いだす力や生物を愛護する態度，主体的に問題解決しようとする態度を育成することである。

「(ア)身の回りの生物と環境との関わり」では，児童の身の回りに見られるさまざまな生物の色，形，大きさに着目して，身の回りの生物の特徴を調べる。例えば，植物については，タンポポやチューリップなどのさまざまな種類の植物を観察し，着目した点に即して比較する。動物についても，アリやカエルなどのさまざまな種類の動物を観察し，同様に比較する。また，多様な環境のもとで生物が生息している様子も調べる。ここでは，児童が自然に目を向け具体的な事実を捉える学習を行う必要がある。

「(イ)昆虫の成虫と体のつくり」では，昆虫の成長の過程に着目して，複数の種類の昆虫の体のつくりを比較しながら調べる。昆虫の育ち方に一定の順序があることを知るためには，飼育を通していろいろな昆虫を観察する必要がある。また，複数の種類の昆虫の体のつくりを比較する活動を通して，昆虫の成虫の体は頭，胸，腹の3つの部分からできていることなどを学習する。ここでは，実際に昆虫を飼育して成長や繁殖など，生きている姿を捉える必要がある。

「(ウ)植物の成長と体のつくり」では，複数の種類の植物の成長の過程を比較しながら，成長による体の変化を調べる。植物の育ち方には，種子から発芽し子葉が出て，葉がしげり，花が咲き，果実がなって種子ができた後に個体が枯死するという，一定の順序があることを学習する。ここでは，栽培や身の回りの植物の観察を通して，植物の成長や繁殖などの生きている姿を捉えることが重要である。

3 第4学年の内容

第4学年では，「生命」概念に関連する内容として「B(1)人の体のつくりと運動」「B(2)季節と生物」の2項目が設定されている。新学習指導要領において，第4学年の「生命」概念に関する項目と内容に変更はなかった。

「B(1)人の体のつくりと運動」では「(ア)骨と筋肉」「(イ)骨と筋肉の働き」を学習する。ここでの学習のねらいは，既習の内容や生活経験を基に，根拠のある予想や仮説を発想する力や生命を尊重する態度，主体的に問題解決しようとする態度を育成することである。

▷2 「人の体のつくりと運動」で大切なことは，「人の体にはたくさんの骨があり，体を支え，脳や内臓を守っている」「骨と骨は関節でつながっていて，関節で曲がるようになっている」「人の体には筋肉があり，筋肉が縮むことによって体が動く」の3点である。

「(ア)骨と筋肉」では，人や他の動物の運動器官に着目して，自分の体に直接触れることを手掛かりとして，骨の位置や筋肉の存在を調べる。ここでは，人に加えて他の動物の骨や筋肉にも触れながら学習する。例えば，レントゲン写真などの映像や骨格模型と照らし合わせ，骨と筋肉の様子を図に書き込んでいく。人の体には骨と筋肉があり，そのために体を支えたり，運動したりすることができることを捉えられるようにする。

「(イ)骨と筋肉の働き」では，自分の体を動かしたり他の動物が運動しているところを観察したりして，体の動きと骨や筋肉との関係を調べる。骨や筋肉は直接観察することができないため，模型や映像なども活用する。模型や映像と自分の体の動きとを照らし合わせ，骨と筋肉の関係を捉えられるようにする。

「B(2)季節と生物」では「(ア)動物の活動と季節」「(イ)植物の成長と季節」を学習する。ここでの学習のねらいは，動植物の成長と環境との関わりについて理解を深め，観察，実験などに関する技能を身に付けるとともに，主に既習の内容や生活経験を基に，根拠のある予想や仮説を発想する力や生物を愛護する態度，主体的に問題解決しようとする態度を育成することである。

「(ア)動物の活動と季節」では，季節ごとの身近な動物の活動の様子と季節の変化に着目して，それらを関係づけて調べる。「季節と生物」は，第3学年の「身の回りの生物」とも関連する学習内容である。例えば，校庭など1年間を通して継続観察できる場所を選び，見つけた動物，活動の様子などをカードに記述し蓄積していく。一年を通じてカードを蓄積することで，気温の上下で動物の出現数が増減し，活動が活発になったり不活発になったりする様子を捉えることができる。

「(イ)植物の成長と季節」では，季節ごとの身近な植物の成長の様子と季節の変化に着目して，それらを関係づけて調べる。例えば，ソメイヨシノは落葉樹で秋には紅葉する様子も見ることができ，季節の移り変わりとともに木の様子が変化するため良い観察対象といえる。また，季節によって校庭の野草が変化することも教えたい内容の一つである。その際，草丈の高さ，葉の数，葉の色等，観察の視点をはっきりさせる。

▷3 「季節と生物」で大切なことは，「学校にあるサクラの様子は季節によって変わる」「校庭の野草は季節によって変わる」「身の回りの野鳥や昆虫などの生活は季節によって変わる」の3点である。

4　第5学年の内容

第5学年の「生命」概念に関連する内容として「B(1)植物の発芽，成長，結実」，「B(2)動物の誕生」が設定されている。学習指導要領 [2008年改訂] では，「B(2)動物の誕生」で「水中の小さな生物」を扱っていたが，新学習指導要領では，第6学年の「生物と環境」へ移行した。これは，「水中の小さな生き物」が食物連鎖の学習のなかで扱ったほうが理解しやすいからであろう。

「B(1)植物の発芽，成長，結実」では，「(ア)種子の中の養分」「(イ)発芽の条

▷4 「植物の発芽，成長，結実」で大切なことは，「植物にとって，花は子孫を残すための繁殖器官である」「花の中のおしべの花粉がめしべにつくと，子房が成長して実になる」「植物はたくさんの種子をつくって散布する」「種子の中にたくわえた栄養分を使って発芽する」の4点である。

件」「(ウ)成長の条件」「(エ)植物の受粉，結実」を学習する。ここでの学習のねらいは，植物の発芽，成長及び結実とその条件についての理解を図り，観察，実験などに関する技能を身に付けるとともに，主に予想や仮説を基に，解決の方法を発想する力や生命を尊重する態度，主体的に問題解決しようとする態度を育成することである。

「(ア)種子の中の養分」では，発芽と種子のなかの養分との関係に着目して，発芽前後の種子と養分の存在を比較しながら調べる。例えば，種子としぼんだ子葉にヨウ素液をかけ，でんぷんの有無を確認することで，種子のなかの養分が発芽，成長に使われたことを捉えるようにする。実験に利用する種子は，インゲンマメが使いやすい。

「(イ)発芽の条件」では，身近な種子の発芽の様子に着目して，水，空気及び温度といった条件を制御しながら，種子が発芽するために必要な環境条件を調べる。例えば，袋に数年入ったままの種子を紹介して，水を与えないと種子が発芽しないことに気づかせ，発芽に必要な条件を考えさせる。また，水，温度，空気などの必要性を確かめる実験計画を話し合うなかで，調べたい条件以外を同じにするという条件制御の考え方に気づかせることも大切である。

「(ウ)成長の条件」では，身近な植物の成長の様子に着目して，条件を制御しながら植物が成長するのに必要な環境条件を調べる。(イ)で学んだ条件制御の考え方を用いて実験計画を立てさせ，植物の成長と，日光や肥料との関係について理解を深めるようにする。

「(エ)植物の受粉，結実」では，身近な植物の花のつくりや結実の様子に着目して，受粉の有無をといった環境条件を調べる。例えば，おしべ，めしべについている花粉の様子や，めしべの成長の違いなどを基に，結実と花粉との関係について考えさせる。また，受粉の仕方には，風や昆虫などが関係していることにふれ，植物の受粉の多様性や共通性にも気づかせる。

「B(2)動物の誕生」では，「(ア)卵の中の成長」「(イ)母体内の成長」を学習する。ここでの学習のねらいは，動物の発生や成長を調べる活動を通して，それらについて理解を図り，観察，実験などに関する技能を身に付けるとともに，主に予想や仮説を基に，解決の方法を発想する力や生命を尊重する態度，主体的に問題解決しようとする態度を育成することである。

「(ア)卵の中の成長」では，魚が産んだ卵の中の様子に着目して，それらと時間の経過を関連づけて，卵の中の変化を継続して調べる。魚は雌雄がわかりやすく，卵が内部の変化の様子を捉えやすいメダカを扱う。卵の観察には，実体顕微鏡を用いて継続して観察させ，観察カード等に記録させるとともに，観察器具を適切に操作するように指導する。ふ化するまで記録を継続し，その後，記録と予想を見比べながら卵の様子の変化についてまとめる。

▷5 「動物の誕生」で大切なことは「動物は生殖器をもち，受精卵をつくる」「動物が卵や子どもを産む数は，親の生活と関係がある」「人の体にも生殖器官があり，子どもは母体内で育って生まれる」の3点である。

「(イ)母体内の成長」では，胎児の母体内での成長に着目して，それらと時間の経過とを関連づけて，胎児の成長の様子を調べる。母体内の成長を直接観察はできないので，映像，模型，図鑑などの資料を活用する。受精卵の母体内での成長の様子についてわかったことを時間の経過と関連づけて整理する。まとめでは，生命の連続性にふれ，命を大切にしようとする態度につなげる。

5　第6学年の内容

　第6学年の「生命」概念に関連する内容として「B(1)人の体のつくりと働き」「B(2)植物の養分と水の通り道」「B(3)生物と環境」が設定されている。新学習指導要領において第6学年の「生命」概念に関する項目と内容に変更はなかった。
　「B(1)人の体のつくりと働き」では，「(ア)呼吸」「(イ)消化・吸収」「(ウ)血液循環」「(エ)主な臓器の存在（肺，胃，小腸，大腸，肝臓，腎臓，心臓）」を学習する。ここでの学習のねらいは，体のつくり，呼吸，消化，排出及び循環の働きに着目して，人や他の動物の体のつくりと働きについての理解を図り，観察，実験などに関する技能を身に付けるとともに，主により妥当な考えをつくりだす力や生命を尊重する態度，主体的に問題解決しようとする態度を育成することである。
　「(ア)呼吸」では，人や他の動物の呼吸の働きに着目して，血液中の二酸化炭素などを体外に排出する働きを多面的に調べる。例えば，人が息を吸うことと吐くことに着目させ，どうして人が呼吸するのかを考えるようにする。実際に気体検知管を使って人の息を調べることで，人は呼吸によって体に酸素を取り入れ，二酸化炭素を出しているという結論を導き出す。
　「(イ)消化・吸収」では，人や他の動物の消化の働きに着目して，食べ物の変化と体内に取り入れられることを多面的に調べる。例えば，ヨウ素液を使って唾液によってでんぷんが変化する様子を実験で確かめる。このことから，唾液と混ざるとでんぷんは他のものに変化することがわかる。
　「(ウ)血液循環」では，人や他の動物の血液の循環に着目して，心臓の働きと血液の流れを関係づけて，血液に入った養分や酸素，肺から取り入れられた酸素の行方などを多面的に調べる。心臓と肺の間の血液は，心臓と他の臓器との関係と違い，血液中の二酸化炭素が多い状態で肺に流れ，肺からは酸素が多い状態で心臓に流れ込むことに気づかせる。
　「(エ)主な臓器の存在」では，人や他の動物の体内の臓器に着目して，呼吸，消化，吸収，排出などと臓器との関係を多面的に調べる。個々の臓器と生命を維持する働きとの関係について理解を深め，それぞれの臓器が相互に働き合って生命が維持されていることを捉えるようにする。
　「B(2)植物の養分と水の通り道」では，「(ア)でんぷんのでき方」「(イ)水の通り道」を学習する。ここでの学習のねらいは，植物の体のつくりと体内の水など

▷6　「人の体のつくりと働き」で大切なことは，「人は食べ物を食べて栄養分をとっている」「人は直立二足歩行をする動物である」の2点である。

▷7　「植物の養分と水の通り道」で大切なことは，「植物は光合成をし，自ら栄養分を作り生きている」「植物は日光がよく当たるように茎を伸ばし，葉をつけている」「植物は，地中の水や栄養分を取り込んでいる」「植物は水や栄養分を体全体に運んでいる」の4点である。

の行方や葉で養分をつくる働きに着目して，植物の体のつくりと働きについての理解を図り，観察，実験などに関する技能を身に付けることである。また，より妥当な考えをつくりだす力や生命を尊重する態度，主体的に問題解決しようとする態度を育成することもできる。

「(ア)でんぷんのでき方」では，植物の体のつくりと葉で養分をつくる働きに着目して，葉の中のでんぷんの存在を多面的に調べる。例えば，日光に当たっている葉とアルミニウム箔を被せて遮光した葉を用いて，ヨウ素液を使用し葉の中のでんぷんの存在を確認する。

「(イ)水の通り道」では，植物の体のつくりと体内の水などの行方に着目して，植物の体内での水の通り道を多面的に調べる。例えば，植物に着色した水を吸わせ，茎や葉などを切ってその体の内部のつくりを観察する。また，いくつかの植物を用いることで共通点を捉えるようにする。

「B(3)生物と環境」では，「(ア)生物と水，空気との関わり」「(イ)食べ物による生物の関係」「(ウ)人と環境との関わり」を学習する。ここでの学習のねらいは，生物と水，空気及び食べ物との関わりに着目して，生物と持続可能な環境との関わりについて理解を図り，観察，実験などに関する技能を身に付けるとともに，主により妥当な考えをつくりだす力や生命を尊重する態度，主体的に問題解決しようとする態度を育成することである。

「(ア)生物と水，空気との関わり」では，生物，水及び空気との関わりに着目して，それらを多面的に調べる。植物と空気の関係を調べる際には，気体検知管などを用いることで，目に見えない空気を数値で表し，実体として捉えることができるようにする。また，生物は酸素を吸って二酸化炭素をはき出しているが，植物は光が当たると二酸化炭素を取り入れて酸素を出すことなど，生物が空気を通して周りの環境と関わっていることを捉えるようにする。

「(イ)食べ物による生物の関係」では，さまざまな動物の食べ物に着目して，生物同士の関わりを多面的に調べる。ここでは，生活経験などを基に，植物は自ら養分をつくりだし，動物は植物あるいは動物を食べていることから，食べ物を通して生物が関わり合って生きていることを確認する。また，生物には食う食われるという関係があることを捉えるようにする。

6 中学校理科の「生命」に関わる内容との系統性

新学習指導要領でも，小・中学校理科における「生命」概念は「生物の構造と機能」「生命の連続性」「生物と環境の関わり」の3つに分けられて各学年の内容項目が位置づけられ，その系統性が示されている。

「生物の構造と機能」では，小学校で昆虫や植物の成長や体のつくり，人の体のつくりについて学習し，その学習内容が中学校の植物の体のつくりと働

▷8 「生物と環境」で大切なことは，「生物は，食物連鎖という食べる・食べられるのつながりの中で生きている」「人間も，生物界の食物連鎖の影響をうける」「陸上の森は，無機物を多く含んだ水を海へ流し，海の生物たちに必要なものとなっている」「人間の生活が，大気を汚染し，自然環境を変化させている」の4点である。

▷9 小学校の理科は，学習指導要領［2008年改訂］で，従来の3区分，「生物とその環境」「物質とエネルギー」「地球と宇宙」から，「物質・エネルギー」「生命・地球」の2区分へと改められた。これは，中学校の「第1分野」「第2分野」との整合性を考慮したためである。

き，動物の体のつくりと働きといった学習内容につながっている。

「生命の連続性」では，小学校で植物の発芽・成長・結実，動物の誕生について学習し，その学習内容が中学校の生物の成長と増え方，遺伝の規則性と遺伝子，生物の種類の多様性と進化といった学習内容につながっている。

「生物と環境の関わり」では，小学校で生物と環境のつながりについて学習し，その学習内容が中学校の自然界のつり合い，環境保全，持続可能な社会といった学習内容につながっている。

2 「生命」概念を構成する3つの要素

「生命」を柱とする領域は，「生物の構造と機能」「生命の連続性」「生物と環境の関わり」という3つの内容で構成されており，これらが小学校理科の「生命」概念の3要素ということができよう。例えば，第3学年で扱う「身の回りの生物」は，これらの3つの要素がいずれも関係してくる。同様に第4学年の「季節と生物」は，「生命の連続性」と「生物と環境の関わり」の2つに関係している。一方，第5学年の「植物の発芽，成長，結実」「動物の誕生」は「生命の連続性」に，第6学年の「人の体のつくりと働き」「植物の養分の水の通り道」は「生物の構造と機能」と，それぞれ1つの要素に関連してくる。

教師は，各内容項目を扱う際，「生物の構造と機能」「生命の連続性」「生物と環境の関わり」という「生命」概念の3要素のどの部分に関連するのかを把握し，関係性を念頭に置く必要がある。

3 「生命」に関わる児童の認識と指導上の留意点

以下では，新学習指導要領に基づく第3学年の「こん虫をそだてよう」の単元計画（例）と指導案（例）を示す。
☆単元計画（例）
1　単元名　第3学年「こん虫をそだてよう」
2　単元の目標
　身近な昆虫について興味・関心をもって追求する活動を通して，昆虫の成長過程と体のつくりを比較する能力を育てるとともに，それらについての理解を図り，生物を愛護する態度を育て，昆虫の成長の決まりや体のつくりについての見方や考え方をもつことができるようにする。
3　指導計画　（全10時間扱い）

	学習内容	知識・技能	思考力・判断力・表現力	学びに向かう力・人間性
第一次：チョウの育ち方と体のつくり（6時間）	（1）チョウの育ち方を知る。（2）幼虫の飼い方を知る。（3）チョウの体のつくりを知る。	・虫めがねを適切に使ってチョウの卵の様子を観察できる。・チョウの幼虫やさなぎの様子を観察し，その過程や結果を記録できる。・チョウの育ち方には，一定の順序があることを理解している。・チョウの体は，頭，胸，腹からできていることを理解している。	・チョウの卵から成虫までの変化の様子から，成長のきまりについて考察し，自分の考えを表現すること。	・チョウの育ち方に興味・関心をもち，進んで成長のきまりを調べる。・チョウの幼虫に愛情をもって世話をして，育てようとしている。・チョウの卵の観察を通して，チョウの成長に関して，主体的に問題解決しようとする態度を養う。
第二次：トンボやバッタの育ち方と体のつくり（4時間）	（1）トンボやバッタの育ち方を知る。（2）トンボやバッタの幼虫の飼い方を知る。（3）トンボやバッタの体のつくりを知る。	・昆虫の育ち方には一定の順序があり，なかにはその成長過程の一部を欠くものがあることを理解している。・昆虫の体は，頭，胸，腹からできていて，胸に6本のあしがあることを理解している。・トンボやバッタの成長の様子を観察し，その過程や結果を記録できる。	・トンボやバッタとチョウの成長の様子を比較して，差異点や共通点について予想をもち，表現すること。	・いろいろな昆虫の体に興味・関心をもち，進んで体のつくりを調べようとしている。・トンボやバッタの観察を通して，トンボやバッタの体のつくりに関して主体的に問題解決しようとする態度を養う。

4　本時の学習（6／10時間）

（1）　学習活動：モンシロチョウの体のつくりを観察して記録する。

（2）　目標：モンシロチョウの体のつくりを観察し，アリやハエの体のつくりと比較することで，昆虫の体は頭・胸・腹からできていて，胸に6本のあしがついていることがわかる。

（3）　展開

過程	学習活動 ・予想される児童の発言	教師の支援・援助 ＊印は評価規準及び評価方法
課題 （5分）	1　本時の学習の見通しをもつ。 （1）モンシロチョウの成長の様子を確認する。（卵→幼虫→さなぎ→成虫）	
予想 （5分）	2　モンシロチョウとアリ，ハエの体のつくりがどのようになっているか予想する。 ・アリは体が3つに分かれていると思う。 ・モンシロチョウはわからない。 ・モンシロチョウにあしはないと思う。 ・ハエは羽があると思う。	○事前に描いているスケッチを掲示し，昆虫の体のつくりの予想がそれぞれに異なることを押さえる。 ○体の分かれ方やあしの本数などに着目させる。
観察 （15分）	3　モンシロチョウとアリ，ハエの体のつくりを観察し，記録する。 ・モンシロチョウも体が3つに分かれている。 ・アリにはあしが6本ある。 ・モンシロチョウにもあしが6本ある。 ・モンシロチョウには羽があるけど，アリにはない。	○似ているところを探しながらスケッチさせる。 ○気付いたことはメモを残させる。
考察 （15分）	4　観察したことをもとに考察し，まとめる。	○考察が書けない児童には，助言を行う。 ○児童のスケッチを確認しながら，同じところに気付かせる。
まとめ （5分）	5　まとめに関する練習問題を解く。 ・ハチは体が3つに分かれていて，胸にあしが6本あるから昆虫だ。 ・クモはあしが8本あるから，昆虫ではない。	＊ハチやクモについて昆虫か昆虫でないか見分けることができる。

本節では「生命」に関わる児童の認識と指導上の留意点について，具体例を基に述べる。第3学年の最初の単元として扱うことの多い「身の回りの生物」は，新学習指導要領の趣旨を理解したうえで，理科の学習の入り口であることを意識して指導を行う必要がある。新しく理科の目標に示された「理科の見方・考え方」を児童がこれからの理科の学習のなかで自分のものとして，働かせていくことができるようにする必要がある。実際の学習では，児童が野外で観察を行ったり，飼育・栽培活動を行ったりするなかで，身の回りにはさまざまな生物が生きていることについて認識をもつようにする。また，「それらの様子や周辺の環境，成長の過程や体のつくり」に着目し観察することを通して，身の回りの生物は多様であるが，共通している部分があるということに気づいていくようにする。生物は，色，形，大きさなどの違いがあることを教える際には，複数の動物や植物の姿や環境との関わりを同時に比較していく活動を行うようにする。

第6学年の「生物と環境」の指導にあって留意すべきことは，これまでの理科の学習を通して，児童が身に付けてきた「理科の見方・考え方」を十分に働かせて，総合的に学習を深めていくことである。この単元では，「見方」として「生物と環境との関わり」という視点が示されている。これは，動物や植物が環境と関わりながら生きていることに着目して，地球上で生活している生物を多様性や共通性の視点で捉えることである。実際の学習で，生物が周囲の環境と関わって生きていることを教える際には，地球規模の大きな視点で考察していく必要がある。

4 他教科との関連

本節では，国語科との関連について述べる。国語科の第3学年では，比べる視点を明確にし，差異点や共通点に着目して調べることが重要である。例えば，昆虫の体のつくりを学ぶ時，教師が視点を与えて徐々に精緻にしていく発問が有効である。大きな情報から小さな情報へと視点を移していく手法を学ばせ記述させる。

次に，国語科の第4学年では第3学年で培った比較の力をさらに多様化させ，変化させる要因について考えさせる記述を指導する。1年間を通じた季節の変化を生き物や環境の変化と関連づけて科学的に継続観察する学習では，比較の視点や基準を明確にし，状態の変化の要因を捉えさせ記述させる。ここでも記述の不得意な児童のために，適切な話型を提示するとよい。

国語科の第5学年では，条件に目を向けて計画的な実験や観察を行い，論理的に記録させることが望ましい。ある事象から，求める結果に関連する要因

▷10　また，昆虫や植物の育ち方には一定の順序があることを教える際には，動物や植物の成長の様子を「時間的な前後の関係を比較」していく活動を通して，問題を見出していく。

▷11　これらの学習を行う際には，生物と環境との関わりを図に表すなどしながら，これまでの学習で学んできたことを生かし，観察や実験の結果や資料等を基に，総合的に観察させる活動などが想定される。

▷12　話型を例示したワークシートを渡して児童のスキルを高めるとよい。視点のはっきりした観察記録を書かせておくと，児童は自分の考えをまとめやすく，的を絞って話すことができる。

抽出し，条件となると判断した根拠を明らかにして実証性・再現性のある実験・観察を行う。そして，その結果を基に根拠と判断という観点からの記述を指導する。

国語科の第6学年では，これまでに積み上げてきた比較や関係づけ，変化に関係する要因を抽出して計画的に実験を行い，新た問題を生み出し未来への展望についても根拠をもって論述できることが望ましい。

Exercise

① 小学校学習指導要領解説理科編の図2（24頁）「小学校・中学校理科の『生命』を柱とした内容の構成」を参考に，各学年で取り扱われる内容項目間の関係性を調べ，議論してみよう。
② 第3学年の内容項目「こん虫をそだてよう」の例にあげた学習指導案において，児童に「昆虫の差異点や共通点を捉えさせる」ための教師の発問計画を構想してみよう。
③ 「生命」領域に関する内容で，観察または実験を含んだ学習指導案を作成してみよう。

次への一冊

カーソン，R., 上遠恵子訳『センス・オブ・ワンダー』新潮社，1996年。
　子どもたちに自然をどのように感じとらせたらよいかがわかる。『沈黙の春』の著者の最後のメッセージである。
岩瀬徹・川名興『校庭の樹木（野外観察ハンドブック）』全国農村教育協会，1991年。
　校庭の樹木に関する基礎的な知識，特徴，話題及び学習の方法がわかりやすく解説されている。
降旗信一『ネイチャーゲームでひろがる環境教育』中央法規出版，2001年。
　環境教育としてのネイチャーゲームの位置づけや具体的な自然体験活動プログラムが紹介されている。

引用・参考文献

国立教育政策研究所教育課程研究センター『環境教育指導資料【幼稚園・小学校編】』東洋館出版社，2014年。
文部科学省『小学校学習指導要領（平成29年告示）解説理科編』東洋館出版社，2018年。
文部科学省『小学校学習指導要領（平成29年告示）解説国語編』東洋館出版社，2018年。
谷田創・木場有紀『動物介在教育入門』岩波書店，2014年。

第8章
初等理科教育の内容の柱④
――地球とその認識――

〈この章のポイント〉
「地球」概念は，新学習指導要領において小・中学校理科で学ぶべき科学概念の一つとして位置づけられている。各内容項目は，「地球の内部と地表面の変動」「地球の大気と水の循環」「地球と天体の運動」の3つに分けて系統化されている。本章では，第3学年～第6学年で学習する「地球」に関する内容を資質・能力の3つの柱との関連に沿って学年・内容別に解説する。さらに中学校理科の「地球」に関わる内容との系統性や他教科との関連についても解説する。

1 小学校理科の「地球」に関わる内容

1 「地球」概念を柱とする内容領域の役割

　新学習指導要領においても，従前と同様に4つの科学の基本的な概念の一つとして「地球」がある。この「地球」に関する概念は「地球の内部と地表面の変動」「地球の大気と水の循環」「地球と天体の運動」の3つに分けられ，各内容が系統立てて示されている。「地球」を柱とする領域における「理科の見方」の特徴は，自然の事物・現象を主として時間的・空間的な視点で捉えることである。ただし，これは「地球」を柱とする領域に固有のものではなく，その強弱はあるものの，他の3領域（エネルギー，粒子，生命）においても用いられる視点であることに留意する必要がある。

　自然の事物・現象のなかには，地層や天体などのように時間，空間の尺度が大きいという特性をもつものがある。児童は，このような特性をもった対象に主体的，計画的に諸感覚を通して働きかけ，追究することにより，対象の成長や働き，環境との関わりなどについての考えを構築することができる。このような対象の特性や児童の構築する考えなどに対応した学習の内容区分が「地球」である。

▷1 「地球」領域の「見方・考え方」では，時間と空間の捉え方が最も重要になる。地層，岩石，化石，河川の状況，気象の変化，天体の現象に対する「実験・観察」を通して時間や空間に対する「見方・考え方」を授業のなかでデザインする必要がある。

2 第3学年の内容

　第3学年では，「地球」概念に関する内容として，「B(2)太陽と地面の様子」

が設定されている。ここでは，日なたと日陰の様子に着目して，それらを比較しながら調べ，太陽と地面の様子との関係を捉えることを目指している。

そして，「日陰は太陽の光を遮るとでき，日陰の位置は太陽の位置の変化によって変わること」と「地面は太陽によって暖められ，日なたと日陰では地面の暖かさや湿り気に違いがあること」を理解できるよう指導する。具体的に，前者については，建物によってできる日陰や，物によってできる影の位置に着目して，継続的に観察し，それらを比較しながら，時間ごとの，太陽と日陰の位置や地面にできる影の位置を調べるようにする。後者については，太陽の光が当たっている地面と当たっていない地面の暖かさや湿り気に着目して，それらを比較しながら，地面の様子を調べるようにする。

ここでの指導にあたっては，日陰の位置の変化や日なたと日陰の地面の様子を資料や映像で調べるだけでなく，太陽の位置を方位で記録したり，固定した物の影の位置を，時間をおいて地面に描いたりする活動を通して，日陰の位置の変化と太陽の位置の変化との関係を捉えるようにすることが大切である[42]。

▷2 また，太陽や影の位置の変化を調べる活動では，方位磁針を用いて方位を調べ，東，西，南，北で空間を捉えるようにする必要がある。

3　第4学年の内容

第4学年では，「地球」概念に関する内容として，「B(4)天気の様子」，「B(5)月と星」，ならびに，今回の改訂で，はじめて「B(3)雨水の行方と地面の様子」が設定されている。それぞれの内容についてみてみよう。

① 「B(3)雨水の行方と地面の様子」

まず，ここでは，児童が，水の流れ方やしみ込み方に着目して，それらと地面の傾きや土の粒の大きさとを関係づけて，雨水の行方と地面の様子を調べる活動を通して，それらについての理解を図ることを目指している。そして，「水は，高い場所から低い場所へと流れて集まること」「水のしみ込み方は，土の粒の大きさによって違いがあること」を理解できるよう指導する。具体的に，前者については，雨水が地面を流れていく様子から，雨水の流れ方に着目して，雨水の流れる方向と地面の傾きとを関係づけて，降った雨の流れの行方を調べるようにする。後者については，雨があがった後の校庭や教材園などの地面の様子から，水のしみ込み方に着目して，水のしみ込み方と土の粒の大きさとを関係づけて，降った雨の流れの行方を調べるようにする。

指導にあたっては，雨水の行方と地面の様子について調べる際，実際に校庭や教材園などに出て，地面の傾きの様子を調べたり，虫眼鏡で土の粒の大きさを観察したり，校庭や教材園，砂場などから土を採取して，粒の大きさの違いによる水のしみ込み方の違いを調べたりすることが考えられる。この内容は，第5学年に実施する「B(3)流れる水の働きと土地の変化」の学習と密接に関係づけられるように心がけておくことが極めて重要である。加えて，今回の改訂

の意図として，児童の身の回りの視点から自然災害のしくみについて見方・考え方を働かせるねらいについても十分に理解する必要がある。

② 「B(4)天気の様子」

次にここでは，気温や水の行方に着目して，それらと天気の様子や水の状態変化とを関係づけて調べ，天気や自然界の水の様子を捉えることを目指している。そして，「天気によって1日の気温の変化の仕方に違いがあること」「水は，水面や地面などから蒸発し，水蒸気になって空気中に含まれていくこと。また，空気中の水蒸気は，結露して再び水になって現れることがあること」を理解するよう指導する。具体的に，前者については，天気と気温の変化に着目して，それらを関係づけて，1日の気温の変化を調べる。これらの活動を通して，天気によって1日の気温の変化の仕方に違いがあることを捉えるようにする。後者については，湿った地面が乾くなどの水の行方に着目して，それらと気温とを関係づけて，自然界の水の様子を調べる。これらの活動を通して，自然界の水の行方について，水は，水面や地面などから蒸発し，水蒸気になって空気中に含まれていくことや，空気中の水蒸気は，結露して再び水になって現れることがあることを捉えるようにする。

また，自然界での水の状態変化を捉えるために，第4学年「A(2)金属，水，空気と温度」の学習との関連を図るようにする。

③ 「B(5)月と星」

さらに，ここでは，月や星の位置の変化や時間の経過に着目して，それらを関係づけて調べ，月や星の特徴を捉えることを目指している。そして，「月は日によって形が変わって見え，1日のうちでも時刻によって位置が変わること」「空には，明るさや色の違う星があること」「星の集まりは，1日のうちでも時刻によって，並び方は変わらないが，位置が変わること」を理解するよう指導する。具体的には一点目については，月の位置の変化や時間の経過に着目して，それらを関係づけて，月の見え方を調べる。月は三日月や満月など日によって形が変わって見え，1日のうちでも時刻によって位置が変わることを捉えるようにする。二点目については，星の明るさや色に着目して，それらを比較しながら，星の明るさや色の違いを調べる。これらの活動を通して，空には，明るさの違う星があること，星には青白い色や赤い色など色の違いがあることを捉えるようにする。三点目については，星の位置の変化と時間の経過に着目して，それらを関係づけて，木や建物など地上の物を目印にして，星の位置の変化を調べる。これらの活動を通して，明るく輝く星をいくつか結んで何かの形に表すと星の集まりをつくることができ，これらの星の集まりは，時間の経過にともなって並び方は変わらないが位置が変化していることを捉えるようにする。

指導にあたっては，移動教室や宿泊をともなう学習の機会を生かして，実際

▷3　今回の改訂においては，小・中学校を通じて「地球」領域において，天気，川，土地などに関する単元において自然災害の視点が新たに加わった。

▷4　第4学年「A(2)金属，水，空気と温度」の学習との関連では，「水は，温度によって水蒸気や氷に変わること。また，水が氷になると体積が増えること」などについて，水の状態変化の観点を十分に留意する必要がある。

に月や星を観察する機会を多くもつようにし，夜空に輝く無数の星に対する豊かな心情と天体に対する興味・関心をもつようにする。その際，方位磁針を用いて方位の確認をしたり，観察の時間間隔を一定にしたりして，決めた場所で月や星の位置の変化を観察する方法が身に付くようにする。

▷5 また，学校では観察ができない時間帯の月や星の位置の変化については，映像や模型，プラネタリウムなどを活用することが考えられる。

4　第5学年の内容

第5学年では，「地球」概念に関する内容として，「B(3)流れる水の働きと土地の変化」，「B(4)天気の変化」が設定されている。

① 「B(3)流れる水の働きと土地の変化」

ここでは，流れる水の速さや量に着目して，それらの条件を制御しながら調べ，流れる水の働きと土地の変化を捉えることを目指している。そして，「流れる水には，土地を侵食したり，石や土などを運搬したり堆積させたりする働きがあること」「川の上流と下流によって，川原の石の大きさや形に違いがあること」「雨の降り方によって，流れる水の速さや量は変わり，増水により土地の様子が大きく変化する場合があること」を理解するよう指導する。具体的には一点目については，川を流れる水の速さや量に着目して，それらと土地の変化とを関係づけて，流れる水の働きを調べる。これらの活動を通して，流れる水には，土地を侵食したり，石や土などを運搬したり堆積させたりする働きがあることを捉えるようにする。二点目については，川を流れる水の速さや量に着目して，それらと川原の石の大きさや形とを関係づけて，川の様子の違いを調べる。これらの活動を通して，川の上流と下流によって，川原の石の大きさや形に違いがあることを捉えるようにする。また，上流から下流まで，川を全体として捉え，上流では侵食の働きがよく見られ，下流では堆積の働きがよく見られることなど，流れる水の働きの違いによる川の様子の違いを捉えるようにする。三点目については，雨が短時間に多量に降ったり，長時間降り続いたりしたときの川を流れる水の速さや量に着目して，水の速さや量といった条件を制御しながら，増水による土地の変化の様子を調べる。これらの活動を通して雨の降り方によって，水の速さや量が増し，地面を大きく侵食したり，石や土を多量に運搬したり堆積させたりして，土地の様子が大きく変化する場合があることを捉えるようにする。

▷6 ここでの人工の流れをつくったモデル実験が，北海道立教育研究所附属理科教育センターのホームページに掲載されている。以下を参照されたい。
www.ricen.hokkaido-c.ed.jp

▷7 さらに，観察，実験の結果と実際の川の様子とを関係づけて捉えたり，長雨や集中豪雨により増水した川の様子を捉えたりするために，映像，図書などの資料を活用することが考えられる。

指導にあたっては，野外での直接観察のほか，適宜，人工の流れをつくったモデル実験を取り入れて，流れる水の速さや量を変え，土地の変化の様子を調べることで，流れる水の働きについて捉えるようにすることが考えられる。また，流れる水には，土地を侵食したり，石や土などを運搬したり堆積させたりする働きがあることや増水による土地の様子が大きく変化することを捉えるために，第4学年「B(3)雨水の行方と地面の様子」の学習との関連を図るようにする。

② 「B(4)天気の変化」

　ここでは，雲の量や動きに着目して，それらと天気の変化とを関係づけて調べ，天気の変化の仕方を捉えることを目指している。そして，「天気の変化は，雲の量や動きと関係があること」「天気の変化は，映像などの気象情報を用いて予想できること」を理解するよう指導する。具体的には，前者については，雲の量や動きに着目して，それらと天気の変化とを関係づけて，1日の雲の量や動きを調べる。これらの活動を通して，天気の変化は，雲の量や動きと関係があることを捉えるようにする。また，実際に観察した結果から，雲の形や量，動きの多様さに触れ，雲にはさまざまなものがあることを捉えるようにする。後者については，数日間の雲の量や動きに着目して，それらと気象衛星などから得た雲の量や動きの情報とを関係づけて，天気の変化の仕方を調べる。これらの活動を通して，天気はおよそ西から東へ変化していくという規則性があり，映像などの気象情報を用いて予想ができることを捉えるようにする。◁8

　指導にあたっては，身近な自然現象としての雲を観察することにより，気象現象に興味・関心をもち，天気を予想することができるようにする。

▷8　その際，台風の進路についてはこの規則性があてはまらないことや，台風がもたらす降雨は短時間に多量になることにもふれるようにする。

5　第6学年の内容

　第6学年では，「地球」概念に関する内容として，「B(4)土地のつくりと変化」，「B(5)月と太陽」が設定されている。

① 「B(4)土地のつくりと変化」

　ここでは，土地やその中に含まれる物に着目して，土地のつくりやでき方を多面的に調べ，土地のつくりと変化を捉えることを目指している。そして，「土地は，礫，砂，泥，火山灰などからできており，層をつくって広がっているものがあること。また，層には化石が含まれているものがあること」「地層は，流れる水の働きや火山の噴火によってできること」「土地は，火山の噴火や地震によって変化すること」を理解するよう指導する。具体的には一点目については，崖や切り通しなどで土地やその中に含まれる物に着目して，土地のつくりを多面的に調べる。これらの活動を通して，土地は，礫，砂，泥，火山灰などからできており，幾重にも層状に重なり地層をつくって広がっているものがあることを捉えるようにする。また，地層には化石が含まれているものがあることや，礫，砂，泥については，粒の大きさに違いがあることを捉えるようにする。二点目については，土地やその中に含まれる物に着目して，粒の大きさや形や色などの特徴から，土地のでき方を多面的に調べる。これらの活動を通して，地層は，流れる水の働きや火山の噴火によってできることを捉えるようにする。その際，地層の中に含まれる丸みを帯びた礫や砂などから，流れる水の働きによってつくられた地層であることを捉えるようにする。また，流

れる水の働きでできた岩石として礫岩，砂岩，泥岩を扱うこととする。一方，火山灰や多くの穴をもつ石が地層の中に含まれていることなどから，火山の噴火によってつくられた地層もあることを捉えるようにする。

三点目については，土地の様子に着目して，火山の活動や地震による土地の変化を多面的に調べる。これらの活動を通して，土地は，火山の噴火や地震によって変化することを捉えるようにする。その際，火山の噴火によって，溶岩が流れ出したり，火山灰が噴き出したりして変化した土地の様子や，大きな地震によって地割れが生じたり断層が地表に現れたり崖が崩れたりした様子を調べることが考えられる。

指導にあたっては，児童が土地のつくりや変化について実際に地層を観察する機会をもつようにするとともに，映像，模型，標本などの資料を活用し，土地を構成物といった部分で見たり，地層のつくりや広がりといった全体で見たりすることで，理解を深めるようにする。また，遠足や移動教室などあらゆる機会を生かすとともに，博物館や資料館などの社会教育施設を活用することが考えられる。◁9

▷9 さらに，地層のつくりや，地層が流れる水の働きによってできる場合があることを捉えるために，第4学年「B(3)雨水の行方と地面の様子」，第5学年「B(3)流れる水の働きと土地の変化」の学習との関連を図るようにする。

② 「B(5)月と太陽」

ここでは，月と太陽の位置に着目して，これらの位置関係を多面的に調べ，月の形の見え方と月と太陽の位置関係を捉えることを目指している。そして，「月の輝いている側に太陽があること。また，月の形の見え方は，太陽と月との位置関係によって変わること」を理解するよう指導する。具体的には，月と太陽の位置に着目して，月の形の見え方と太陽の位置関係を実際に観察したり，モデルや図で表したりして多面的に調べる。これらの活動を通して，月は，日によって形が変わって見え，月の輝いている側に太陽があることや，月の形の見え方は太陽と月との位置関係によって変わることを捉えるようにする。ただし，地球から見た太陽と月の位置関係で扱うものとし，地球の外から月や太陽の位置関係を捉えることについては，中学校第2分野「(6)地球と宇宙」で扱う。ここで扱う対象としては，太陽が沈んでから見える月の他に，昼間に観察できる月も考えられる。また，月を観察する際には，クレーターなど，表面の様子にも目を向けて，月に対する興味・関心を高めるようにする。

指導にあたっては，実際に観察した月の形の見え方を，モデルや図によって表現するなど，月の位置や形と太陽の位置との関係について考えたり，説明したりする活動の充実を図るようにするとともに，数日後の月の見え方を予測する活動が考えられる。◁10

▷10 また，児童の天体に対する興味・関心を高め，理解を深めるために，移動教室や宿泊をともなう学習の機会を生かすとともに，プラネタリウムなどを活用することが考えられる。

③ 単元計画（例）（表8-1）

1　単元名　月と太陽

2　単元の目標　月の形の見え方について，月と太陽の位置に着目して，それ

表8-1　第6学年「月と太陽」の単元の展開

学習活動	時間	評価の観点		
		知識及び技能	思考力,判断力,表現力等	学びに向かう力,人間力等
第1次　太陽と月のちがい（2時間）					
・太陽と月の表面の様子や月の位置や形について話し合い,実際に観察して調べる。（観察①）	1	○		○
・太陽と月の表面の様子や見え方などについて,資料などで調べる。	1	○	○	
・観察結果や資料をもとに,太陽と月を比較しながら,それぞれの表面の様子をまとめる。				
第2次　月の形の見え方（4時間）					
・日没直後の月の形と位置を調べて記録する。数日後にもう一度調べて,記録する。（観察②）	1	○	○	
・観察結果から,月の形が日によって変わって見えることをまとめる。				
・光っているものには,自ら光っているもの（光源）と,光を受けて輝いているもの（反射物）があることを知る。	1	○	○	
・球に光を当てると半球の部分は反射し,残りの半球は陰になることをモデル実験で確かめる。（実験①）				
・月の形が変わって見える理由を,ボールに光を当てるモデル実験で確かめる。（実験②）	1	○	○	
・実験②と観察②の結果を関連づけながら,月の形が変わって見える理由を考え,まとめる。				
・月の見え方と太陽と月の位置関係について,学習したことをまとめる。	1	○	○	○

○：評価可能な観点

らの位置関係を多面的に調べる活動を通して,月の満ち欠けのしくみを身に付けることができるようにする。

〈「月の形の見え方」の1授業時間の展開〉

これまでの先行研究では,月の満ち欠け現象についての児童の理解不足が数多く指摘されてきた。ほとんどの教科書において,月の形が変わって見える理由を,バレーボールなどに光を当てるモデル実験にて確かめる内容の記載があるが,ボールにできている反射面と暗部である陰の部分については自明のものとして扱われている。

ここでは,ボールに光を当てるモデル実験（実験②）を実施する前に,球体である月の反射と陰に着目し授業（実験①）を行うことで,モデル実験へのスムーズな導入を行うことをねらいとした,1授業時間の学習指導案の一例を示す（次頁）。

本時は,「球に光を当てると半球の部分は反射し,残りの半球は陰になることを知る」「光っているものには,自ら光っているもの（光源）と,光を受けて輝いているもの（反射物）があることを知る」内容となっている。

▷11　光源と反対側にでき物体の外にできているかげを「影」,物体そのものにできている暗部を「陰」と区別している。

▷12　イギリスナショナルカリキュラムには,光とかげの学習として,「光っているものには,自ら光っているもの（光源）と,光を受けて輝いているもの（反射物）があることを知る」内容がある。

[6] 中学校理科「地球」に関わる内容と系統性

新学習指導要領でも,小・中学校理科における「地球」概念は「地球の内部と地表面の変動」「地球の大気と水の循環」「地球と天体の運動」の3つに分けられて,各学年の内容項目が位置づけられ,その系統性が示されている。

第Ⅱ部　初等理科のカリキュラムと内容

学習指導案

1．単元　　　　　月と太陽
2．授業設定の理由　・ボールに光を当てるモデル実験を実施する前に，球体である月の反射と陰に着目し授業を行うことで，モデル実験へのスムーズな導入を行う。
3．本時　　　　　光とかげ
4．本時の目標　　・球に光を当てると半球の部分は反射し，残りの半球は陰になることを知る。
　　　　　　　　・光っているものには，自ら光っているもの（光源）と，光を受けて輝いているもの（反射物）があることを知る。
5．本時の評価　　・球体には，反射面と陰になっている部分があることに気づくことができたか。
6．展開

	教授活動	学習活動	留意事項
導入 10分	〈小3　日なたと日かげの復習〉 Q「太陽が，こっち側にあるとしたら，かげはどっちにできるかな？」 Q「太陽がこう動いたとしたら，かげってどうなるかな？」 影は太陽と反射側にできる 影は太陽の動きとともに移動することを復習する	授業者からの問いを考え，ワークシートに記入する 考えを発表する	太陽の場所を示し，人によってできる影を例にする
展開 25分	〈光とかげのでき方の学習〉 Q「ものって何で見えているのかな？」 Q「このライトの光は見えますか？」 Q「じゃ，先生の顔は？」 光っているものには，自分で光っているもの（光源）と，光を受けてそれが輝いて見えるもの（反射物）があることを知る 『それではこれから，ライトと，いろいろな形のものを使って，どんなかげができるのかを確かめてみましょう』 ＊球，円錐，立（直）方体については必ず取り組むよう指示する 『各班の結果を，1つずつ聞いていきましょう』 【円錐，立（直）方体について】 【球について，詳しく見ていく】 ＊球には，半球状の反射面とその残りの陰が存在することを確認する（光源と直角方向から見る） #応用# 　球体に関して，様々な見え方が存在することに気づいた児童の考えを大切にする	授業者の演示を見る 光源（ライト）と反射物（顔）の違いを，ワークシートに記入する 一つのものに関して，様々な角度から光を当て（様々な視点から観察し），<u>物体そのもの</u>にできている陰の様子をワークシートに記入する 各班の代表が，結果を発表する（どんな陰ができているのか，黒板に張ってある絵で説明する） 球に関してのみ，様々な角度から光を当て（様々な視点から観察し），<u>球そのもの</u>にできている陰の様子を記録する	教室を暗くする 〈グループ活動〉 光源（ライト） 反射物（様々な形＝球，円錐，直方体，立方体，三角錐など） ＊見る場所の指示をしっかり行う
まとめ 10分	〈光源・反射物，かげの意味の確認〉 Q「ライトと球は，それぞれ，「自ら光るもの」と，「光を受けて輝いているもの」のどちらでしたか？」 Q「球にはどんなかげができていましたか？」 〈次時の予告〉 次の時間は，月の満ち欠けの仕組みについてのモデル実験を実施します	まとめの問題をワークシートに記入する 次時の予告（ボールに光を当てるモデル実験で確かめる）を聞く	光源と反射物の区別 球にできている陰に特に注目する

78

「地球の内部と地表面の変動」では，小学校で雨水の行方と地面の様子，流れる水の働きと土地の変化，土地のつくりと変化について学習し，その学習内容が中学校の地層の重なりと過去の様子，火山と地震といった学習内容につながっている。この内容は，小学校第4学年から中学校第1学年へと4年間の長期に渡って続き，火山活動と火成岩，地震の伝わり方と地球内部の働き，地層の成り立ち，及び地震や自然災害についての内容が発展していく。

「地球の大気と水の循環」では，小学校で太陽と地面の様子，天気の様子や変化について学習し，その学習内容が中学校の気象観測，天気の変化，日本の気象といった学習内容につながっている。小学校第5学年に続き中学校第2学年へと，霧や雲の発生，前線の通過と天気の変化についての内容が発展していく。

「地球と天体の運動」では，小学校で太陽と地面の様子，月と星，月と太陽について学習し，その学習内容が中学校の天体の動きと地球の自転・公転，太陽系と恒星といった学習内容につながっている。小学校第6学年に続き中学校第3学年へと，日周運動と自転，年周運動と公転，惑星と恒星，月や金星の運動と見え方についての内容が発展していく。

2 「地球」概念を構成する3つの要素

新学習指導要領において，「地球」概念は，「地球の内部と地表面の変動」「地球の大気と水の循環」「地球と天体の運動」の3つに分けて系統化された。この内容は，現行の学習指導要領［2008（平成20）年改訂］における「地球の内部」「地球の表面」「地球の周辺」に対応している。

「地球」領域の「見方・考え方」において，時間的・空間的スケールの違いに着目することは非常に重要な視点となる。上記の3つの要素は，「地球の内部と地表面の変動」から「地球の大気と水の循環」，「地球と天体の運動」のマクロなスケールへと拡大している。

小学校から高等学校への内容の階層性の広がりについても，その範囲が，小学校では，身のまわり（見える）レベル，中学校では，身のまわり（見える）レベル～地球（地球の周辺），高等学校では，身のまわり（見える）レベル～地球（地球の周辺）～宇宙レベルへと範囲が広がる。「地球」概念を構成するこの3つの要素は，「地球」概念に特徴的な時間・空間スケールの大きさをも示しているものである。

3 「地球」に関わる児童の認識と指導上の留意点

前述のように，「地球」を柱とする領域は，他の領域と異なり，延々と続く

第Ⅱ部　初等理科のカリキュラムと内容

時間の流れや果てしない空間のもとで，複雑に関連し合う現象を扱うことが特徴になるので，子どもたちが，この時間・空間のスケールについて，すぐにイメージすることは極めて難しい。

そこで，本章では，水の自然蒸発と結露に関するモデル実験と月と星の動きに関する観察について紹介し，「地球」ならではの時間・空間的なスケールをイメージする指導上の留意点についてふれる。

1　水の自然蒸発と結露に関する認識

ここでは，気象分野の基礎・基本となる，自然界の水のゆくえを調べるモデル実験（図8-1）について紹介する。

図8-1　水のゆくえを調べるモデル

実験の前に，自然の中で見られる水（雨・雪・氷・霧・雲・海など）は，どのようにすがたを変えながらめぐっているのかを生活経験などをもとに予想させ，話し合わせることが必要である。

【実験方法】
(1) バットの中に氷と食塩を入れてよくかき混ぜる。
(2) 水槽の底に土をしき，その上にお湯で湿らせた砂を入れたペトリ皿，石を置く。
(3) 竹串に火を付けて消し，煙が見えなくなったら，竹串を水槽の中に入れて数回振る。
(4) (1)のバットを(2)の水槽の上に載せて，水槽の中で湯気が上昇・下降しているところや，湯気が発生・消滅するところなどを観察する。

【結果】
湯気は，ペトリ皿を置いたところで現れるようになる。湯気は，ペトリ皿を置いたところで上昇し，石を置いたところで下降する。

【まとめ】
○湯気はペトリ皿を置いたところで発生・上昇する。
○石の付近で下降・消滅しながら水槽の中で循環（対流）している。

実験の後に，自然の中の水のすがたとゆくえについてまとめ，湯気の動きから，湯気の上昇するところと下降するところを見いだし，表面のようすのちがいを考えさせ，対流が起こる原因を考えさせることが必要である。

2　月と星の動きに関する認識とその観察

月と星の特徴と動きについての見方・考え方をもつようにするためには，月や星を観察する機会を多くもつことが必要不可欠である。

ここでは，星の集まりは，1日のうちでも時刻によって，星の並び方は変わらないが位置を変えることを実感できる「星座定規」による観察について紹介する。

図8-2　星座定規型紙

▷13　ここでの星座型紙が北海道立教育研究所附属理科教育センターホームページに掲載されている。

【作成・観察方法】
(1) カードケースの中に星座型紙（図8-2）を入れる。◁13

(2) カードケースの上から，星に蛍光シールを貼る。
(3) 型紙をカードケースから抜く。
(4) 目から30cm離して夜空に重ねて星を探す（図8-3）。

【結果の例】
いろいろな明るさや形の星がある。
星は並び方を変えずに動いている。
時間とともに星座の位置が変わっている。

図8-3 星座定規を使った観察

【まとめ】
○星座の並び方は変わらないが，星座の位置は時間とともに変わる。

夜間，星座定規を使い，星座を探し，さらにその星座の位置の変化について実感させる。星座定規を使った継続的な観察によって，星座の位置や動きと時間の経過を「関係付ける」能力を育てることができる。

実習の後に，北斗七星やカシオペア座，はくちょう座（わし座，こと座），オリオン座，さそり座など，観察しやすい星座をいくつか知らせ，星座定規等を使って星を観察させることも大切である。

4　日常生活や他教科との関連

第3学年の「B(2)太陽と地面の様子」においては，日常生活や他教科等との関連として，方位については，日常生活や社会科との関連を図り，日常生活において使えるようにする。

第4学年の「B(3)雨水の行方と地面の様子」においては，日常生活との関連として，ここでの学習内容が排水の仕組みに生かされていることや，雨水が川に流れ込むことに触れることで，自然災害との関連を図ることも極めて重要である。また，「B(4)天気の様子」の指導にあたっては，気温の適切な測り方について，温度計などを用いて場所を決めて定点で観測する方法が身に付くようにする。その際，例えば，百葉箱の中に設置した温度計などを利用することが考えられる。さらに，1日の気温の変化の様子を調べた結果を，算数科の学習との関連を図りながら，グラフを用いて表したり，その変化の特徴を読み取ったりするなど，天気や自然界の水の様子について考えたり，説明したりする活動の充実を図るようにする。日常生活との関連としては，窓ガラスの内側の曇りなど，身の回りで見られる結露の現象を取り上げることが考えられる。

第5学年の「B(3)流れる水の働きと土地の変化」においては，日常生活との関連として，長雨や集中豪雨がもたらす川の増水による自然災害にふれるようにする。また「B(4)天気の変化」において，日常生活との関連としては，長雨や集中豪雨，台風などの気象情報から，自然災害にふれるようにする。

第6学年の「B(4)土地のつくりと変化」においては，日常生活との関連としては，火山の噴火や地震がもたらす自然災害にふれるようにする。その際，映

像，図書などの資料を基に調べ，過去に起こった火山の活動や大きな地震によって土地が変化したことや将来にも起こる可能性があることを捉えるようにする。

Exercise

① 学習指導要領解説理科編の図1「小学校・中学校理科の『地球』を柱とした内容構成」を参考に，各学年で取り扱われる内容項目間の関係性を調べ，議論してみよう。

② 第6学年の内容項目「月の形と見え方」の例にあげた学習指導案について，児童全員に「球の反射面と陰」を認識させ，次時のボールモデル実験をイメージさせるための教師の発問計画を構想してみよう。

③ 「地球」の領域に関する内容で，観察または実験を含んだ学習指導案を作成してみよう。

📖 次への一冊

土屋香『ときめく化石図鑑』山と渓谷社，2016年。
　化石の美しさ，楽しさ，面白さをご紹介するために，お守りや薬として使われた化石，化石標本70種の図鑑，街中に眠る化石たち，化石採集の楽しみ，生きた化石，などのストーリーを紹介している。カジュアルで手に取りやすい，今までにない化石入門の一冊である。

村井昭夫『雲のカタログ　空がわかる全種分類図鑑』草思社，2011年。
　初めての本格的な雲の分類図鑑。雲の学術的名前がわかると，その雲がどのようにできたのか，このあとどう変化する可能性があるか，立体的な構造はどのようにできたのかなど，さまざまなことがわかり，雲を見る目が変わる。

白尾元理『月のきほん』誠文堂新光社，2006年。
　月の表面，月の満ち欠けに関する基本的な事項に加え，月食，地球における潮汐運動など，月に関するさまざまな科学が視覚的に理解しやすい内容となっている。

引用・参考文献

北海道立教育研究所附属理科教育センターテキスト，小学校夏季研修講座，2017年。
北海道立教育研究所附属理科教育センターホームページ（www.ricen.hokkaido-c.ed.jp）。
文部科学省『小学校学習指導要領（平成29年告示）解説理科編』東洋館出版社，2018年。
文部科学省『小学校学習指導要領（平成29年告示）解説算数編』日本文教出版，2018年。
文部科学省『小学校学習指導要領（平成29年告示）解説社会編』日本文教出版，2018年。
日本理科教育学会『理科の教育』66巻，12号，2017年。

第III部

初等理科の学習指導

第9章
初等理科教育における探究学習論と
問題解決学習論

〈この章のポイント〉
　初等理科教育では，自然の事物・現象についての問題を科学的に解決する能力の育成が目指されている。本章では，子どもたちが実際に探究活動や問題解決活動を行う学習方法を取り上げ，理科授業の基本と考えられている観察，実験活動の意義や位置づけを解説する。とくに理科教育に大きな影響を与えたシュワブの探究学習論を軸としながら，小学校の理科授業が目指すべき探究学習・問題解決学習の姿について学ぶ。

1　理科教育における問題解決学習論

1　小学校学習指導要領理科における「問題解決」の記述

　小学校理科の授業というと，どのようなイメージをもつだろうか。おそらく，多くの人は，理科のすべての時間がそうとは言わないまでも，児童自らが観察や実験を行うような授業を思い浮かべるはずである。しかし，それは理科なのだから当然，とも言い切れない。観察や実験は児童の代わりに教師だけが行う，という授業も考えられるし，教科書や図鑑等を読み進めていき，知識を体系化するような授業も考えられる。その他，観察や実験を児童自らが行わなくとも，理科授業としてはさまざまな展開の仕方があり得るはずである。それでも，やはり典型的な理科授業のイメージは，冒頭に述べた通りなのであり，実際，「従来，小学校理科では，問題解決の過程を通じた学習活動を重視してきた」（文部科学省，2018a）のである。

　小学校の新学習指導要領における理科の目標は，「見通しをもって観察，実験を行うことなどを通して，自然の事物・現象についての問題を科学的に解決するために必要な資質・能力を次のとおり育成することを目指す」とされている。同解説理科編にも述べられている通り，その意味は，実際に児童自身が，「問題の解決を図るための根拠のある予想や仮説，さらには，それを確かめるための観察，実験の方法を発想することになる。これは，児童が自分で発想した予想や仮説，そして，それらを確かめるために発想した解決の方法で観察，

実験などを行う」（文部科学省，2018a）ということである。このように，小学校における理科授業は，児童自らが行う「問題解決」の活動を基本として構成されている。

一方，中学校の新学習指導要領における理科の目標は，「見通しをもって観察，実験を行うことなどを通して，自然の事物・現象を科学的に探究するために必要な資質・能力を次のとおり育成することを目指す」ものとされている。すなわち，中学校においては，科学的な「探究」の活動を基本として理科授業が展開されることとなっている。

2　「問題解決学習」と「探究学習」

以上のように，児童や生徒自らが何らかの問題解決や探究に取り組むことを通して主体的に学習を進めていくことを，「問題解決学習」あるいは「探究学習」と呼ぶ。しかし，「問題解決や探究に取り組むこと」は，「問題解決学習」ないし「探究学習」を成立させるための必要十分条件とは言えない。とくに理科では，科学の問題解決や探究の活動を形式的に授業に取り入れたとしても，「問題解決学習」あるいは「探究学習」と言うことができない場合もあるし，現実の科学における問題解決や探究の様相に対して誤解を与える場合すらある。その学習活動において，何を目的に，どのような問題解決や探究を，どのように行うか。これらを吟味することなく，その学習を形式的に評価して「問題解決学習」あるいは「探究学習」と呼ぶことはできないのである。

ところで，ここまでの記述から，「問題解決学習」と「探究学習」に違いはあるのか，という疑問が生じてくる。学習指導要領においては，小学校は「問題解決学習」，中学校は「探究学習」というように語句が使い分けられている。

広義の問題解決学習は，例えば，「子どもの身近な生活上の問題，社会的に重要な問題，あるいは科学的な法則・原理と関係する知的な問題，こうした様々な問題を主体的に解決する過程を通して学習を進める形態」（東ほか編，1991，178ページ）と定義される。すると，これには，「探究学習」の意味が含まれることになる。「探究学習」は，例えば，「知識獲得の過程に子どもたちが主体的に参加することによって，探究能力・科学概念・科学的態度の修得を目ざす学習形態」（東ほか編，1991，181ページ）と説明される。すなわち，知識獲得の過程に子どもたちが主体的にかかわるという点で，広義の問題解決学習と探究学習には，そのアプローチに一定の共通性がみられるのである。大髙が，1985（昭和60）年の『小学校理科指導資料　問題解決の指導』（文部省，1985）を取り上げ，「もともと理念的には，理科の学習指導としては，一つの答えが明確に出て解決できる，というアプローチよりは，答えが出ず次の問題解決に進む，というオープンエンドアプローチこそ理科教育特有の問題解決の指導であ

▷1　その他に，似た意味の用語として「発見学習」がある。発見学習はルソーやアームストロング等に端を発し，ブルーナーが理論的基礎を築いたとされる。発見学習では，概念や法則，原理などが学習対象となっている（東ほか編，1991，179～180ページ）。問題解決学習や探究学習との差異を議論するには紙数が足りないが，共通する点も多い。

る，という立場に立っている」（大髙，1992，235ページ）と指摘しているように，広い意味での問題解決学習は，ある問題に対して答えが出て解決する，というだけでなく，次の問題解決へと続いてこそのものである，という立場がある。そうした立場であるとするなら，広義の問題解決学習は，探究学習のアプローチとますます重なることになる。大まかな見方ではあるが，今のところ，現代の学習指導要領理科での記述は，広義の問題解決学習と捉えておきたい。

　一方，狭義の問題解決学習は，「経験主義・プラグマティズムの立場から教育理論を展開したアメリカのデューイ（J. Dewey, 1859～1952）の『思考の方法』やキルパトリック（W. H. Kilpatrick, 1871～1965）のプロジェクト法から派生し，戦後のわが国において唱道された学習形態」（東ほか編，1991，178～179ページ）を指している。それは，生活単元学習に直結し，系統学習と対比されるアプローチであり，「子どもの生活から遊離した科学的知識ではなく，子どもの興味や関心をひく生活上の問題や教材に即して，子ども自身が主体的・活動的に学習を進め，問題解決の経験を積み重ねながら生活適応の能力を高めようという学習形態」（東ほか編，1991，179ページ）なのである。

　もともと，わが国では，「戦前の神戸伊三郎の理科教育思想のなかに，問題解決学習論を見てとることもできるが，問題解決学習が理科教育の中心的な学習・教授法として定着したのは戦後になってからである」（大髙，1992，226ページ）と考えるのが一般的である。実際，1947（昭和22）年「小学校学習指導要領理科編（試案）」［1947年版］，1952（昭和27）年「小学校学習指導要領理科編（試案）」［1952年版］では，問題解決学習が重視されていた。戦後のこれらの「学習指導要領（試案）」では，身のまわりの現象や物事に疑問をもち，解決する過程を通して得た成果をもとに，「生活に筋道をたて，これを応用して，さらに生活を豊かにすること」（文部省，1952）が目指された。ところが，こうした生活単元学習と直結する狭義の問題解決学習は，学問的な系統性がない，と批判されたのであった。

　しかし，その後，［1968（昭和43）年改訂］［1969（昭和44）年改訂］の小学校，中学校の学習指導要領において，理科授業での問題解決や探究の過程がとくに重視されるようになった。この時代は，「探究の理科」の時代と言われるほど，「問題解決」や「探究」というキーワードが前面に押し出されたカリキュラムとなっていた。ここでの問題解決学習は，現代に通じる広義の問題解決学習と見ることができる。こうした動きの背景には，1950～60年代，米国において，科学教育に対する危機感が生じており，「学問中心カリキュラム」への変革を迫られていたことがあげられる。当時，知識爆発，科学の構造的改革の時代と言われるようになり，それとの比較から，教育の遅れ，とくにその内容の科学・学問としての遅れが指摘されていたのである。米国ニュー・カリキュラ

ム運動では，これに応えるべくして，教育内容の改革が行われたのであった（日本カリキュラム学会編，2001，17ページ）。いずれにせよ，それ以降，現在に至るまで，わが国では学習指導要領における記述の度合いの強弱こそあるものの，広義の問題解決学習や探究学習は，理科授業の基本に据えられている，といえる。

3 デューイによる問題解決学習論

▷2　ジョン・デューイ（J. Dewey, 1859〜1952）
問題解決学習の基礎を築いたほか，進歩主義教育運動の指導者としても知られる。パース，ジェームズとならび，プラグマティズムの哲学を支えた人物の一人であるなど，米国を代表する哲学者，教育思想家。

一般に，「問題解決学習」の理論的基礎を支える中心人物はデューイである，と理解されている。デューイの理論は，広義・狭義を問わず「問題解決学習」全般の基盤をなすものであり，問題解決学習論の源流としての位置にある，といってよい。デューイは，反省的思考が働く過程を整理し，以下の5局面として示したことで有名である。

(1) 暗示（困難を漠然と自覚する）
(2) 知的整理（困難の正体を突きとめ，何が問題であるかをはっきりさせる）
(3) 仮説（事実を収集するための観察その他諸操作を導く仮説を設定する）
(4) 推理（仮説を練り上げる）
(5) 検証（観察や実験によって仮説を検証する）

▷3　これらは，『思考の方法』(Dewey, 1933＝1955)に基づきながら，梅根（1977, 61〜69ページ），東ほか編（1991, 178〜179ページ），鶴岡（1992, 210ページ）の記述を筆者が総合したものである。論者によって表現に微妙な違いはあるものの，5局面の大筋は上記のようにまとめられる。いずれにしても，この過程は，「問題解決学習」の過程である以前に，そもそも「その論理構造において科学的実験的方法と一致している」（鶴岡，1992, 210ページ）のである。

こうしたデューイの問題解決学習論について記述を続けようとすると，それだけで1冊の本には収まらないほどの紙数を要することになる。したがって，ここではこれ以上の詳述は避けておきたい。端的にまとめられた一文を引用するならば，デューイの問題解決学習論の核心は，「現実社会，日常の生活経験の世界に発した問題に出会い，その問題的状況の中にあって，子どもがその解決のために主体的に取り組むこと」（鶴岡，1992, 217ページ）にある，ということである。子ども自らが問題解決の過程に主体的に関わるという立場は，理科教育上，極めて重要である。しかし，前述した狭義の問題解決学習のように，問題解決学習で扱う問題が現実社会や日常生活に関することに偏りすぎれば，それは系統的な学習ではない，などといった批判の的になるのである。

2 シュワブによる探究学習論

▷4　ジョセフ・ジャクソン・シュワブ（J. J. Schwab, 1909〜88）
シカゴ大学で英文学と物理学を学び，大学院で生物学を研究した。最終的には数理遺伝学の研究により，学位（Ph.D.）を取得している。その後，シカゴ大学では，生物学，一般教育，教育学の担当として教鞭をとった。とくに，科学教育

1 シュワブによる問題提起

探究学習の理論的基礎を構築した中心的な人物としてあげられるのは，シュワブである。前節で述べたように，わが国では，戦後の問題解決学習が現実社会や日常生活に関する問題から始まっていたのに対して，シュワブの探究学習論は，科学における探究の方法を基軸にしていた。現代の理科において，「科

学的探究の方法」は、理科が扱う内容そのものであり、理科の学習の方法でもある、と認識されている。「科学的探究の方法」とはいかなるものであり、それをいかにして教えるのか。1950〜60年代、シュワブを中心に展開された、理科学習の本質に迫る議論は、現代においても理科における探究学習の基盤を支えているのである。

さて、シュワブは、1950〜60年代、当時の科学教育の状況を批判していたのであるが、批判の内容はどのようなものであったのだろうか。まずは、この点について整理しておきたい。

当時の科学教育は、「生徒に対して技術習得の満足感を得させるようなもの」であり、新たな知識を見出すようなものではなかった、とシュワブは言う。すなわち、そうした授業では、科学を学ぶのではなく、「その授業を学習すること (learning the lesson)」(Schwab, 1962 = 1970, 42ページ) が行われていた、とする批判である。そして、学校で行われていた「問題解決 (problem solving)」の学習について、次のように疑義を投げかける。

> 問題解決 (problem solving) というコトバは今日、学校で人気があり、教育の手段と目的に関する新しくて高度な概念をあらわすものと考えられている。しかし、問題が設定され、吟味されて「解決法 (solving)」を考える段になれば、「問題解決」は、事態に対して一定の手続きを細心に適用するにすぎないものとなる。……まして、問題といっても、それに対して即席の解決法はないということを知る機会もめったにない (Schwab, 1962 = 1970, 42ページ：筆者改訳)。

この問題にはいつでもこの解決法、というような科学の一般的な解決方法は簡単に示すことができない、とシュワブは述べる。彼は、ある与えられた問題に対して、一定の手続きを適用するような学習だけでは、科学的探究の本質を理解することはできない、と言うのである。

このような「問題解決」の学習に対する批判は、シュワブが「探究」と言う時に "inquiry" ではなく "enquiry" と綴っていることにも表れている。この点について、ウェストベリーとウィルコフは以下のように示している。

> "enquiry" という綴りは、シュワブがあえて選んでいるものである。彼はそれを採用している理由を、彼がこの本の編集者に宛てた書簡の中で次のように述べている。「1958年前後、何人かの教育心理学者は、子どもたちが問題を解決するために用いているストラテジーに関心を持つようになった。そうした心理学者たちは、この問題解決 (problem-solving) のことを "inquiry" とよんでいた。心理学者の言う "inquiry" と間違えないようにするために、私は "e" を用いて "enquiry" と綴ることにした。」(Westbury & Wilkof, 1978, p. 3)。

研究、カリキュラム研究の分野において業績を残した人物であるが、教師としてもインパクトのある人物であったといわれる。

つまり，1958年前後の教育心理学者が"inquiry"とよんでいたものこそが，シュワブが批判していた「事態に対して一定の手続きを細心に適用するにすぎない」問題解決の学習なのであった。そこで，区別のために，シュワブは自身が述べる「探究」を"enquiry"と綴っているのである。

しかしここで，鶴岡（1992）が指摘するように，以上のような「問題解決」の学習への批判は，必ずしもデューイの問題解決学習に対する批判であるとは限らないことに注意しておく必要がある。鶴岡は，その理由として，次の2点を指摘している。すなわち，第一には，シュワブがここで問題にしている「問題解決」は，機械的で型にはまっており，デューイの言う問題解決の過程とは異なっていることである。また，第二には，当時の米国の教育において，学習に関するデューイの特徴的な考え方が堕落していた状況を批判していることである。ここでは，第三の理由を加えておきたい。それは，シュワブが，"How We Think"に代表されるようなデューイの考えを，さまざまな場面で明示的に援用している，ということである。これらを踏まえれば，「問題解決」の学習に関するシュワブの批判は，デューイの考えに向けられていたというよりも，むしろ，当時の学校教育において，問題解決を安易に捉えているという状況に向けられていたのである。

シュワブは，1950年代から60年代当時の科学教育を「結論の修辞術」として批判していたが，それは，探究の特徴や科学的知識の修正的性質が教えられていなかったことに対する批判であった。ここで言う結論の修辞術とは，「人々に対して，暫定的なことを確かなもの，疑わしいことを疑う余地のないものとして説得するようディスコースを組み立てること」(Schwab, 1962＝1970, 27ページ：筆者改訳)である。科学的知識は暫定的なものであって，安定的探究（stable enquiry）と流動的探究（fluid enquiry）を繰り返すことこそ科学のリアルな姿である。それにもかかわらず，学校ではまったく逆に，固定化された探究方法観のもと，一定の手順に従って探究が進められ，絶対的不変的な知識を生むものとして科学が教えられていた状況を，シュワブは痛烈に批判したのであった。

▷5 シュワブの言う，安定的探究は，ある原理のもと，知識の空白部分を埋めていくような探究である。一方，流動的探究は，ある原理では説明できなくなってきた場合に，原理そのものを見直すような探究である。こうした見方は，トーマス・クーンのパラダイム論に通ずるところがある。

２ 理科教育における探究学習の目的

シュワブの著書"The Teaching of Science as Enquiry"のタイトルには，表9-1のような2通りの意味が含まれている（降旗, 1978, 50～53ページ）。彼は，意図的にどちらともとれるようにしたのであった(Schwab, 1962＝1970, 65～72ページ)。

つまり，前者(A)は科学的探究を実際に行わせ，探究能力を身につけさせるような教授法を意味する。一方，後者(B)は，いかにして探究が行われるのかを理解させることを意味する。両者は，似ているが，教育上の立場は大きく異なっている。

表9-1 シュワブの著書 "The Teaching of Science as Enquiry" の意味

(A) "The Teaching of Science" as "Enquiry"	探究としての教授（Teaching as Enquiry）。実際に探究することを通して、科学を教授すること。
(B) "The Teaching" of "Science as Enquiry"	「探究としての科学」（Science as Enquiry）の教授。科学を探究の過程とみて、その性質を教授すること。

出所：降旗（1978）を基に作成。

　シュワブは、完全に探究的な授業では、これら両方が含まれるとしている。しかし、学校教育の現場に探究学習を広めるためには、従来の教授法から若干変える程度で実現できる方法でなければならない。科学を正しく理解する、という観点を重視するならば、生徒たち自身が探究活動を行い（Teaching as Enquiry）、探究能力を身につける、ということよりも、科学的探究とは一体どのようなものなのか（Science as Enquiry）の理解を優先しなければならない、とシュワブは考えた。そこで彼は、「科学論文」を活用すること、「探究のナラティヴ」を取り入れること、小単元「探究への招待」を導入することなど、子どもたち自身による大がかりな探究活動をともなわずに、探究の過程を理解できるような教授法も考案したのである。

　しかしながら、例えば、科学教育によって科学に携わる人材育成を行う立場からは、子どもたち自身が探究能力を身につけることが必要であると考えられる。そのためには、やはり、理科授業において、子どもたちが実際に観察や実験の活動を行うことが求められるのである。いずれにせよ、私たちが問題解決学習や探究学習を考える時、その学習目的が何であるかを明らかにしなければならない。すなわち、探究能力の獲得まで至ることを想定しているのか、あるいは、探究能力の獲得までは求めず、探究についての理解が得られればよいのか、それとも単に概念の理解を促すためとか、別の目的を設定するのか。こうした立場の違いは、理科授業の展開に大きな影響を与えているのである。

3　初等理科教育が目指す探究学習・問題解決学習

1　理科授業における観察・実験活動の意義と位置づけ

　『小学校学習指導要領解説理科編』では、理科授業における観察、実験活動の意義について、次のように述べられている。

　　理科の観察、実験などの活動は、児童が自ら目的、問題意識をもって意図的に自然の事物・現象に働きかけていく活動である。そこでは、児童は自らの予想や仮説に基づいて、観察、実験などの計画や方法を工夫して考えることになる。観察、実験などの計画や方法は、予想や仮説を自然の事

物・現象で検討するための手続き・手段であり，理科における重要な検討の形式として考えることができる。(文部科学省，2018a，15ページ)

　観察，実験などの活動は，理科授業の基本を支える役割を担っている。ただ，すべての時間で観察，実験を行わなければならないわけではない。効果的な観察，実験活動を行うためには，既知の事項を整理するなどの準備が必要であるし，観察，実験の後，明らかになったことを体系化する時間も必要なのである。また，問題解決や探究の内容によっては，必ずしも予想や仮説に基づいて調べていく必要のないものもある。あるいは，予想や仮説を立ててみたものの，観察や実験の結果，うまくいかず，修正して再度実験する，ということもあり得る。問題解決や探究の過程に絶対的なものはないのである。

　また，理科授業で問題解決や探究の活動を行う際，どの程度まで教師がサポートし，児童には，自力でどこまで行わせるのか。教師はこのことを考える必要がある。例えば，シュワブは，探究学習のレベルを次の3つに分類している。第一のレベルは，問題，探究の進め方，答えを教師が示す方法，第二のレベルは，問題のみ教師が示し，探究の進め方と答えは子どもたちが考える方法，第三のレベルは，問題も探究の進め方も答えも，子どもたちが考える方法である（Schwab, 1962＝1970, 56ページ）。その他，この第一と第二のレベルの間に，問題と探究の方法を教師が示し，答えは子どもたちが導くというレベルがある，とみる場合もある。いずれにせよ，このように，児童に求める問題解決学習，探究学習のレベルによって，理科授業における観察，実験活動の位置づけが異なることを，教師は認識する必要がある。

2　探究学習・問題解決学習の課題と展望

▷6　TIMSS 授業ビデオ研究
1999年に実施されたTIMSSの付帯調査として行われたものである。中学校第2学年段階の数学と理科の授業がビデオに収められ，理科では，日本や米国など参加5か国（数学は7か国）の授業が比較，分析された。

　TIMSS 授業ビデオ研究においても，日本の理科授業では，他国よりも高い割合で観察実験活動が実施されている，と言われるように（例えば，小倉・松原，2007），少なくともわが国においては，問題解決活動や探究活動が理科授業の基本である，と捉えられている。ただ，そうした「探究的」と言われるわが国の理科授業においても，シュワブが危惧したように，一定の「科学的探究の方法」なるものに従って教えているだけになってはいないだろうか。一方で，確かに，問題解決や探究の進め方を知らない児童に対して，「さあ，調べましょう」と教師が指示したとしても，児童としては何から手を付ければいいのかわからない，という状況になることがある。だから，まずは典型的な進め方を示すために，教師主導で進める方法もあり得る。しかしながら，私たちは，そうした指導によって，子どもたちの考える機会を奪っているかもしれない，と立ち止まって考える必要があるだろう。

　理科授業において，目的のはっきりしない問題解決や探究は，活動としては

行われているように見えても,「子どもたちは楽しみながら学習しているようだった」というだけのものになってしまう。こうした授業は,理科を楽しむ,という点で,理科学習への取り掛かりの第一歩としてはよいのかもしれない。しかし,近年の各種学力調査における質問紙調査の結果から,理科が好きと答える割合は,小学生のうちは比較的高い傾向にあるが,中学生になると,国際平均を下回るほどの低さとなることがわかっている。こうした現状をどう捉えればよいのだろうか。中等教育段階における理科授業の改善に期待することもできるのだろうが,初等理科教育での方策を考えてみてもよいはずである。

Exercise

① 新学習指導要領での問題解決学習に関わる記述が,小学校理科の教科書にどのように反映されているか,分析してみよう。
② 小学校理科で行われる観察,実験の活動を一つ取り上げ,シュワブのいう探究学習の3つのレベルそれぞれに対応した3種類の授業展開案を考えてみよう。

📖次への一冊

日本理科教育学会編『理科教育学講座第4巻 理科の学習論(上)』東洋館出版社,1992年。とくに,「第3章 問題解決学習論」。
　　理科における問題解決学習論について,これまでの経緯や背景が端的に論じられている。さらなる問題解決学習の理解のために,はじめに読むべき一冊である。

日本理科教育学会編『理科教育学講座第5巻 理科の学習論(下)』東洋館出版社,1992年。とくに,「第1章 探究学習論」。
　　理科における探究学習論について,シュワブの考えを基軸としながら,議論が行われている一冊である。探究学習の考察を進めるうえで,参考にされたい。

シュワブ,J. J., 佐藤三郎訳『探究としての学習』明治図書出版,1970年。
　　本章での議論の根幹となった一冊である。原著が発行されてからすでに50年以上が経過しているが,現代の理科教育に通ずる内容が多いことに驚かされる。

ソーヤー,R. K. 編,大島純・森敏昭・秋田喜代美・白水始監訳『学習科学ハンドブック第2巻 効果的な学びを促進する実践／共に学ぶ』北大路書房,2016年。とくに,「第15章 問題基盤型学習」。
　　近年,目にするようになった「問題基盤型学習」について,解説がなされている。なお,学習科学の成果を理解するために,他の章も参照されたい。

引用・参考文献

東洋・大橋秀雄・戸田盛和編『理科教育事典〔教育理論編〕』大日本図書，1991年。

梅根悟『梅根悟教育著作集7　問題解決学習』明治図書出版，1977年。

Dewey, J., *How We Think* (revised ed.), D. C. Health, 1933（植木清次訳『思考の方法——いかにわれわれは思考するか』春秋社，1955年).

降旗勝信「探究学習」日本理科教育学会編『現代理科教育大系第3巻』東洋館出版社，1978年，50〜53ページ。

文部科学省『小学校学習指導要領（平成29年告示）解説理科編』東洋館出版社，2018年a。

文部科学省『中学校学習指導要領（平成29年告示）解説理科編』学校図書，2018年b。

文部省「小学校学習指導要領理科編（試案）改訂版」1952年。

文部省『小学校理科指導資料 問題解決の指導』1985年。

日本カリキュラム学会編『現代カリキュラム事典』ぎょうせい，2001年。

小倉康・松原静郎「TIMSS 1999 理科授業ビデオ研究の結果について」『国立教育政策研究所紀要』第136集，2007年，219〜232ページ。

大髙泉「第3章第1節1-2　わが国における問題解決学習論の成立・展開・継承」日本理科教育学会編『理科教育学講座第4巻　理科の学習論（上）』東洋館出版社，1992年，223〜238ページ。

Schwab, J. J., "The Teaching of Science as Enquiry," in Schwab, J. J. and Brandwein, P. F., *The Teaching of Science*, Harvard University Press, 1962, pp. 3-103（佐藤三郎訳「探究としての科学の教育」『探究としての学習』明治図書出版，1970年，7〜99ページ).

鶴岡義彦「第3章第1節1-1　米国における問題解決学習の理論的基礎」日本理科教育学会編『理科教育学講座第4巻　理科の学習論（上）』東洋館出版社，1992年，207〜222ページ。

Westbury, I. and Wilkof, N. J., "Introduction," in Westbury, I. and Wilkof, N. J. eds., *Science, Curriculum, and Liberal Education: Selected Essays*, The University of Chicago Press, 1978.

第10章
初等理科の基礎的な学習理論と
それを踏まえた指導

〈この章のポイント〉
　教授・学習を研究する学際的な分野である学習科学の研究により熟達者の認知的な特徴が明らかにされ，子どもの理科学習への示唆が得られるようになってきた。また，学習者の能動的な構成としての学習，自己調整としての学習，状況・文脈での学習，社会文化的な行為としての協同的・対話的な学習，主体的な関与としての学習，といった視点が学習を促進するうえで重要であると指摘されている。本章ではこれらの視点に基づき実践可能な指導法の例として，アナロジー・モデル，ものづくり，ガイド学習，ジグソー法について解説する。

1　初等理科の指導改善に貢献する学習科学 [1]
　　　——熟達者研究を例にして

1　学習の方向目標やモデルとしての熟達者

　人としての学習は，身の回りの環境の把握や母語としての特定の言語の習得などをはじめ，生まれると同時にはじまっており，年齢を重ねるにつれて，多様な領域の知識やより高度な推論様式を習得できるような発達が見られるようになる。一方，ある特定の領域で専門的な知識や技能の習得が進むことを熟達化といい，他の人と比べて当該領域で秀でた熟達者になるには，質のよい練習や実践を繰り返して，10年ほど修業の期間が必要とされる。熟達者でも，ある定型化された方法を効率よく適用できる手際のよいだけの熟達者と，置かれた状況に応じて柔軟に適応できる熟達者（適応的熟達者）と区別しうることが指摘されている。

　理科教育の目的・目標の一つとして，科学の専門的な能力の育成が掲げられており，熟達者としての科学者の有り様は，子どもの理科学習の方向目標であり，見本・模倣の対象としたいモデルでもある。また，熟達者研究は，熟達者の認知的な活動に見られる特徴を明らかにし，そこから得られる知見は，子どもの理科学習を促進する方策を考えるうえでの貴重な示唆を提供するものとなっている（米国学術研究推進会議編著, 2002）。

▷1　学習科学（Learning Sciences）
教授と学習を研究する学際的な分野であり，関連領域は，認知科学，教育心理学，人類学，社会学，情報科学，神経科学，教育学などの多岐にわたる。

2 熟達者に見られる特徴——初心者との違い

熟達者を対象とした研究はさまざまな分野で行われてきたが，熟達者には共通した認知的な特徴が見られる。初心者と比べて熟達者は，目のつけどころ・ものの見え方が違う，必要なことを覚える記憶力が違う，課題を遂行するときの手続きが違う，課題を遂行するときの方略が違うことなどがあげられる（今井・野島，2003）。

物理学の初心者と熟達者の問題解決場面で見られる知識構造や手続きを比較検討したものがある（村山，1989）。初心者は，問題現象の表面的特徴から関連の知識を関係づけているのに対して，熟達者は，物理学の基礎となる概念や原理に基づいて関連知識を構造化し，それと問題の現象に関する知識を関連づけている。それによって，熟達者は，すばやく問題を処理できるのである。また，初心者は，知っている公式に与えられた数値を代入していく前向き推論を行っているのに対して，熟達者は，同じように公式を利用するものの，求めるべき答えから与えられた数値へと遡っていく後向き推論を行っている。熟達者が後向き推論を遂行できるのは，公式を知っているというタイプの知識（宣言的な知識）だけではなく，状況に即して公式を使えるというタイプの知識（手続き的な知識）も十分に習得しているからだと考えられる。

▷2 宣言的な知識と手続き的な知識
宣言的知識は，ことばによって説明できるような知識であり，その内容は意識的に利用可能な形で保持される。一方，手続き的知識は，行為に関する知識であり自動的に秩序的な行動を可能にする知識である。自転車の乗り方などのように，ノウハウ（know-how）に関する知識である。

2 初等理科の基礎的な学習理論
——学習の促進を図るための基本的な視点

1 能動的な構成としての学習

従前では，児童は教師から与えられる情報を受容するものと考えられがちであった。しかしながら，1970年代から広まった児童の自然認識に関する研究によって，正規の理科授業以前であっても，児童は自然の事物・事象について独自の考えや認識様式をもっていることが明らかとなってきた。児童の自然認識は，問題とする状況によって逐次変化するものもあれば，科学的な見解を示すだけでは容易には改善しないものもあり，児童の思考プロセスや自然認識における能動的な役割に着目することが大事である。

児童と自然との間での相互作用によって知識や技能を習得するものとして学習を捉える考え方は，構成主義的な学習観と呼ばれ，今日の理科指導の理論的な基礎となっている。この学習観に基づくと，学習は，新しく学習する内容とすでに学習した内容との間に意味づけがなされ，ネットワークが構築されることとして捉えられるのである。このとき，児童が意味のある知識やイメージの

ネットワークを作り上げる構成者であり，教師はその活動を促進・補完する支援者と見なされる。現在では，小学校から高等学校までの系統的な理科学習カリキュラム開発を目指して，子どもの既有知識に基づいた指導を行うことで，より洗練された科学的な知識への移行を図ろうとする学習過程（「ラーニング・プログレッションズ」）を体系化することが試みられている（山口，2012）。このような学習過程の体系化の視点は，単元構成の方法としても有用であろう。なお，「教師は新しい知識を直接的に教えるべきではなく，子ども自身で知識を構成させるべきだ」という学習論と教授論とは混同しないよう留意したい。

2 自己調整としての学習

学習者が学習の目標を達成するために，自らの認知，感情，行動を体系的に方向づけていく学習過程は，自己調整学習（self-regulated learning）と呼ばれ，この自己調整過程の質的な違いは，児童間で学力差を生じさせる重要な要因となっている一方で，学習の習熟度を改善する効果的な方法でもある（ジマーマン＆シャンク，2014）。例えば，優れた自己調整を行う学習者は，学習目標の設定，効果的な学習方略遂行，目標に向けた進み具合の把握・評価，学習環境の整備，学習への自己効力感の保持，などを実行できていることが知られている。

自己調整学習は，認知，メタ認知[3]，そして，動機づけの３つの基本要素から構成されていると考えられている（シナトラ＆タッソブシラジー，2014）。理科学習における認知的な要素には，問題解決・探究活動に必要とされる事実的・概念的な知識，科学的な探究のスキルなどが含まれる。メタ認知的な要素には，自身の認知についての知識（メタ認知的な知識）と認知のモニターとコントロールの活動（メタ認知的な活動）が含まれる。動機づけの要素には，習熟目標や遂行目標[4]の設定，内発的もしくは外発的な動機づけなどの，理科学習への積極的・持続的な取り組みに必要な心理状態の形成・保持が含まれる。これらの３要素が相互に関係づけられて，自己調整的な学習が行われていくのである。

子どものもつ自然認識がより科学的なものへと変化していく認知的過程は，概念的な変容と呼ばれ，これを促進するためには，概念的な知識の教授といった認知的な側面のみならず，学習者が自分たちの概念的な理解の状態や使用している方略の適否などを把握するといったメタ認知的な要素を取り入れることが重要である。また，他者と協同的に活動する場面，学習課題や実験方法などを選択する場面，自分なりの考え・説明・モデルの創出などの挑戦する場面，観察・実験で得られた事実や他者からの意見に基づいて，自分の考え等を修正・補強するなどの状況に応じて対応する場面の設定など，学習状況に応じた動機づけを図る工夫も求められる（森本，2012）。

▷3 メタ認知
「認知についての認知」といわれ，自分で自分の人となりや学習の状態を評価し，それにともなって，自分の学習や行動を修正・改善するなどの調整を行うことである。

▷4 習熟目標と遂行目標
習熟目標とは，学習内容をより深く理解したいなどの学習における熟達や挑戦を目標とするものである。一方，遂行目標とは，テストで良い点をとりたいなどの学習における成功的な結果の顕示もしくは失敗的な結果の回避を目標とするものである。

3 状況・文脈のなかでの学習

　理科の授業で以前学習して理解できたと思っているものであっても，別の問題や状況に着目した場合は，必ずしもその知識を容易に活用できるとは限らない。また，算数ですでに比例の考え方を学習していても，理科で観察・実験の結果を整理・解釈するときに適用するのは難しく感じられてしまう。このように，ある知識や技能は，一度どこかで習得すると，いろいろなところで応用できるものとは単純には考えられない。むしろ，ある知識や技能は，それらが学ばれた社会的・文化的な状況と分かちがたく結びついているのである。

　学習科学研究では，学校教育との比較を視野に入れ，学校以外での学習の仕組みが解明されてきた。徒弟制をとるような学習環境では，周辺的な作業が割り当てられて，そこで技能を向上させていき，徐々により難度の高い中心的な作業ができるようになっていくのである。このような，ある特定の行為様式を共有する集団である実践共同体での実践的な活動に参加し，その構成員らしくなっていく学習のプロセスは，「正統的周辺参加」と呼ばれる（レイブ＆ウェンガー，1993）。学校教育であれば，それぞれ独自の社会文化的な背景をもつ教科や教科外の学習を行っている学習者集団が「学びの共同体」であって，個々の子どもがそれぞれの役割を担いつつ，その学ぶという実践へと「参加」していくものと捉えられる。

　これまでの学校教育での教科指導では，学習内容を別の状況へと適用できること（「転移」）を意識するあまり，抽象的で脱文脈化されたものとして知識・技能を教授する傾向にあり，かえって学ぶ意義の実感や学んだことの活用を阻害してきたとの批判がなされるようになってきた。このような状況の改善に向けて，今日の理科学習の指導や評価において，状況もしくは文脈（context）の設定は，重要な要素となっている。例えば，国際学力調査である PISA では，個人，地域／国，世界レベルでの文脈において，科学的リテラシーに必要な諸能力を発揮できるかどうかが評価されている（国立教育政策研究所編，2016）。

4 社会文化的な行為としての協同的・対話的な学習

　素朴にもつ理科学習のイメージは，観察・実験の活動に代表されるものであろう。もちろん，観察・実験は，科学的な知識を形成するうえでの重要な手段ではあるが，これだけでは十分ではない。科学的な知識とは，個人的な認識の単純な寄せ集めではなく，科学的な共同体の産物であって，物質的な世界との相互作用（観察・実験）のみでは，学び得ない。

　科学者であれ子どもであれ，社会文化的な産物である言語やモデルなどを媒介として，自然（モノ）との対話，他者との対話，自己との対話を通じて，科

学的な認識へと至ることができるのである（村山，1995）。科学とは，社会文化的な営みとして語り（discourse）の実践活動であると考えたとするならば，科学を学ぶということは，科学の営みでの独自の語り方や推論の仕方，行為の仕方を，そして，規範や信念，価値などを学ぶことである。文字，数式，モデル，図，グラフなどを適切に用いて表現できるようになることが求められる。そのためには，科学という言語をすでに習得している人と話すこと，また，それが使われる目的に適うように，その言語を利用することができる協同的・対話的な学習環境が求められる。

　理科室では，3〜4人程度のグループが編成されることが多いと思われるが，グループ学習が無条件に協同的な学習であるとはいえない。互恵的な相互協力関係，個人の役割責任，活発な相互交流，社会的な技能の訓練，グループの改善手続きという要素が授業に組み込まれているとき，グループ学習が協同的な学習として機能するのである（ジョンソンほか，2010）。

5　主体的な関与の高まりとしての学習

　主体的な学びは，自律性と積極性の観点から捉えることができる。前者は，前述した学習者が自ら計画的に目標の達成を遂行しようとする自己調整的な学習に関わっている。一方，後者は，意欲的な学習に関わるものであり，「興味や楽しさを感じながら気持ちを集中させ，注意を課題に向けて持続的な努力をするような「熱中」する心理状態」である，エンゲージメント（engagement）として捉えられる（鹿毛，2013）。

　エンゲージメントは，落第や退学などの問題を含め学校生活全般への学習者の行動的・心理的な関わりを捉えるときにも，また，教科教育の学習過程における学習者の行動的・心理的な関わりを捉えるときにも重要となる観点である。行動を方向づけ，その強度や持続性を与える力である動機づけは，観察できない心理的・神経的・生物学的な過程であるのに対して，エンゲージメントは，動機づけと相互に影響に及ぼし合って生じる，観察可能な振る舞いである（Reeve, 2012）。学習活動におけるエンゲージメントには，課題への集中力や努力などに関わる行動的エンゲージメント，課題に取り組むときの感情に関わる感情的エンゲージメント，学習方略の活用やより深い理解の追究などに関わる認知的エンゲージメント，学習活動への主体的・積極的な取り組みなどに関わる行為主体的なエンゲージメント，といった複数の次元がある。さらに，エンゲージメントの程度については，低い状態から高い状態まであり，概念的な理解の変容には，より高い認知的エンゲージメントが要求される。

　子どもの理科学習へのエンゲージメントは，成功体験や言葉かけなどによる自己効力感の向上（鈴木，2012）や，自分の既有知識とのずれや興味・関心の

広がりを与えうる学習課題の設定で高まることが期待される。また、教師の教育内容に対する熱意よりも、教えることに対する熱意の方が、児童へと感情伝染しやすい（鹿毛、2013）。

3 初等理科の基礎的な学習理論を踏まえた指導
――その具体的な手立ての例

1 たとえ・アナロジー・モデル――自分なりに捉える・表現する

アナロジー（類推）とは、すでに知っているもの（ベース／アナログ）との類似性に基づいて、十分に知らないもの（ターゲット）を推論する思考様式である。たとえも、基本的にはアナロジーと同じようなものであるが、比喩性の程度に違いがある。一方、モデルとは、ターゲットの主要な要因のみを抽出したものである（図10-1）。電気回路の電流／水流のアナロジーでいえば、電流はターゲットであり、水流はベースである。また、このときの水流それ自体も実際の現象から特定の要因を抽出したモデルであり、水流モデルとも呼ばれる。

▷5 たとえ（喩え・例え）
「喩え」は、あるものを別ものに見立てたものであり、一般的には、見立てるものは、見立てられるものとは異なるカテゴリーから選択される。一方、「例え」は、ある一般的な規則性を適用できる具体的なもの、あるいは、共通した特徴をもつ集合から抽出されたものであり、複数の事例をあげる場合は、一般的には、同じカテゴリーから選択される。

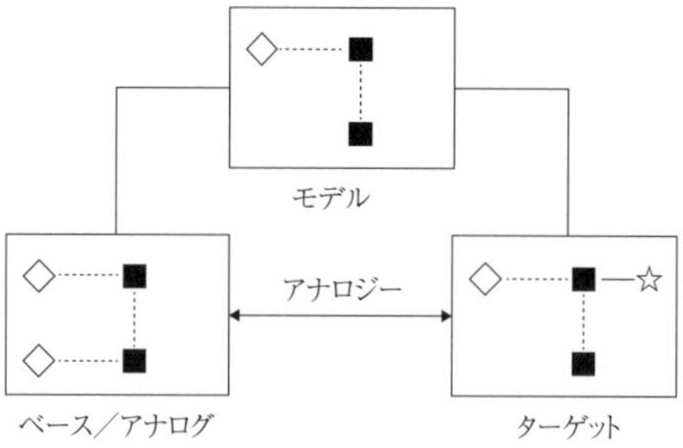

図10-1　アナロジーとモデルの関係

アナロジーやモデルは、教師が自然の事物・事象を説明するときの教授手段であるとともに、児童が自分なりの自然認識を構築していくための学習手段でもある（内ノ倉、2016a）。児童のたとえやアナロジーは、一見して科学的な説明とはいえないが、アナロジーやモデルを用いて思考することは、科学者にとっても重要な方法である。科学者と初心者との違いは、科学者は実証的あるいは理論的にアナロジーやモデルの妥当性を検討して、初発の考えにとらわれず、修正・改善を図っていくところにある。理科授業では、アナロジーやモデルに関して、児童が自分なりに捉えて表現すること、それらを他者との交流で共有すること、評価・改善する機会を設定することが有効な方策である（レーラー＆シャウブル、2009）。

2 ものづくりを通じた学習
――つくりながら考える・考えながらつくる

理科でのものづくりは、子どもの興味・関心や学習意欲の向上などの情意的な側面、科学的な理解の促進などの認知的な側面、工作の作業技能の習得など

の技能的な側面，ものづくりを通じて促進される創造的な側面などの教育的な意義が指摘されてきた（人見，2010）。

世界的な理数系の教育改革として，科学，技術，工学，数学（Science, Technology, Engineering, Mathematics）の教育，いわゆる STEM 教育の推進が図られている。例えば，アメリカでは，学校・地域・仕事・グローバルな活動の文脈のなかで，科学，技術，工学，数学の相互の関連づけを図る学習方法（統合的な STEM アプローチ）が重視されている（内ノ倉，2016b）。理科のなかでも他の教科の知識や技能を意識的に扱うこと，小学校段階から技術的・工学的な内容を導入していること，ものづくり活動を学習の文脈としていることなどが特徴的である。

新学習指導要領では，人工知能（AI）時代の開発・普及に寄与する情報科学分野の重要性からプログラミング教育が導入されている。例えば，プログラミングの体験的な活動として，センサーを利用してのモーターなどの電子制御などが想定されている（文部科学省，2018）。この他にも，統合的な STEM アプローチを指向するならば，現実的な問題としての水質汚染を学習の文脈として，各教科の知識や技能を活用として，効率的なろ過装置をデザインし，評価するといったプロジェクト型の学習も考えられる（内ノ倉，2016b）。

3 ガイド学習――自分たちで学びを進める・深める

ガイド学習とは，複式学級において一人の教師が複数学年を別々に指導する方法（学年別指導）として開発・実践されたものであり，教師の指導の下で，学習集団の代表である児童（ガイド）を中心として当該集団の学習計画の進めていくものである（猪野毛，1973）。ガイド役の児童には，学習の準備・進行・調整・促進の役割が期待され，これらの役割を通じて，教科の学習内容に加えて，話し合いなどの言語活動や協同的な問題解決の技能や態度を習得することが期待される（全国へき地教育研究連盟，2016）。

一般的に，複式学級では，低学年から学年の発達段階に即して，教科横断的にガイドに必要な力を育成することが試みられており，日直のように日替わりですべての児童が担当することになっている。ガイド役の児童は，授業の前や最中に，教師と打合せを行い，ホワイトボードなどで掲示された学習進行表を参照しつつ，タイマーを使って時間管理を行い，他の児童に発表や意見を求めるなどして学習を進めていく。このように，ガイド学習は，自分たちで学習を進めるための方法として導入されているが，学習の順序や時間配分を含めた学習の管理，他者の考えへの傾聴を含めた学習における社会的なスキルを学習するための方法でもあり，学びの方法を学習するという側面ももっている。

その一方で，教師とガイド役の児童との打合せに時間を要することがある，

▷6 学年別指導
複式学級において，単式学級と同様に在籍学年の学習内容を同一授業内で同時並行して教える指導形態をさす。それに対して，異学年でも同一（同程度）の学習内容を教える指導形態は，同単元指導と呼ばれる。

児童の認知的・社会的な能力（能力差）に学習の進度が影響を受けやすいなどの課題もある。また，自己調整学習という点から見れば，児童が学習目標を設定・変更することが意識化されていないなど不十分なところもある。しかしながら，複式学級において蓄積されてきた，児童たちが自律的に学習することを目指す試みは，単式学級での理科指導にも参考となろう。

4 ジグソー法——協同することを学び，協同することで学ぶ

ジグソー法は，もともとは多様な人種集団の協調関係を深めることを目的として開発された学習方法であるが，今日では，それが教科での協同的な学習を促進するための手立てとして活用されている（アロンソン＆パトノー，2016）。

ジグソー法を導入した授業は，次のように展開される。(1)情報等の統合を必要とする学習課題（ジグソー課題）を設定する。(2) 3～4人のグループ（学習班）を編成する。(3)学習課題を下位の学習課題へと分節化し，グループ内で担当課題を割り当てる。(4)担当課題ごとに，グループを再編成する（エキスパート班）。(5)エキスパート班で，観察・実験や話し合いなどを行い，担当課題についての情報を収集・整理する。(6)学習班で，担当課題について収集した情報を共有する。(7)学習班で，ジグソー課題についての結論を導く。(8)学級全体で結論や疑問を共有する。ジグソー課題の例としては，降雨量や気温などの気象情報を利用して，ある特定の日・地域の天気を予測することなどがあげられる。

理科授業でジグソー法を活用するうえでの課題としては，適切な学習課題や授業時間の設定，エキスパート活動で観察・実験を行う場合の安全確保，担当以外の課題についての学習の代替・補完などがあげられる。これらの課題があるものの，児童がジグソー課題を解決できたときに達成感と一体感を感じられることは，協同的な学習としての魅力であろう。

Exercise

① 科学領域の熟達者と初心者では，どのような違いが知られているか調べてみよう。
② 本章で取り上げた学習を促進する視点について，理科学習の具体的な事例としてどのようなものがあげられるか，話し合ってみよう。
③ 本章で取り上げた指導法について，具体的な学年・単元での授業展開を考えてみよう。

📖 次への一冊

米国学術研究推進会議編著，森敏昭・秋田喜代美監訳『授業を変える――認知心理学のさらなる挑戦』北大路書房，2002年。
　アメリカの学習科学の専門家が，20世紀までの学習科学研究を整理・総括して，子どもたちの学習を促進するための教育改革の方向性を示した，世界的にもインパクトを与えた研究報告書である。

ソーヤー，R. K. 編，大島純・森敏昭・秋田喜代美・白水始監訳『学習科学ハンドブック〔第二版〕』北大路書房，2016年。
　上記の『授業を変える――認知心理学のさらなる挑戦』以降の学習科学研究の展開とその成果を知ることができるハンドブックである。今日の学習科学の理論的な基礎，研究方法，領域（教科）での学習方法について，幅広く学ぶことができる。

引用・参考文献

アロンソン，E. & パトノー，S.，昭和女子大学教育研究会訳『ジグソー法ってなに？――みんなが協同する授業』丸善プラネット，2016年。

米国学術研究推進会議編著，森敏昭・秋田喜代美監訳『授業を変える――認知心理学のさらなる挑戦』北大路書房，2002年。

人見久城「理科における「ものづくり」」橋本健夫・鶴岡義彦・川上昭吾編著『現代理科教育改革の特色とその具現化――世界の科学教育改革を視野に入れて』東洋館出版社，2010年。

今井むつみ・野島久雄『人が学ぶということ――認知学習論からの視点』北樹出版，2003年。

猪野毛登『ガイド学習――複式指導の深化を目指して』グリンクロス，1973年。

ジマーマン，B. J. & シャンク，D. H.，塚野州一訳「自己調整学習――序論と概観」ジマーマン，B. J. & シャンク，D. H. 編，塚野州一・伊藤崇達監訳『自己調整学習ハンドブック』北大路書房，2014年，1～10ページ。

ジョンソン，D. W. & ジョンソン，R. T. & ホルベック，E. J.，石田裕久・梅原巳代子訳『改訂新版　学習の輪――学び合いの協同教育入門』二瓶社，2010年。

鹿毛雅治『学習意欲の理論――動機づけの教育心理学』金子書房，2013年。

国立教育政策研究所編『生きるための知識と技能6　OECD生徒の学習到達度調査（PISA）――2015年調査国際結果報告書』明石書店，2016年。

レイブ，J. & ウェンガー，E.，佐伯胖訳『状況に埋め込まれた学習――正統的周辺参加』産業図書，1993年。

レーラー，R. & シャウブル，L.，寺本貴啓訳「科学教育におけるモデルベース推論の促進」ソーヤー，R. K. 編，森敏昭・秋田喜代美監訳『学習科学ハンドブック』培風館，2009年，295～309ページ。

文部科学省『小学校学習指導要領（平成29年告示）解説理科編』東洋館出版社，2018年。

森本信也「自己調整学習のもとでの科学概念変換」日本理科教育学会編著『今こそ理科の学力を問う――新しい学力を育成する視点』東洋館出版社，2012年，120～125ページ。

村山功「自然科学の理解」鈴木宏昭・鈴木高士・村山功・杉本卓『教科理解の認知心理学』新曜社，1989年，99〜151ページ。

村山功「科学はいかにして学ばれるか」佐伯胖・藤田英典・佐藤学編『科学する文化』東京大学出版会，1995年，1〜33ページ。

Reeve, J., "A Self-determination Theory Perspective on Students Engagement", in Christenson, S. L., Reschly, A. L., and Wylie, C. (eds.), *International Handbook of Research on Student Engagement*, Springer, 2012, pp. 149–172.

シナトラ，G. M. & タッソブシラジー，G., 塚野州一訳「意図的な概念変化——科学学習の自己調整」ジマーマン，B. J. & シャンク，D. H. 編，塚野州一・伊藤崇達監訳『自己調整学習ハンドブック』北大路書房，2014年，159〜170ページ。

鈴木誠『「ボクにもできる」がやる気を引き出す——学ぶ意欲を捉え，伸ばすための処方箋』東洋館出版社，2012年。

内ノ倉真吾「理科教育におけるアナロジーとモデルの開発と利用——育成したい科学的な能力という観点から」『理科の教育』65（7），2016年a，5〜8ページ。

内ノ倉真吾「アメリカにおけるSTEM教育の推進方策——スタンダード・プログラムの開発と学習環境の向上に着目して」『理科の教育』65（4），2016年b，9〜12ページ。

山口悦司「ラーニング・プログレッションズ」日本理科教育学会編著『今こそ理科の学力を問う——新しい学力を育成する視点』東洋館出版社，2012年，180〜185ページ。

全国へき地教育研究連盟，平成28年版（平成27年度実践事例集）「未来への創造——ふるさとで心豊かに学び新しい時代を切り拓く子どもの育成」2016年，148〜168ページ。

第11章
初等理科のグループコミュニケーション活動とその指導

〈この章のポイント〉
　初等理科のグループコミュニケーション活動について，諸外国やわが国の状況を踏まえて，新学習指導要領で目指されている「主体的・対話的で深い学び」を実現するための「深い学び」につながるコミュニケーション活動を小学校第4学年「水の温まり方」を例にして解説する。

1　コミュニケーション活動の意義

　理科教育研究では，1990年代に社会的構成主義や状況的認知論が台頭し，科学的質問を投げかけたり，答えたりする練習を通して，共同体のなかで活発な実践家になることが重要であるとされた（例えば，Newton, Driver and Osborne, 1999）。日本でも，市川（2000）は「言語的説明が学習方略としても有効であるのに，日本の教育の中では盲点になっている」と指摘し，学習指導要領［2008（平成20）年改訂］で言語活動の充実が図られた。その結果，理科授業でも議論や発表のスキルなどが育成されるようになったが，学習内容の理解が疎かになった授業も見受けられるようになった。国語・数学・英語などは，他の教科を学習するための基礎となる用具教科なのに対し，理科は知識内容の学習を中心とする内容教科であり，理科授業を計画するうえでは，学習方法だけではなく学習内容の検討も不可欠である（山下，2016）。
　新学習指導要領で「主体的・対話的で深い学び」が目指され，理科授業では，他者と協働するコミュニケーション活動を展開しながら，自分たちで導いた「見方・考え方」を働かせて，「深い学び」を実現しようとしている。日本の初等理科では，伝統的に「第3学年：事物・現象を比べる，第4学年：変化とその要因を関係づける，第5学年：条件制御しながら観察・実験を行う，第6学年：推論する」といった日本型問題解決の授業が展開されてきた。この問題解決の授業は，Lesson Study の研究で有名な米国の Lewis（2011）も，「私は，国際的に日本の小学校教育の良いところは認められていても，日本のなかでは十分認められていないのではないかと思っています」と述べている程，世界中で評価されている。TIMSS や PISA の上位国であるシンガポール・韓国・

フィンランド・イギリス等の理科授業と比較しても，授業構成・教材の工夫・観察実験指導・板書・ノート指導といったことについては，日本の理科授業の方が優れているようにみえる。ただし，教師が中心となって教室全体で考えを練り上げる展開が多く，日本の理科授業に不足していると思われるのは，児童同士のグループでのコミュニケーション活動である。例えば，シンガポールでは，教室の壁全面に電子黒板などを備え，グループコミュニケーション活動を展開しやすい環境を整えている学校もある（図11-1）。理科授業では，日常生活・社会・環境の文脈でのグループコミュニケーション活動が展開され，主体的・対話的に「知識・理解・応用」「スキルとプロセス」「倫理と態度」を学んでいる（Yeo, Tan and Lee, 2012）。

図11-1 シンガポールの例

2 初等理科でのコミュニケーション活動

新学習指導要領では，初等理科授業は，各学年で主に以下のような問題解決力の育成を目指している。

第3学年：差異点や共通点を基に，問題を見いだす
第4学年：既習の内容や生活経験を基に，根拠のある予想や仮説を発想する
第5学年：予想や仮説を基に，解決の方法を発想する
第6学年：より妥当な考えをつくりだす

諸外国では，例えばイギリスの公立小学校 Year 1（5歳）「カーテンはどの素材で作ったらいいのか？」という25人程度の授業では，児童を前方に集めて，低い位置に設置された電子黒板を生かしながら，児童が「黄色は黄色以外の色を吸収するから黄色く見えるんだ」のような発言をする高いレベルの議論が展開されていた（図11-2左）。Year 4（8歳）の「ベイクドポテトは何で包む？」の授業でも，児童を前方に集めて説明した後に，すぐにペアや4人でのグループコミュニケーション活動が展開されていた（図11-2右）。

図11-2 左：イギリス Year 1の例，右：イギリス Year 4の例

韓国でも，図11-3のように教室全面に電子黒板が備え付けられたコンピュータ室で，グループを仕切るスクリーンが自動的に降りてきて，他のグループの活動を妨げないようにしたコミュニケーション活動が展開されてい

た。各グループでスライドを作成した後，スクリーンを上げて全体に向けて発表し，グループコミュニケーション活動が授業の中核を担っていた。

図11-3　韓国の小学校の例

　日本でも，図11-4のように一斉授業型から瞬時にグループ学習の形態に移行して，コミュニケーション活動を展開するようになってきた。佐賀県武雄市では，反転学習を生かして協働学習を生み出すスマイル（SMILE）学習に取り組んでいる。児童は，授業前日に予習動画をダウンロードして自宅で予習し，小テストやアンケートに回答する。翌日学校に着くと，タブレット端末から回答を送信し，教師は自動集計された回答結果を生かして当日の授業を展開する。スマイル学習により，(1)児童がより意欲的に授業に臨める，(2)教師が児童の実態を正確に把握して授業に臨める，(3)授業では協働的問題解決能力を育成できるとしている。

図11-4　日本のコミュニケーション活動の例

　学習指導要領［2008年改訂］で言語活動の充実が謳われたが，当初は知識を整理することなしに，「近所の人と話し合って」とコミュニケーション活動を促し，後の授業研究会で「なぜあの場面で話し合わせたのか」「話し合いは時間の無駄ではなかったのか」といった批判を受けた授業も多かった。その後，アクティブ・ラーニングの視点（中央教育審議会，2012）が共有され，「主体的・対話的な学び」は実現されるようになったが，今後の課題は，コミュニケーション活動を通じて，いかに「深い学び」を実現するのかである。

3　「深い学び」につながるコミュニケーション活動

　Biggs and Tang（2011）は，動詞ごとに学習活動の認知レベルを図11-5のように分類しているが，最も「深い学び」とされているのが，Reflect（振り返

第Ⅲ部　初等理科の学習指導

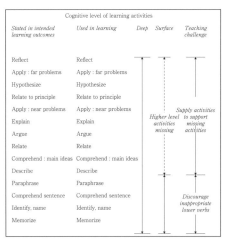

図11-5　Biggs and Tang（2011）による分類

図11-6　掲示されたコア知識一覧表

る）や Apply（学んだことを適用する）などである。

　2017年の『小学校学習指導要領解説理科編』では，「深い学びの鍵として『見方・考え方』を働かせることが重要になる」とされている。結局，理科での「深い学び」とは，理科の「見方・考え方」を獲得して，未知の課題に対しても獲得した「見方・考え方」を働かせて，アプローチすることだといえよう。理科の「見方・考え方」が形成されるには，認識のベースとなる知識が必要で，山下（2011）はコア知識（Core knowledge）として一覧表にしている（図11-6：山下，2011）。

　そして，このコア知識を用いて一貫した説明を引き出すコミュニケーション活動を開発している（図11-7：山下，2013）。例えば，小学校第5学年「電磁石の性質」では，図11-8のように小学校第3学年でのコア知識「電気はぐるっとひと回りできる回路（わ）を通る」と「鉄（鉄の仲間のニッケル・コバルトも）は磁石につく」を振り返りながら，発展的課題「鉄芯の代わりにアルミニウムの棒を入れ

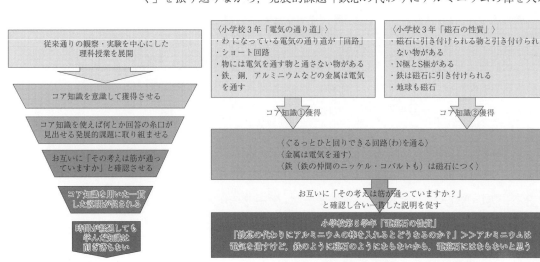

図11-7　開発したコミュニケーション活動　　　　図11-8　「電磁石の性質」のコア知識の例

るとどうなるか？」について考えさせ，お互いに「その考えは筋が通っていますか？」と確認させている。

　一貫した説明が重要なことは，PISA 2006での科学的リテラシー最上位者の回答の特徴が，「複雑な生活の問題場面において，科学の知識と科学についての知識を一貫して認識したり，説明したり，応用したりする」ことであったことからもうかがえる（国立教育政策研究所編，2007）。近頃の理科系大学生のなかには，磁石につくものが金属全般なのか鉄だけなのか，あいまいな認識しかもっておらず，アルミニウムの棒を入れても，鉄芯の時と同様に電磁石になると答えてしまうものもいる。これは，今まで学んだことが整理されず，思いつきや印象で回答してしまうためである。そこで，小学生の時から筋の通った説明を促し，試行錯誤の末に獲得した知識を整理させてから，身近な発展的課題についてのグループコミュニケーション活動に取り組ませている。

4 「深い学び」につながるコミュニケーション活動の指導

1 小学校第4学年「水の温まり方」の例

　『小学校学習指導要領解説理科編』では，「1回1回の授業で全ての学びが実現されるものではなく，単元や題材など内容や時間のまとまりの中で，学習を見通し振り返る場面をどこに設定するか，グループなどで対話する場面をどこに設定するか，児童生徒が考える場面と教員が教える場面をどのように組み立てるかを考え，実現を図っていく」とされ，必ずしも毎時間コミュニケーション活動を取り入れる必要はなく，単元や題材のまとまりのなかで展開することが肝要となっている。

　ここでは，小学校第4学年「水の温まり方」でのコミュニケーション活動を通じて，「深い学び」が実現された例を示す（秋保，2013）。「水の温まり方」については，小学校の新学習指導要領では以下のようになっており，加熱方法などの基本的な技能を身に付けながら，水の性質を理解し，根拠のある予想や仮説を発想する力や主体的に問題解決しようとする態度を育成することがねらいである。

「2　内容」Aの(2)金属，水，空気と温度
金属，水及び空気の性質について，体積や状態の変化，熱の伝わり方に着目して，それらと温度の変化とを関係付けて調べる活動を通して，次の事項を身に付けることができるよう指導する。
ア　次のことを理解するとともに，観察，実験などに関する技能を身に付けること。
(イ)金属は熱せられた部分から順に温まるが，水や空気は熱せられた部分が移動して全

第Ⅲ部　初等理科の学習指導

> 体が温まること。
> イ　金属，水及び空気の性質について追究する中で，既習の内容や生活経験を基に，金属，水及び空気の温度を変化させたときの体積や状態の変化，熱の伝わり方について，根拠のある予想や仮説を発想し，表現すること。

「水の温まり方」の指導については，以前は絵の具・おがくず・味噌などをトレーサーにして観察させ，回転をイメージさせる対流で説明してきた。最近は，サーモインクなどを使用して水の温度を可視化し，「水は上から順番に温まる」と説明されることが多くなった。どの教科書でも，サーモインクの観察とトレーサーの観察の両方を扱っているので，サーモインクの観察からは「水は上から温まる」，トレーサーの観察からは「水は回転するようにして温まる」と認識され，児童のなかで2つの水の温まり方が併存したまま学習を終えてしまう。水の温まり方を問う問題にも，水の温まる順番を問うものと，水がどのように温まるのかを問うものが見られ，児童はどのように回答すべきか困惑している。そして，しばらくするとトレーサーの動きの印象が強く残り，多くの児童は「水は回転するようにして温まる」と回答するようになってしまう。

本事例では，グループコミュニケーション活動を通して，水の温まる順番を問うものにも，水がどのように温まるのかを問うものにも対応できる「深い学び」に至るように，サーモインクを人工イクラに封入したもの▷1を用いた。サーモイクラを用いると，サーモインクの色の変化とトレーサーの動きを同時に観察でき，サーモイクラを水に入れたビーカーの端を加熱すると，水の流れに合わせて青色の複数のサーモイクラが動いているように見え，約40℃以上になるとピンク色に変色し出す様子が観察できる。そして，小学生でも「温まった水が上に動き，温度の低い水が下に動くことを繰り返して，水は上から順に温まる」と認識できると考えた。

▷1　以後は「サーモイクラ」とする：群馬県生涯学習センター（2003）の平成15年度『おもしろ科学教室』などで，アルギン酸ナトリウム水溶液にサーモインクを加え，塩化カルシウム水溶液の上にたらすと，サーモイクラができることが紹介されている。

2 単元の計画

2013年度に公立小学校の4時間の理科授業で，サーモインク・サーモイクラの観察・実験結果を水の温まる順番と水の動きに分けてワークシートに整理させ，児童自身がサーモイクラになって水の温まる様子を表現すること（身体表現：サーモイクラになってみよう！）を通じて，「水の温まり方」についての「深い学び」に至ることを目指した。なお，火を使用して実験したり，観察したりするので，火傷などをしないように十分に安全に配慮した。

第11章　初等理科のグループコミュニケーション活動とその指導

目標	① 水の温まり方について理解し，観察・実験などを適切に行える【知識・技能】。 ② 水の温まり方について追究する中で，既習の内容や生活経験を基に，根拠のある予想や仮説を発想できる【思考力・判断力・表現力】。 ③ 水の温まり方について追究する中で，主体的に問題解決しようとする【学びに向かう力・人間性等】。		
時間	学習活動と内容		指導上の留意点
1時間目	水の温まり方は，金ぞくと同じなのだろうか？ ○試験管に入れた水を熱した時の水の温まり方を予想する。A「下」を熱した時／B「真ん中」を熱した時 ○試験管に入れた水を下から10秒熱したらすぐに火を消し，30秒後に試験管の上の方や下の方を触ってみる。 ○結果を確認する。		○安全を考慮し，試験管の加熱は強火で10秒間とし，火を消してから30秒後に触るようにさせる。 ☆観察・実験を適切に実施し，記録している【知識・技能】  ↓
	水の温まり方は金ぞくとはちがい，上から温まる。	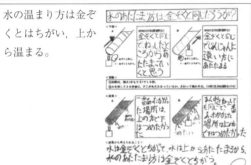	☆水の温まり方について，根拠のある予想をしている【思考力・判断力・表現力】 ↓
	○サーモインクをとかした水をビーカーに入れ，ビーカーの下の端を熱して，様子を観察する。 ○結果を確認する。		
	熱した所の水が温まって上の方へいき，上から温まっていく。		
2時間目	水が温まる時，水はどのように動いているのだろうか？ ○水が温まる時の水の動きについて予想する。 ○サーモイクラを入れた水を熱して，水の動きを観察する。 ○結果を確認する。		○まず，茶葉を入れて，水の動きを確認させる。 ○サーモイクラの動きから，水の動きについてグループでコミュニケーション活動を展開させる。 ↓
	水が温まる時，熱した所で温まった水が上に動き，温度の低い水は下に動くことをくり返している。	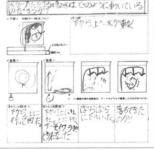	☆観察・実験を適切に実施し，記録している【知識・技能】 ☆サーモイクラの動きから，水の動きについて，根拠のある予想をしている【思考力・判断力・表現力】 ↓

111

第Ⅲ部　初等理科の学習指導

3時間目	水の温まり方について「温まる順番」と「水の動き」と分けて説明してみよう！ ○サーモインクとサーモイクラの実験をもう一度スロービデオで見てみる。 ・サーモインクの色の変化から，熱した所で温まった水が上に動き，上から順番に温まっていくことがわかる。 ・サーモイクラの動きから，熱した所で温まった水が上に動き，温度の低い水が下に動くことをくり返して全体が温まっていくことがわかる。	○「温まる順番」と「水の動き」を混同しないように留意させる。  ○「温まる順番」と「水の動き」についてグループでコミュニケーション活動を展開させる。
	加熱部で温まった水が上に動き，温度の低い水が下に動くことをくり返して，水は上から順に温まっていく。 	☆水の温まり方について，「温まる順番」と「水の動き」を分けて説明できる【思考力・判断力・表現力】
4時間目	身体表現：サーモイクラになってみよう！ ○サーモイクラになって「水の動きや温度」「水全体が上から温まること」を表現して理解を深める。 加熱部に来ると帽子を赤に変えて上昇し，加熱直後には白帽子に変えて下へ降り，徐々に全体が赤くなる様子を表現できた。 	○多目的ホールに移動して，フラスコ内のサーモイクラの様子を赤白帽で表現させる。 ○何度か自分たちの表現した様子とサーモイクラの様子のビデオを見て比較させ，徐々に身体表現を洗練させる。 ☆サーモイクラの動きと色の変化を身体で表現できる【思考力・判断力・表現力】 ☆水の温まり方について追究する中で，主体的に問題解決しようとする【学びに向かう力・人間性等】

3　「深い学び」につながるコミュニケーション活動の様子

　　ここでは，3時間目の「温まる順番」と「水の動き」についてのコミュニケーション活動の例と，「水の温まり方」を学んだ直後の「空気の温まり方」

第11章　初等理科のグループコミュニケーション活動とその指導

のコミュニケーション活動の例を示す。

　グループコミュニケーション活動は，6人掛けの実験テーブルを3名ずつの2グループに分け，各グループで司会者・説明者・質問者の役割を順番に担当させ，全員に説明させた。3時間目のグループコミュニケーション活動では，各自で図11-9のワークシートに自分の考えを「全体が温まる順番」と「水の動き」に分けて書かせた後，図11-9のようなコミュニケーション活動を役割を交換させながらくり返させた。その際，質問者は少なくとも「水はどのような順番で温まりますか？」「水はどのように動きますか？」の2点について質問するように求めた。1時間目で獲得したコア知識「温まった水が上に動き，上から順に温まる」，2時間目で獲得したコア知識「温められた水は上に動き，温度の低い水が下に動くのをくり返して，全体が温まる」を適用して，温まる順番にも，水の動きについても筋の通った説明ができていたことがわかる。

司会者：説明者の○○さん，水の温まり方を説明して下さい。
説明者：加熱部で温まった水が上に動き，温度の低い水が下に動いて温まっていきます。
司会者：質問者の△△さんは，○○さんに質問して下さい。
質問者：水はどのような順番で温まりますか？
説明者：水は上から順に温まっていきます。
質問者：水はどのように動きますか？
説明者：加熱部で温まった水が上に動き，温度の低い水が下に動くことをくり返します。
質問者：その考えは，スジが通っていますか？
説明者：通っていると思います。

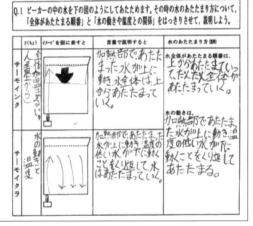

図11-9　3時間目のグループコミュニケーション活動の例

　4時間目には，児童自身がサーモイクラの粒になったつもりで，温められる様子を表現し，「一回上に上がって降りてきたイクラが白くならないのはおかしいと思います」のようにお互いの理解不足を補い合い，加熱部の所に来ると帽子の色を赤に変えて上昇し，加熱直後には白帽子に変えて下へ降りてきて，徐々に全体が赤くなって，水の温まる様子をうまく表現できた。

　「水の温まり方」を学んだ直後の「空気の温まり方」のグループコミュニケーション活動では，図11-10のワークシートに「空気の温まり方」について予想させ，図11-10のようなグループコミュニケーション活動が役割を変えてくり返された。「水の温まり方」で学んだ「見方・考え方」を「空気の温まり方」にも働かせて，一貫した説明ができていたことがわかる。

113

司会者：説明者の〇〇さん，部屋の中の空気の温まり方を説明して下さい。
説明者：ストーブで温められた所から，温まった空気は上にいき，温度の低い空気が下へいき，それをくり返して全体は上から温まると思います。
司会者：質問者の△△さんは，〇〇さんに質問して下さい。
質問者：空気が温まる時，空気はどのように動いていますか？　空気の動きと温度との関係をはっきりさせて説明して下さい。
説明者：ストーブで温まった空気は上にいき，温度の低い空気は下にいき，それをくり返すと思います。
質問者：空気全体は，どのような順番で温まっていきますか？
説明者：全体は上から温まると思います。

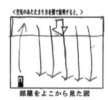

図11-10　「空気の温まり方」の予想の例

ビーカーに水を入れて，図のようにして水を温めていきます。水が温まっていくと思う順番（じゅんばん）について，A～Cの記号（きごう）を使って答えてください。

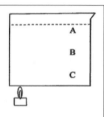

水の「温まり方」を図と言葉を用（もち）いて説明（せつめい）してください。
（図で説明すると）　　（言葉で説明すると）

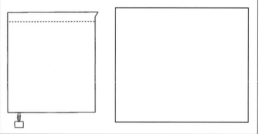

図11-11　事前・事後調査問題

Level 0：誤答・無回答など
Level 1：水が温まる順番（ABC）正解のみ
Level 2-1：水が温まる順番（ABC）正解，「上から温まる」などの温まる順番に焦点を当てた説明
Level 2-2：水が温まる順番（ABC）正解，「温かい水が上に移動」などの水の動きに焦点を当てた説明
Level 3：水が温まる順番（ABC）正解，「温かい水が上に，冷たい水が下に移動するのを繰り返して，全体が上から順に温まる」などの温まる順番と水の動きを統合した説明（以下がLevel 3の例）

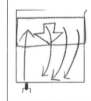

図11-12　Level分けとLevel 3の回答例

4　「深い学び」の評価

　この授業を受けた第4学年34名と，比較のために教科書に沿って3時間の「水の温まり方」授業を受けた公立の他校の第4学年24名を対象に，「ものの温まり方」の単元導入前と単元終了時に，事前・事後調査を実施した。図11-11のように水の温まる順番と水の温まり方を説明させる課題に回答させ，事前・事後の回答を図11-12のLevel 0からLevel 3に分けて，該当数（割合）を表11-

第11章　初等理科のグループコミュニケーション活動とその指導

1に示した。

表11-1　事前・事後調査結果の推移

Level	本校（N=34）事前	本校（N=34）事後	他校（N=24）事前	他校（N=24）事後
3	0 (0.0%)	17 (50.0%)	0 (0.0%)	0 (0.0%)
2-2	0 (0.0%)	13 (38.2%)	0 (0.0%)	3 (12.5%)
2-1	2 (5.9%)	1 (2.9%)	4 (16.7%)	10 (41.7%)
1	0 (0.0%)	1 (2.9%)	1 (4.2%)	6 (25.0%)
0	32 (94.1%)	2 (5.9%)	19 (79.2%)	5 (20.8%)

　事前調査の段階では、本校32人（94.1%）、他校19人（79.2%）がLevel 0であったが、事後調査の段階では、本校では「深い学び」のLevel 3の説明が17人（50.0%）と最も多くなっていた。本校の半数の児童が水の温まる順番と水の動きを統合したLevel 3の説明ができたのは、サーモインク・サーモイクラの観察結果を水の温まる順番と水の動きに分けてコミュニケーション活動を展開し、身体表現によってお互いの理解不足を補い合った成果だといえよう。

　他校では、教科書通りに「水は上から順番に温まる」とまとめたので、Level 2-1が10人（41.7%）と最も多く、Level 3には至らなかった。

Exercise

① 現在日本で展開されている理科のコミュニケーション活動の事例を調べ、どのような方法が用いられているのかについてまとめてみよう。
② 日本の理科授業におけるコミュニケーション活動には、どのような効果が報告されているのか、調べてまとめてみよう。

次への一冊

山下修一『一貫した説明を引き出す理科のコミュニケーション活動』東洋館出版社、2013年。
　　コアとなる知識を明示し、子どもたちのコミュニケーション活動を通して、一貫した説明を引き出すための方法と事例を紹介しており、小・中学校全単元を網羅したガイドも掲載している。

引用・参考文献

秋保佳弘「もののあたたまり方の見方や考え方を養う理科学習」平成25年度千葉県長期

研修生研究報告書，2013年。

Biggs, J. and Tang, C., *Teaching for quality learning at university: What the student does*, New York: Open University Press, 2011, pp. 29.

中央教育審議会「用語集」2012。http://www.mext.go.jp/component/b_menu/shingi/toushin/__icsFiles/afieldfile/2012/10/04/1325048_3.pdf（参照日2017. 10. 24）

群馬県生涯学習センター「平成15年度『おもしろ科学教室』」2003。http://www.manabi.pref.gunma.jp/bunrui/gakupro/08010071/index.html（参照日2017. 10. 24）

市川伸一「概念，図式，手続きの言語的記述を促す学習指導――認知カウンセリングの事例を通しての提案と考察」『教育心理学研究』48，2000年，361～371ページ。

国立教育政策研究所編『生きるための知識と技能3』ぎょうせい，2007年，38ページ。

Lewis, C.「米国における日本型授業研究の現在」International math-teacher professionalization using lesson study "Project IMPULS at TGU" NEWS Vol.1, 2011, pp. 2-5.

文部科学省『小学校学習指導要領（平成29年告示）解説理科編』東洋館出版社，2018年。

Newton, P., Driver, R. and Osborne, J., "The place of argument in the pedagogy of school science", *International Journal of Science Education*, 21, 1999, pp. 553-576.

山下修一「小・中学校理科全単元をつなぐコア知識一覧表の利用意識と試行授業の影響」『理科教育学研究』52（2），2011年，143～153ページ。

山下修一『一貫した説明を引き出す理科のコミュニケーション活動』東洋館出版社，2013年。

山下修一「学習内容も吟味する理科授業研究」『理科の教育』65（3），2016年，153～157ページ。

Yeo, J., Tan, S. C. and Lee, Y. J., "A learning journey in problem-based learning in a physics classroom", *The Asia-Pacific Education Researcher*, 21（1），2012, pp. 39-50.

第12章
初等理科の言語活動とその指導

〈この章のポイント〉
　学習と言語との関わりについては，さまざまな水準でその重要性を指摘することができる。本章では日本における教科指導の基準として，学習指導要領における言語活動の位置づけを確認し，その後，理科の学習論の観点から言語の役割について概説する。そして最後に，初等理科授業における指導の手立てについて具体例をもとに学んでいく。

1　言語活動の充実

　学習における言語の役割の重要性が認識されてきている。無論，これまでの授業で言語が蔑ろにされていたわけではなく，むしろ，ほぼすべての授業において言語を用いて教科の学習が行われてきた。それが，学習指導要領［2008（平成20）年改訂］で「言語活動の充実」が謳われて以降，『言語活動の充実に関する指導事例集』[1]など，教科指導において言語活動を意識した書籍などが多数刊行されるなど，にわかに学習と言語に対する関心が盛り上がりを見せている。
　本節では，なぜ言語活動を充実させる必要があるのかについて，次の2点から整理を行う。それらは，第一に，学習指導要領という日本の教育を方向づける教育課程上の論点として，第二に，言語活動の充実と子どもの認識という論点としてである。

▷1　『言語活動の充実に関する指導事例集』には，以下のものがある。
・文部科学省『言語活動の充実に関する指導事例集小学校版』教育出版，2011年。
・文部科学省『言語活動の充実に関する指導事例集中学校版』教育出版，2012年。
・文部科学省『言語活動の充実に関する指導事例集高等学校版』教育出版，2014年。

[1]　言語活動の充実と学習指導要領

　理科の授業において言語活動を充実させることが必要か否かを尋ねられたならば，多くの人が「必要だ」と答えるだろう。それでは，なぜ言語活動を充実させることが必要と考えられているのだろうか。この問いに対する答えとして「学習指導要領に記載されているから」というのも理由の一つとしてあげられるだろう。学習指導要領［2008年改訂］では，言語活動の充実を教育内容に関する主な改善事項の一つとして指摘し，次のように記述がなされている。

　各教科等の指導に当たっては，児童の思考力，判断力，表現力等をはぐくむ観点から，基礎的・基本的な知識及び技能の活用を図る学習活動を重視するとともに，言語

第Ⅲ部　初等理科の学習指導

▷2　子どもたちの学力調査について主なもののうち，日本国内で行われている調査としては，教育課程実施状況調査（国立教育政策研究所），全国学力・学習状況調査（文部科学省・国立教育政策研究所），国際的な調査としては，PISA調査（OECD），TIMSS（IEA）等がある。

▷3　なお，小学校の新学習指導要領の総則には次のような記述がある。
「基礎的・基本的な知識及び技能を確実に習得させ，これらを活用して課題を解決するために必要な思考力，判断力，表現力等を育むとともに，主体的に学習に取り組む態度を養い，個性を生かし多様な人々との協働を促す教育の充実に努めること。その際，児童の発達の段階を考慮して，児童の言語活動など，学習の基盤をつくる活動を充実するとともに，家庭との連携を図りながら，児童の学習習慣が確立するよう配慮すること。」（第1章 総則 第1の2の(1)）
「各学校においては，児童の発達の段階を考慮し，言語能力，情報活用能力（情報モラルを含む。），問題発見・解決能力等の学習の基盤となる資質・能力を育成していくことができるよう，各教科等の特質を生かし，教科等横断的な視点から教育課程の編成を図るものとする。」（第1章 総則 第2の2の(1)）
「第2の2の(1)に示す言語能力の育成を図るため，各学校において必要な言語環境を整えるとともに，国語科を要としつつ各教科等の特質に応じて，児童の言語活動を充実すること。」（第1章 総則 第3の1の(2)）

に対する関心や理解を深め，言語に関する能力の育成を図る上で必要な言語環境を整え，児童の言語活動を充実すること。
（第1章 総則 第4の2の(1)）

また，理科に関する記述としては次のように記述されている。

観察，実験の結果を整理し考察する学習活動や，科学的な言葉や概念を使用して考えたり説明したりするなどの学習活動が充実するよう配慮すること。
（第2章 各教科 第2節 第3の1の(2)）

すでに指摘したように，これまでも言語を用いて授業が行われてきているにもかかわらず，学習指導要領に「言語活動を充実すること」と記述された背景の一つとして，国内外で行われている各種学力調査の結果をあげることができる。すなわち，これら学力調査であぶりだされた日本の子どもたちの学力状況として，思考力・判断力・表現力等を問う読解力や記述式の問題に課題がみられ，また，こうした諸力を育むためにはレポートの作成や論述といった知識・技能を活用する学習活動を各教科で行い，言語能力を高める必要があると考えられたのである（文部科学省，2016a）。

言語活動の充実が学習指導要領上に位置づけられるようになってから，おおよそ10年の年月が過ぎ，2017（平成29）年3月に新しく学習指導要領が公示された。新学習指導要領においても，言語が子どもたちの学習活動を支える重要な基盤となるものとして，言語能力の育成を図る観点から，引き続き言語活動を充実させることが規定されるなど，教育課程全体においてその充実を図り，育成することが目指されている。新学習指導要領における言語活動に関する記述（理科に関する部分）を下に抜粋する。

問題を見いだし，予想や仮説，観察，実験などの方法について考えたり説明したりする学習活動，観察，実験の結果を整理し考察する学習活動，科学的な言葉や概念を使用して考えたり説明したりする学習活動などを重視することによって，言語活動が充実するようにすること。
（第2章 各教科 第4節 理科 第3の2の(1)）

2　言語活動と子どもの認識

学習指導要領［2008年改訂］に言語活動の充実が明記されたことで，学校教育の実践の場では，それを実現させようと多くの取組みがなされてきているはずである。こうした授業を受けてきた子どもたちは，それらの実践をどのように受け取っているのだろうか。全国学力・学習状況調査をもとに概観していこう。

2015年度の調査では，言語活動に関する学習状況を把握するための質問項目

第12章 初等理科の言語活動とその指導

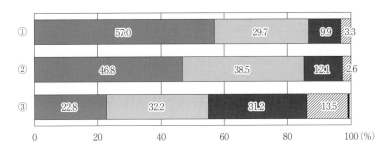

【凡例】
■ 当てはまる　　■ どちらかといえば，当てはまる
■ どちらかといえば，当てはまらない　▨ 当てはまらない
■ その他　　□ 無回答

図12-1　言語活動の充実に関する児童の認識

が児童質問紙に設定されている。そのなかから，言語活動を意識した授業を受ける機会がどの程度あったと認識しているのかという視点から，「①（5年生までに受けた）授業では，自分の考えを発表する機会が与えられていたと思いますか」，「②（5年生までに受けた）授業では，学級の友達との間で話し合う活動をよく行っていたと思いますか」の2項目を，理科の授業に直接的に関わる設問として「③理科の授業で，自分の考えをまわりの人に説明したり発表したりしていますか」を取り上げ，その結果を図12-1に示す（文部科学省他, 2015）。

図12-1の①を見ると，全体の87％弱の児童が肯定的に回答をしており，理科を含めた授業のなかで自分の考えを発表する機会が与えられていると感じていることがわかる。また，②からは，85％強の児童が「学級の友達との間で話し合う活動をよく行っていた」と回答していることから，個々に発表をする機会だけではなく，友達間で話し合う活動も授業時間のなかで確保されていると感じていることをうかがい知ることができる。理科の授業に対する児童の認識としては，③の「理科の授業で，自分の考えをまわりの人に説明したり発表したりしていますか」という質問項目によって把握することが可能で，この項目に対する肯定的回答は55％である。先の①，②にみた質問項目に比べ肯定的回答が少なくなっていることがわかる。この質問項目からは，教科理科において自分の考えをまわりの人に説明したり発表したりする活動自体が他教科と比べて相対的に少ないのか，あるいは，活動の機会はあるものの児童自身がこの活動にうまく携わることができていないのかという判断はできないものの，①，②から読み取れる児童の回答の傾向とは様相が異なっていることがわかるだろう。

ここまでは，児童の認識について整理してきたが，次に，授業を行っている学校／教師と生徒の認識という点で相互の実態を把握したい。2017年度調査に

▷4　全国学力・学習状況調査は，子どもたちの学力状況を把握するために2007年度より実施されている。当該調査は，国語と算数・数学について調査が毎年継続的に行われているが，理科についても，2012年度より3年に一度の頻度で調査が実施されている。

▷5　2015年度調査では，児童の学習状況（言語活動）に関する調査項目として，次の8項目が設定されていた。末尾の括弧は2015年度調査の際の児童質問紙の質問番号を表している。
・友達の前で自分の考えや意見を発表することは得意だ（7）
・友達と話し合うとき，友達の話や意見を最後まで聞くことができる（8）
・授業では，自分の考えを発表する機会が与えられていたと思う（38）
・授業では，学級の友達との間で話し合う活動をよく行っていたと思う（39）
・授業では，学級やグループの中で自分たちで課題を立てて，その解決に向けて情報を集め，話し合いながら整理して，発表するなどの学習活動に取り組んでいたと思う（40）
・400字詰め原稿用紙2～3枚の感想文や説明文を書くことは難しい（44）
・学校の授業などで，自分の考えを他の人に説明したり，文章に書いたりすることは難しい（45）
・学級の友達との間で話し合う活動を通じて，自分の考えを深めたり，広げたりすることができている（46）

119

表12-1 学校質問紙と児童質問紙のクロス集計（自分の考えを発表する機会が与えられていた）
(％)

学校の回答＼児童の回答	当てはまる	どちらかといえば，当てはまる	どちらかといえば，当てはまらない	当てはまらない
よく行った	54.5	31.2	10.8	3.3
どちらかといえば，行った	51.4	32.3	12.3	4.0

出所：表12-1，12-2とも文部科学省他（2017）より一部抜粋。

表12-2 学校質問紙と児童質問紙のクロス集計（学級の友達との間で話し合う活動をよく行っていた）
(％)

学校の回答＼児童の回答	当てはまる	どちらかといえば，当てはまる	どちらかといえば，当てはまらない	当てはまらない
よく行った	48.8	36.8	11.7	2.6
どちらかといえば，行った	44.5	38.5	13.7	3.2

おいては，理科にかかわる調査は行われていないが，先にあげた2つの項目について学校質問紙と児童質問紙とのクロス集計を行っている。この結果を表12-1，表12-2に示す（文部科学省他，2017）。

表12-1，表12-2からは，学校／教師の意図と児童の認識との間のずれを見て取ることができる。つまり，学校／教師は，発言や活動の時間を確保して授業を進めたと認識していたり，あるいは，学級やグループで話し合う活動を授業などに取り入れたと認識していたとしても，一定数の児童はその学校／教師の意図とは異なる認識を抱いている。

また，新学習指導要領の改訂にあたって，言語活動の充実について成果と課題がまとめられている。そこでは，「多くの小・中学校で言語活動を意識した活動に取り組んでいる」点，「言語活動の充実が児童生徒の学力の定着に寄与している」点を成果として指摘する一方で，「単なる話し合いにとどまり形骸化」してしまったり，「言語活動を行うことが目的化」してしまうなど「言語活動についての目的意識や，教科等の学習過程における位置づけが不明確であったり，指導計画等に効果的に位置づけられていないことがある」点，「言語活動を行うことに負担を感じている教師や，時間を確保することが困難と考えている教師が少なくない」点を課題として報告している（文部科学省，2016b）。

ここまでを整理すると，授業全体としては，友達との間で話し合ったり，自分の意見を発表したりする機会はあるものの，理科の授業については，説明したり，発表したりしているとする児童の認識割合が相対的に低いこと，そして，学校／教師はそのような活動を行っていたと考えていたとしても，そのように思っていない児童が一定割合存在することが報告されていること，さらには，学習指導要領［2008年改訂］に言語活動の充実が謳われることによって，

多くの小中学校で言語活動を意識した活動に取組みが認められてはいるものの，言語活動を行うこと自体が目的化してしまったり，単なる話し合いにとどまる例が見られることを課題として指摘することができる。

このように見てくると，話し合いをさせたり，発表をさせたりという形を授業実践に取り入れるだけではなく，理科という教科において，言語活動を充実させることにどのような意味があるのか，という教科理科における言語活動の位置づけ／意味づけを今一度問い直すことが必要であろう。

2　学習論研究における言語

「なぜ言語活動を充実させることが必要と考えられているのだろうか」という問いを，前節で提起したが，この問いに対して，ここでは，子どもがどのように学ぶのか，という学習の捉えとその捉えにおける言語活動の意味という点から整理を行っていきたい。

教育とは，学習者の望ましい変容を期して行われる意図的合目的的営みである。そのため，理科の授業場面を切り取ってみても，どのような内容を，どのような教材を用いて，どのような活動を通して教授するのか等，意図をもって授業を組織していくことが必要である。こうした意図的な授業の組織にあたってその根拠を与えるものの一つが，学習をどのように捉えるのか，という学習論である。

言語活動に高い優先性を与える学習論として，構成主義（とくに社会的構成主義）に基づく学習論，状況主義に基づく学習論を指摘することができる。これら2つの学習の捉えについてふれることにする。

1　学習成立の「手段」としての言語活動

構成主義に基づく学習観では，学習者の学びを，知識の構成，または，既有知識の精緻化，再構造化と捉えている（湯澤，1998）。つまり，知識を何か交換可能なパーツとして捉えるのではなく，個人的，あるいは，社会的に「構成されるもの」として捉えている。スコットらは科学の概念の学習に関する広範な文献を精査し，社会的構成主義に共通する特徴を下に示す4点に整理している（Scott et al., 2007）。

(1) 科学的知識の学習は，社会的水準から個人的水準への移行を含む。
(2) 学習のプロセスは，学習者による個人的意味づけの結果として生じる。
(3) 学習はさまざまな記号資源（semiotic resources）によって影響を受け，最も重要なものは言語である。
(4) 科学を学習することには，科学コミュニティの社会言語を学習することが含まれる。それは，教師，あるいは，他に知識のある人間によって学習者

に導入されなければならない。

　子どもの学習場面を単純化して言うなら，教室という社会的な状況のなかで，子ども一人ひとりの個別的な考えや思い，関心等が，言語を媒介として他者や他の考えや思いと相互に関わり合い，そのなかで，徐々に知識が練りあげられていくと考えるのである。この意味で言語活動は，構成主義に基づく学習を成立させるための「手段」として捉えることができる。

2　学習の「目的」としての言語活動

　状況主義に基づく学習観では，学習を文化実践への参加として捉えている（湯澤，1998）。レイヴらによると「学習者は否応なく実践者の共同体に参加するのであり，また，知識や技能の修得には，新参者が共同体の社会文化的実践の十全的参加（full participation）へと移行していくことが必要」であるとされている（レイヴ&ウェンガー，1993）。参加としての学習に共通する特徴をスコットらは次のように整理している（Scott et al., 2007）。

　⑴学習は特定のコミュニティの実践において展開している参加のプロセスであるとみなす。
　⑵学習者は徒弟の役割を演じ，こうした事実から見れば，教師は熟達した参加者とみなされる。
　⑶学習されるべきものは，実践や談話のいくつかの側面を含んでいる。

　これらを理科の学習という文脈で考えると，理科では，自然科学の内容を主な学習内容（それだけではないが）としているため，自然科学を行う科学者コミュニティへの参加のプロセスとして理科の学習を捉えるのである。ここで注意したいのは，学習者が学ぶものは，科学の知識や法則だけではなく，科学者が彼らのコミュニティにおいて行っているような，実践（例えば，科学者の行う観察や実験など）や談話（例えば，科学者が仮説を立証するための論の立て方や議論の仕方など）までもがその射程におさめられており，科学者の行うような実践や談話を通すことで，科学者コミュニティのなかに流れる問いの立て方・答え方といった価値規範を学び，科学者の文化に参加していくプロセスを学習として捉えているという点である。ここでは，科学者の行っている実践の一つとして，科学者に特有な談話様式を修得するという，いわば「目的」としての言語活動を位置づけることができる。

3　言語活動充実のための指導

　2008（平成20）年の中央教育審議会答申においては，思考力・判断力・表現力等を育むための学習活動の例として，次に示す 1 ～ 6 の活動をあげて

いる。このそれぞれについて『言語活動の充実に関する指導事例集小学校版』に記載のある理科の授業を指導事例として，指導の要点を整理していこう。以下に紹介する例は，すべて『言語活動の充実に関する指導事例集小学校版』から抜粋している。

1 体験から感じ取ったことを表現する活動

理科の学習では，体験や経験よりも，観察や実験で得られたデータや事実の記述に重きが置かれがちだが，構成主義に基づく学習理論を踏まえると，子どもたちは正規の授業を受ける前から，日常的な体験や経験をもとに子ども独自のものの見方や考え方をもっており，それを授業にもち込み正規の授業内容との相互作用によって知識を構成すると考えるため，体験から感じ取ったことを表現するという活動は，学習を成立させるうえで重要な活動の一つである。このとき，体験したり経験したりしたことを言語を用いて表現させたり，他者と共有させたり，自身の考えや体験を表出させることで，先行知識と科学的な知識とのすりあわせが容易になると考えられる。例えば，てこの学習において，校庭に刺さった杭などを実際に児童に引っ張らせ，力いっぱい引っ張っても抜けないことを体験させた後，煉瓦と棒を用いることで容易に抜くことができる場面を設定し，てこのきまりや法則を表現させることで，てこの原理について，科学的な言葉だけではなく，実感をもって理解することができる。

2 事実を正確に理解し伝達する活動

観察・実験で得られたデータ等を正確に記録し，グループ全体，あるいはクラス全体に共有するような学習場面が考えられる。例えば，豆電球，導線，乾電池をつないで豆電球に明かりがつくつなぎ方と，明かりがつかないつなぎ方について図と言葉を使って記録させ，豆電球に明かりがつくつなぎ方は，豆電球，導線，乾電池がどのようにつながっているのかを説明させる。そして，つなぎ方について比較を行い，それぞれを分類，整理し，明かりがつくつなぎ方について共通点を見出すことによって，豆電球，導線，乾電池が輪のようにつながっていることに気づかせ，児童の表現した「輪」という言葉は「回路」という科学的な言葉と同じであることを伝える。このように児童の観察・実験した結果を図や言葉で捉えさせ，事実を理解・伝達することで「回路」という科学的な言葉を習得する展開が考えられる。

3 概念・法則・意図などを解釈し，説明したり活用したりする活動

既知の概念や法則などを，他の場面に応用したり，または，身近な自然現象

をそれらの概念や法則などで説明をしたり，あるいは，以前の学習を思い出しながら，新しい事象の予想を行ったりする学習場面が考えられる。例えば，昆虫の体のつくりについての学習場面で，モンシロチョウなど子どもたちにとって馴染みのある昆虫について絵を描かせてみる。モンシロチョウを見たり，名前を聞いたりしたことがあっても体のつくりに着目して観察をした経験はあまりないので，なかなか描くことができない。ここでモンシロチョウの体のつくりはどうなっているのだろうという疑問をもった児童に対して，改めてモンシロチョウの観察を行わせ，頭，胸，腹に分かれること，足は胸から6本あることを確認し，昆虫の特徴を把握させ，昆虫の定義を行う。その後，身近に見られる虫をいくつか提示して，それが昆虫かどうかについて話し合う活動を行わせる。そうすると，それまではダンゴムシもテントウムシもモンシロチョウも同じ「虫」として捉えていたものが，「昆虫」という科学的な言葉によって捉えなおされていく。このように，学習内容に対して関心をもたせ，その後，科学的な言葉や概念を押さえたうえで，他の事例や場面に当てはめるような機会を設定することによって概念・法則・意図などを解釈し，説明したり活用したりする活動を行うことができる。

4 情報を分析・評価し，論述する活動

　理科では観察や実験の結果を踏まえて考察を行ったり，または，観察や実験そのものを評価したり，あるいは，自分の考えを整理したり人に伝えたりするために論述させるような学習活動が考えられる。例えば，腕を曲げたときの筋肉のようすから，骨と筋肉のつくりや働きと腕の動きとを関係づけるような授業では，腕を曲げたときの骨と筋肉のようすを視覚的に捉えられるような立体モデルを活用する方法がある。指導資料のなかでは，角材2本を組み合わせ，180°まで開くようにして見立てた肘の関節モデルを用いている。そして，単純な操作に終始してしまわないように，筋肉に見立てたバネをかけるためのフックを木材にとりつけ，どのようにバネがついていれば角材の接続部分を曲げることができるのか（どのように筋肉がついていれば肘を曲げることができるのか）をモデル図に描いて予想させ，その後，個々の予想を検証し，説明をさせる。こうすることで，得られた情報を基にモデル図やモデルを用いて説明活動を行うことができ，骨と筋肉の働きと腕の動きとを関係づけて言葉で整理し，理解を深めることができる。

5 課題について，構想を立て実践し，評価・改善する活動

　予想や仮説を検証するための観察や実験の計画を立てて実際に行ったりすることや，実験方法の妥当性や信頼性について評価し，改善する活動等が考えら

れる。例えば，発芽の条件についての学習場面において，種子と発芽したばかりの芽を比較するなどし，児童同士で発芽の条件について話し合わせることで，それまでの経験からさまざまな条件について着目をさせる。次に，どのようにしたらそれらの条件を調べることができるのか，実験方法をワークシートなどに記述させ，調べたい条件以外の条件はどうしたらいいのか等，他の条件についても話し合わせることで，実験計画の妥当性について評価を行うことができる。このように条件に着目させた後に，他者と実験計画の妥当性について討論させる等することで，課題について構想を立て実践し，評価・改善する場面を設定することができる。

6 互いの考えを伝え合い，自らの考えや集団の考えを発展させる活動

児童一人ひとりに自分の考えをもたせ，それを他者と共有することで，自分一人では気づかなかった気づきや視点を得ることができる。また，自分では思いもよらなかった解釈を知ることができたり，自身の解釈の不備を指摘されたりすることで，全体として考えを発展させることができる。互いに意見を伝え合うことで，全体のパフォーマンスや考えを発展させることができるのである。例えば，ゴムカーをゴムに引っかけて離したときのゴムの伸びとゴムカーの進んだ距離との関係を分散図などに表し，規則性について気づかせる。その後，3人一組でチームをつくり，ゴムカーを3回進ませる，3人が交代してゴムカーを1回ずつ進ませる，ゴールラインに一番近づけてゴムカーを止めたチームの勝ち，といったルールを設定したゴムカーゲーム等を行うことで，ゲームに勝利するために必然的に分散図で表したゴムの伸びとゴムカーの移動距離との関係について話し合う場面がチームのなかで生じる。このように明確なゴールや話し合うことの必然性を意識させることで，互いの考えを伝え合い，自らの考えや集団の考えを発展させる場面を設定することができる。

Exercise

① 学習指導要領［2008年改訂］において「言語活動の充実」が記述されるようになった背景について，2008年1月17日の中央教育審議会答申と『言語活動の充実に関する指導事例集小学校版』の第1章を参考にして整理してみよう。
② 構成主義に基づく学習の捉えを踏まえた小学校理科の授業の展開を考えてみよう。

📖次への一冊

レイヴ，J. & ウェンガー，E.，佐伯胖訳『状況に埋め込まれた学習——正統的周辺参加』産業図書，1993年。
　本書は，学習を実践者共同体への参加のプロセス（社会的共同参加と表現されている）と捉え，いくつかの事例を踏まえて論じている。参加としての学習を理解するうえで読んでおきたい一冊である。

佐伯胖・藤田英典・佐藤学編『科学する文化』東京大学出版会，1995年。
　科学の文化実践に流れるディスコース（＝談話）と科学の学びについてふれられている。本章では紙幅の関係で割愛せざるを得なかった科学（理科）教育における言語活動の意味について考えることのできる一冊。

大髙泉・清水美憲編『教科教育の理論と授業Ⅱ　理数編』協同出版，2012年。
　理科教育学，数学教育学にかかわりのある諸理論について書かれた書である。とくに，第Ⅱ部理科編，第4章は，理科の学習論について書かれており，本章とのかかわりも深い。

文部科学省『言語活動の充実に関する指導資料小学校版——思考力，判断力，表現力等の育成に向けて』教育出版，2011年。
　言語活動の充実に関する基本的な考え方，言語の役割を踏まえた言語活動の充実，言語活動を充実させる指導と事例について記載されている。文部科学省の言語活動に対する基本的な考え方について理解し，具体的実践例を知るために手元においておきたい。文部科学省ホームページからもダウンロードして閲覧することができる。

引用・参考文献

レイヴ，J. & ウェンガー，E.，佐伯胖訳『状況に埋め込まれた学習』産業図書，1993年。

文部科学省「幼稚園，小学校，中学校，高等学校及び特別支援学校の学習指導要領等の改善及び必要な方策等について（答申）」2016年a。

文部科学省「幼稚園，小学校，中学校，高等学校及び特別支援学校の学習指導要領等の改善及び必要な方策等について（答申）　補足資料」2016年b。

文部科学省・国立教育政策研究所「平成27年度　全国学力・学習状況調査　報告書　質問紙調査」2015年。

文部科学省・国立教育政策研究所「平成29年度　全国学力・学習状況調査　報告書　質問紙調査」2017年。

Scott, P., Asoko, H. and Leach, J., "Student Conceptions and Conceptual Learning in Science", Abell, S. and Lederman, N. (eds.), *Handbook of Research on Science Education*, Lawrence Erlbaum Associates Inc., 2007, pp. 31-56.

湯澤正通「学校の授業は子どもの生きる力を育てているか？」湯澤正通編著『認知心理学から理科学習への提言』北大路書房，1998年，2～22ページ。

第13章
初等理科の観察活動とその指導

〈この章のポイント〉
　初等理科では，ほとんどの学習内容に観察が含まれている。観察の指導にあたっては，理科を構成する領域ごとの「見方」，学年ごとの「考え方」を踏まえ，観察の観点，方法，記録の仕方を明確化することが大切である。自然の認識は，目的を定めて自然の事物・現象の様相を捉える観察から始まり，観察には五感を使う。本章では，観察の定義・意義，五感，感覚器官と観察事項，そして観察活動の種類を確認したうえで，初等理科における観察活動の留意点について実践事例を通して解説する。

1　観察活動の意義

1　観察の定義

　小学校理科では，従来より問題解決の過程を通じた学習活動が重視されており，問題解決の過程のなかでもとくに，観察・実験は理科の特色であり，新学習指導要領理科でも観察・実験の一層の充実が図られている。小学校の新学習指導要領の理科の目標には，「見通しをもって観察，実験を行うこと」が明記されている。

　観察とは一般に，「目的を定めて自然の事物・現象を見ること」，実験とは「自然の事物・現象に対して人工的に手を加え，一定の条件を作り出すことによって観察すること」と定義される（庭野，1993，225～253ページ）。したがって，実験は，広い意味では観察のなかに含めて考えることもできる（鶴岡，

▷1　「見通しをもつ」とは，児童が自然に親しむことによって見出した問題に対して，予想や仮説をもち，それらを基にして観察，実験などの解決の方法を発想することである（文部科学省，2018，14～15ページ）。

図13-1　自然科学における観察・実験
出所：武田（1977）。

1991, 149～161ページ）。『小学校学習指導要領解説理科編』においては, 観察は「実際の時間, 空間の中で具体的な自然の事物・現象の存在や変化を捉えること」であり,「視点を明確にもち, 周辺の状況にも意識を払いつつ, その様相を自らの諸感覚を通して捉えようとする活動」であること,「観察, 実験は, 明確に切り分けられない部分もあるが, それぞれの活動の特徴を意識しながら指導することが大切」であることが明示されている（文部科学省, 2018, 14～16ページ）。観察, 実験は連続的なものであり, 前頁の図13-1のような関係になっている。

2　観察の意義

『小学校学習指導要領解説理科編』では, 小学校理科における観察の意義は, 実験と合わせて,「観察, 実験を行うことなど」の意義として以下のように示されている（文部科学省, 2018, 14～16ページ）。

> 理科の観察, 実験などの活動は, 児童が自ら目的, 問題意識をもって意図的に自然の事物・現象に働きかけていく活動である。そこでは, 児童は自らの予想や仮説に基づいて, 観察・実験などの計画や方法を工夫して考えることになる。観察, 実験などの計画や方法は, 予想や仮説を自然の事物・現象で検討するための手続き・手段であり, 理科における重要な検討の形式として考えることができる。

観察, 実験のなかでも観察は, 自然認識の過程で最も基本的で主要な技法である。そして自然の認識は, 観察から始まる。したがって, 自然の事象を探究する際に果たす役割は大きい。自然の事象を観察して問題を発見し, その問題解決のために観点を変えたり, 操作を加えたりしてまた観察をし, 結論を導く段階では事実確認のためさらに観察をする（福岡, 1988, 66～70ページ）。このように観察は, 自然の事象の探究のあらゆる段階で行われる重要な活動である。

2　感覚器官と観察活動

1　感覚器官と観察事項

観察というと, 前述の定義で示したように, 自然の事物・現象を「見ること」と捉えられることが多く, 視覚だけによると思われがちだが, 他の感覚もフルに生かして自然の事象にあたり, できるだけ多くの情報を収集することが大切である（福岡, 1988, 66～70ページ）。

観察は, 感覚器官を通して行われる。代表的な感覚器官として, 眼, 耳, 鼻, 舌, 及び, 皮膚がある。それぞれの感覚器官は特定の刺激を受容でき, 眼は光, 耳は音, 鼻と舌は化学物質, 皮膚は圧力・熱の刺激を受け取ることがで

▷2　「など」には, 自然の事物・現象から問題を見出す活動, 観察, 実験の結果をもとに考察する活動, 結論を導き出す活動が含まれる, としている（文部科学省, 2018, 16ページ）。

▷3　自然認識
人間と自然の対置, 自然の基本構造, 自然の変化の3点について理解することであると言われている（庭野, 1993, 222ページ）。

▷4　鼻は気体中の化学物質（化学成分）, 舌は液体・固体中の化学物質（化学成分）を受容する。

きる。それぞれの感覚器官で受容した刺激の情報は脳に伝えられ，そこで感覚が生じる。感覚には，視覚，聴覚，嗅覚，味覚，触覚の五感がある。表13-1に，人間のもつ五感と観察事項との関係を示す。

表13-1　五感と観察事項

五感（器官）	観察事項	言葉
視覚（眼）	色	赤，青，黄，黒など
	濃淡	濃い／淡い
	明暗	明るい／暗い
	模様	しま模様
	構造	穴だらけ，ち密，粒や層の集まり
触覚（皮膚）	形	丸い，四角い，細い
	サイズ	長い／短い，高い／低い，広い／狭い，厚い／薄い，大きい／小さい
	滑らかさ	滑らか／粗い
	硬さ	硬い／軟らかい
	湿り気	ぬれた／湿った／乾いた
	冷温	冷たい／温かい，熱い／涼しい／暖かい／暑い
	重さ	重い／軽い
聴覚（耳）	音の強弱	強い／弱い，大きい／小さい
	音の高低	高い／低い
	音色	するどい音，やわらかい音，金属のような音
嗅覚（鼻）	におい	酢のようなにおい，鼻をつくようなにおい
味覚（舌）	酸味	すっぱい
	甘み	甘い
	しぶ味	しぶい
	にが味	にがい
	から味	塩からい，辛い

出所：福岡（1988, 67ページ）。

2　感覚を拡張する機器

人間の五感には限界があり，対象が小さいものや遠く離れている場合など，観察も制限されてしまう。そのため，感覚を拡張するための機器が開発されてきた。とくに，視覚を拡張する機器の開発が顕著であり，他の感覚を拡張する

表13-2　五感とそれぞれを拡張する機器 [5]

五感	機器
視覚	ルーペ，顕微鏡，双眼鏡，望遠鏡，光度計，照度計，分光器，カメラ
聴覚	聴診器，マイクロホン，スピーカー，オシロスコープ
嗅覚	ガスクロマトグラフ（臭いの成分物質の検出）
味覚	pH指示薬・pHメーター（酸味に関係），糖度計（甘味に関係）
触覚	硬度計，温度計，湿度計，示温インク

出所：鶴岡（1991, 152ページ）。

▷5　ここでは，五感とそれぞれを拡張する機器の主なもののみあげている。小学校理科で使用する機器は，表13-3，13-4に示している。オシロスコープ（時間経過とともに電気信号が変化する様子を表示する機器）やガスクロマトグラフなどは小学校理科では使用しないが，参考のため，ここに示している。また，pH指示薬や示温インクなどの試薬も，味覚・触覚などを視覚化するという意味で，五感を拡張するものと言える。

ための機器も，最終的に情報を読み取る段階では視覚化されている場合が多い（鶴岡，1991，149～161ページ）。五感それぞれを拡張する機器の代表例を前頁の表13-2に，小学校理科で使用する機器例を表13-3，13-4に示した。

子どもはこれらの機器を，観察の目的に合わせて選び，ブラックボックスとして使いこなせればよい。◁6 しかし，他方では，機器の大まかな基本原理を理解することに配慮し，指導することも必要である（鶴岡，1991，149～161ページ）。

▷6 ブラックボックスとして使いこなす，とは，必ずしも機器の構造を詳細に知っておく必要はなく，器具の使用法を習得していればよいということである。

3 観察活動の種類

観察は，さまざまな角度から種類分けすることができる。観察の観点あるいは観察対象の性格からは，定性的観察と定量的観察，または，多角的観察と集中的観察，そして変化の観察等に分けられる。観察所要時間からは，短時間の観察と継続観察とに分けられる。観察の場の視点からは，理科室等での室内観察と野外観察とに分けられる（鶴岡，1991，149～161ページ）。ここでは主要な観察活動の種類について述べる。

1　定性的観察と定量的観察

定性的観察とは，自然の事物・現象のもつ色，形，大きさ，音，におい，味，手触りなどの性質を，五感を活用して捉えることである。したがって，定性的観察によって得られる情報は，表13-1「五感と観察事項」の「言葉」に示されているような，赤い，丸い，硬い，滑らか，高い音，甘いなどで記述される，事物・現象の質的側面である。このような定性的な観察は，科学的探究の出発点となる重要な情報収集の方法となる。

定量的観察とは，自然の事物・現象を，「ある基準になるもの」を用いて，数量的に捉えることである。「ある基準になるもの」とは，一般には測定のための器具・機器や装置などであり，物差しや天秤などがそれにあたる。温度計や照度計など，表13-2に示した五感とそれぞれを拡張する機器と兼ねている場合も多い。事物・現象の大きさ，重さ，におい，甘さなどが「どのくらい」あるのかを量的側面から情報収集する方法であるため，定量的観察は，質を量に還元する測定と言える。

2　変化の観察

変化の観察とは，生物の成長，月や星の動き，化学反応，物体の運動など，事物がどのように変化するのかを捉えることである。よって，事象の時間的経過を観察することとなる。石灰水の白濁などの化学変化，振り子の動きなどの物体の運動の観察は，比較的短時間の観察となり，1回の授業時間内で実施す

ることもできる。他方で，月や星の観察，雲の様子の観察などは，1日のなかでの一定時間ごとの観察，同時刻における数日間にわたる観察が，身近な生き物の様子の観察などは，季節ごとの観察が行われ，継続観察になる。

3 野外観察

野外観察は，野外で行われる自然の事物・現象の観察である。「自然のあるがままの観察」と言われることもあり，人為的コントロールの最も少ない観察とされている。自然観察，野外実習，野外調査，巡検，フィールドワークなどと呼ばれる活動も，基本的には類似の活動を指している。

野外観察は主として，生物学領域と地学領域の学習の際に広く行われている（表13-4参照）。野外観察が行われる場所は，校庭，校舎周辺，学校周辺の田畑・林・川原・海岸・露頭などがあげられる。小学校理科では，植物・動物，天気の変化，月・太陽等の野外観察は，校庭で行われることが多い。流れる水の働き，水の中の小さな生物の観察等は学校周辺の川原まで，土地のつくりと変化の観察は，露頭のある崖まで出かけることもある。活動が夜に及ぶような月や星の観察を行う際は，子どもの自宅周辺で野外観察を行うこととなる。

4 初等理科における観察活動

児童が自然に親しむことから始まる小学校理科の学習においては，ほとんどの学習内容に観察活動が含まれている。各内容の学習において行う観察活動は，観察の目的や観点によって決まる。そして観察の目的や観点は，小学校理科の各内容の学習における「資質・能力」の育成のために働かせる「理科の見方・考え方」のとくに「見方」によって定まる。「理科の見方」すなわち「自然の事物・現象をどのような視点で捉えるかという見方」は，理科を構成する領域ごとに主となるものがあり，新学習指導要領の「エネルギー」「粒子」「生命」「地球」を柱とする各領域の「見方」は，表13-3，13-4に示した通りである。新学習指導要領では，学習内容ごとに，児童が自然の事物・現象を捉えるための視点が，「〇〇に着目して，……」のように明記されている。各内容の学習における観察活動では，この着目点を押さえる。さらに，新学習指導要領では，育成を目指す資質・能力の「生きて働く知識・技能」が各学習内容のなかでも細分化されて明記されている。この「知識・技能」に示された視点が，観察の観点となるので，その点を意識する。例えば，第3学年「生命」領域「身の回りの生物」の「身の回りの生物と環境との関わり」の学習では，「身の回りの生物について，探したり育てたりする中で，それらの様子や周辺の環境，成長の過程や体のつくり」に着目する。その際には，「野外観察」を

▷7 野外において地層・岩石などが地表に露出している場所。海岸や河岸の崖などの自然の場所の他，工事などで人工的に露出している場所もある。

▷8 「水の中の小さな生物の観察」は，学習指導要領［2008年改訂］では第5学年の「生命」領域，「動物の誕生」にて扱われているが，新学習指導要領では第6学年の「生命」領域，「生物と環境」の「生物の間には，食う食われるという関係がある」にて扱われることとなった。

▷9 学習内容「身の回りの生物」は，「身の回りの生物と環境との関わり」「昆虫の成長と体のつくり」「植物の成長と体のつくり」項目からなる。

行うこととなるが，観察の観点として「色，形，大きさなど，姿の違い」及び「周辺の環境との関わり」があげられ，測定に使う器具として，「虫めがね」と「物差し」が利用される。表13-3，13-4には，小学校理科の各学習内容とその着目点，測定に使う器具・機器の例，観察場所等を示した。

表13-3　A「物質・エネルギー」の着目点と観察機器・場所

柱	考え方	A　物質・エネルギー		※【場所】の【野外】は野外観察，それ以外は室内観察	
		エネルギー	粒子		
見方		量的・関係的な視点で捉える	質的・実体的な視点で捉える	着目	観察における測定に使う器具・機器・試薬の例，【場所】
第3学年	比較	(2)風とゴムの力の働き (3)光と音の性質 (4)磁石の性質 (5)電気の通り道	(1)物と重さ	…形や体積 …力と動く様子 …光を当てたときの明るさや暖かさ，音を出したときの震え方 …磁石を身の回りの物に近づけたときの様子 …乾電池と豆電球などのつなぎ方と乾電池につないだ物の様子	電子天秤 物差し 放射温度計，スピーカー，【野外】 豆電球
第4学年	関係付け	(3)電流の働き	(1)空気と水の性質 (2)金属，水，空気と温度	…体積や圧し返す力の変化 …体積や状態の変化，熱の伝わり方 …電流の大きさや向きと乾電池につないだ物の様子	プラスチックの注射器 温度計，示温インク，示温テープ，線香 豆電球，発光ダイオード，モーター，簡易検流計
第5学年	条件制御	(2)振り子の運動 (3)電流がつくる磁力	(1)物の溶け方	…溶ける量や様子 …振り子が一往復する時間 …電流の大きさや向き，コイルの巻数など	電子天秤，上皿天秤，温度計，メスシリンダー ストップウォッチ 方位磁針，簡易検流計
第6学年	多面的思考	(3)てこの規則性 (4)電気の利用	(1)燃焼の仕組み (2)水溶液の性質	…空気の変化 …溶けている物 …力を加える位置や力の大きさ …電気の量や働き	気体検知管，石灰水 赤・青色リトマス紙，石灰水 実験用てこ，物差し 豆電球，発光ダイオード，モーター，液晶温度計

表13-4　B「生命・地球」の着目点と観察機器・場所

柱	考え方	B　生命・地球		※【場所】の【野外】は野外観察，それ以外は室内観察 ※【時間帯】の【夜間】は夜間の観察，それ以外は昼間観察	
		生命	地球		
見方		生命を多様性と共通性の視点で捉える	地球や宇宙を時間的・空間的な視点で捉える	着目	観察における測定に使う器具・機器・試薬の例，【場所】【時間帯】

第3学年	比較	(1)身の回りの生物		…それらの様子や周辺の環境，成長の過程や体のつくり	虫めがね，物差し，【野外】
			(2)太陽と地面の様子	…日向と日陰の様子	遮光板，方位磁針，温度計，放射温度計，【野外】
第4学年	関係付け	(1)人の体のつくりと運動		…骨や筋肉のつくりと働き	温度計，虫めがね，双眼鏡，物差し，カメラ，【野外】
		(2)季節と生物		…動物の活動や植物の成長と季節の変化	虫めがね
			(3)雨水の行方と地面の様子	…流れ方やしみ込み方	
			(4)天気の様子	…気温や水の行方	温度計，【野外】
			(5)月と星	…位置の変化や時間の経過	方位磁針，時計，望遠鏡，【野外，夜間】
第5学年	条件制御	(1)植物の発芽，成長，結実		…発芽，成長及び結実の様子	温度計，ヨウ素液，虫めがね，顕微鏡，【野外】
		(2)動物の誕生		…卵や胎児の様子	虫めがね，双眼実体顕微鏡，解剖顕微鏡
			(3)流れる水の働きと土地の変化	…水の速さや量	物差し，【野外】
			(4)天気の変化	…雲の量や動き	デジタルカメラ，【野外】
第6学年	多面的思考	(1)人の体のつくりと働き		…体のつくりと呼吸，消化，排出及び循環の動き	気体検知管，ヨウ素液，聴診器，顕微鏡
		(2)植物の養分と水の通り道		…植物の体のつくり，体内の水などの行方及び葉で養分をつくる働き	ヨウ素液，【野外】
		(3)生物と環境		…生物と環境との関わり	顕微鏡，気体検知管，【野外】
			(4)土地のつくりと変化	…土地やその中に含まれる物	虫めがね，デジタルカメラ，巻尺，【野外】
			(5)月と太陽	…月と太陽の位置	方位磁針，遮光板，双眼鏡，【野外，夜間】

5　観察活動の指導

　観察の指導においてとくに留意する点は，(1)観察の観点を明確にする，(2)観察の方法を指導する，(3)観察の記録の仕方を指導する，の3点である。
　(1)については，前節にて説明した通りである。自由放任に観察させたのでは，児童が何を観察していいのかわからなくなってしまう。観察活動をする前に目的を確認し，観点を明確にさせる。(2)については，五感をそのまま使うのか，器具や機器を使って五感を拡張するのか，測定を行って定量的観察をするのかなどの観察の方法を指導する。観察の方法については，「理科の考え方」す

▷10　観察活動をする目的については，『小学校学習指導要領解説理科編』（文部科学省，2018），そして小学校理科教科書や教師用指導書に記されている内容を参照し，確認することが大切である。

なわち，小学校理科の問題解決の過程で用いる「比較，関係付け，条件制御，多面的思考」のどれを主として働かせるのかを明確にして指導する。(3)については，観察と同時に観察結果を記録する方法を指導することが重要である。この観察結果をもとにして事象を考えることにより，資質・能力の「思考力，判断力，表現力の育成等」が図れるからである。観察の指導では以上のことに留意し，「主体的に問題解決しようとする態度」を養うことが大切である。

実践事例として，小学校第4学年「季節と生物（夏）」の学習内容を取り上げる。まず，新学習指導要領における「季節と生物」の目標を以下に示す。

> 身近な動物や植物について，探したり育てたりする中で，動物の活動や植物の成長と季節の変化に着目して，それらを関係付けて調べる活動を通して，次の事項を身に付けることができるように指導する。
> ア　次のことを理解するとともに，観察，実験などに関する技能を身に付けること。
> 【知識及び技能】
> (ア)　動物の活動は，暖かい季節，寒い季節などによって違いがあること。
> (イ)　植物の成長は，暖かい季節，寒い季節などによって違いがあること。
> イ　身近な動物や植物について追究する中で，既習の内容や生活経験を基に，季節ごとの動物の活動や植物の成長の変化について，根拠のある予想や仮説を発想し，表現すること。【思考力，判断力，表現力等】

▷11　「季節と生物」の継続観察では，季節ごと（早春，春，夏，夏の終わり，秋，冬など）に数時間ずつかけて行うこととなる。動物の活動や植物の成長と季節の変化（とくに温度の変化）との関係付けは，1年間の最後の観察時期となる冬に「1年間を振り返って」という形で行う。したがって，「思考力，判断力，表現力等」のとくに「表現力」を育成する，クラス内での「発表」活動は，第4学年の終わりに行うこととなる。

「季節と生物」の学習内容は，春夏秋冬を通じた継続観察である。それぞれの季節において，動物と植物の様子を観察することとなるが，本章では夏の内容を取り上げる。また，自然のままの動物と植物の様子を観察するため，野外での観察となる。第4学年の「生命」領域であるため，主として働かせる「見方」は「生命を多様性と共通性の視点で捉える」見方，「考え方」は「関係付け」となる。これらの「見方・考え方」を働かせ，前述の観察指導の留意点を踏まえた「季節と生物（夏）」の指導を行う必要がある。単元計画（表13-5）と授業の様子（表13-6）を示す。

表13-5　小学校4年「季節と生物（夏）」の単元計画

学習事項・時間		おもな学習活動 ※太字は観察の観点，下線は「関連付け」を行う対象	
1．身近な動物 ［2時間］	夏の生き物の様子 ［1時間］	【話し合い】	夏になり，春と比べて生き物の様子にはどのような違いがあるか，話し合う。
	動物の様子 ［1時間］本時	【観察，話し合い】	動物の活動の様子は，夏になってどのように変わったか，**色・形・大きさ・種類・数・何をしているか**等を観察し，気温や水温とともに記録する。そして，観察結果から，春の動物の様子との違いを考え，話し合う。
2．身近な植物 ［3時間］	植物の様子 ［2時間］	【観察，話し合い】	植物の様子は，夏になってどのように変わったか，**葉や花の色や数，大きさ**等を観察し，気温とともに記録する。また，ツルレイシがどのように育っているか，**葉や花の色や数，大きさ**等を観察し，気温とともに記録する。観察結果から，春の植物の様子との違いを考え，話し合う。
	植物の1日の伸び ［1時間］	【観察】	時刻を決めて5日間程，植物の1日の伸びを調べる。天気，気温とともに記録する。

表13-6 小学校4年「季節と生物（夏）」「動物の様子」の指導案

①本時の目標
夏は，春と比べて気温が上がり，動物の活動が活発になったり，成長したりしていることを見出す。
②評価規準（評価方法）
[知識・技能] 動物の様子を観察し，活動の変化を観察カードに記録している（行動観察・記録分析）。
[思考力，判断力，表現力等] 観察結果をもとに，動物の活動と季節の気温変化との関連付けができている（発言分析・記述分析）。
③準備
温度計，虫めがね，双眼鏡，デジタルカメラ，物差し，観察カード，色鉛筆，クリップ付きボード，身近な生き物図鑑等。
※太字は観察の観点，下線は「関連付け」を行う対象，網掛けは，観察における測定に使う器具・機器

学習活動	主な指導・支援
1．前時の話し合いの結果を確認する。	・前時の，春と比べて夏は生き物の様子にどのような違いがあるか，についての児童の話し合い結果を振り返らせる。
2．野外観察の注意点を確認する。	・事故に遭わないようにするためのルールを伝える。
3．春に見た動物や，この頃になってよく見かけるようになった動物の様子を観察し，観察カードに記録する。観察活動は，色・形・大きさ・種類・数・何をしているか等の観点で，虫めがね，双眼鏡，デジタルカメラ，物差し等を使って行う。 ・予想される児童の発言：「ヒキガエルを見つけたよ。オタマジャクシがカエルになったんだね」「ツバメがヒナに食べ物をあげているよ」「オオカマキリの幼虫が他の虫を食べているよ」	・春に立てた「生物の観察を1年間続けるための計画」を確認させる（野外観察の場所を決める，観察対象となる生物の色・形・大きさ・種類・数・何をしているか等の変化，気温や水温を調べる，という計画）。 ・虫めがね，双眼鏡，デジタルカメラ，物差し等の正しい使い方ができているか，留意する。 ・身近で危険のない動物を扱うなど，児童の安全配慮を行う。 ・地域性を生かし，地域の特徴的な動物を取り上げることを通して，身近な自然に愛着を持つようにする。
4．気温または水温を記録する。 ・予想される児童の発言：「観察した時の気温は，24℃だった」	・気温は，地面からの高さや日光の当たり方などで異なるため，よく開けた場所で，地面から1.5m程の高さで，直射日光が当たらないようにして測定させる。
5．春の観察カードと比べて，変わったところを見出す。 ・予想される児童の発言：「春より夏の方が気温が高くなった」「春に生まれたばかりだったオオカマキリの幼虫の色が茶色から緑色に変わって，大きくなったよ」 6．動物はこれからどのように変わっていくか，予想する。 ・予想される児童の発言：「夏はたくさんの虫がいるから，オオカマキリはたくさん食べてもっと大きくなるんじゃないかな？」「秋になって涼しくなると，コオロギが出てくると思う。去年の秋によく見たから」	・夏の観察結果を春の観察カードと比較する際には，教室に戻って，まず個人で考え，次にグループで話し合うことで，思考を深められるようにする。動物の活動が，寒い季節，暖かい季節などによって違いがあることを捉えられるようにする。 ・夏の終わり，秋になって動物の様子はどのように変わるか，既習の内容や生活経験をもとに，根拠のある予想を発想できるように促す。 ・春，夏の観察カードは，これから夏の終わり，秋，冬における生物の観察との比較に使うため，しっかりと保管する。

Exercise

① 次の単元(ア)〜(エ)の中から学習内容を1つ取り上げ，(1)単元目標を3つの観点（「知識及び技能」，「思考力，判断力，表現力等」，「学びに向かう力，人間性等」）から示し，(2)その単元における「理科の見方・考え方」について理科を構成する領域ごとの特徴，問題解決の学年ごとの能力から説明し，(3)どのような観点で，(4)どのような五感もしくは五感を拡張する機器を使って観察し，(5)どのように記録するのかを述べてみよう。

(ア)小学校第3学年「光と音の性質」：光の当て方と明るさや暖かさ

㈦小学校第4学年「雨水の行方と地面の様子」：土の粒の大きさと水の染み込み方
　㈪小学校第5学年「植物の発芽，成長，結実」：成長の条件
　㈫小学校第6学年「水溶液の性質」：酸性，アルカリ性，中性

📖次への一冊

東洋・大橋秀雄・戸田盛和編『理科教育事典　教育理論編』大日本図書，1991年。
　理科教育の内容と方法の全般を幅広く網羅した事典。目標，教育課程，教授・学習等を扱う上記の教育理論編のほかに，自然科学編がある。
角屋重樹・林四郎・石井雅幸編『理科の学ばせ方・教え方事典改訂新装版』教育出版，2009年。
　2008年改訂の学習指導要領に対応した小学校理科教育の事典。新学習指導要領にも対応。理科教育が直面するテーマを実践に活かせるよう総合的に解説されている。
森田和良編，日本初等理科教育研究会著『小学校理科　アクティブ・ラーニングの授業展開』東洋館出版社，2016年。
　新学習指導要領に盛り込まれる理科の資質・能力，理科の見方・考え方，問題解決の中心となる観察・実験等については理論編で，アクティブ・ラーニングに関係する用語と具体的な実践事例については実践編で丁寧に解説されている。

引用・参考文献

福岡敏行「観察」教員養成基礎教養研究会代表，栗田一良編『教員養成基礎教養シリーズ　新訂　小学校　理科教育研究』教育出版株式会社，1988年。
文部科学省『小学校学習指導要領（平成29年告示）解説理科編』東洋館出版社，2018年。
庭野義英「自然認識方法論」日本理科教育学会編『理科教育学講座8　理科の学習環境と教具』東洋館出版社，1993年。
武田一美「探究学習における実験観察の機能」『理科の教育』Vol. 26, No. 2, 1977年。
鶴岡義彦「学習活動」東洋・大橋秀雄・戸田盛和編『理科教育事典　教育理論編』大日本図書，1991年。

第14章
初等理科の実験活動とその指導

〈この章のポイント〉
　実験活動は，理科授業に特徴的でかつ重要な教授学習活動である。とくに，小学校では，問題解決学習が重視され，実験活動はその中心的な役割を担う。しかしながら，実験活動を理科授業へ導入する目的を明確にしたうえで授業作りをしなければ，実験活動を行う労力の割に，その教育効果は小さいと指摘されている。本章では，初等理科における実験活動の指導に関する基礎的な内容を整理し，教授学習活動としての実験活動の可能性を最大限に発揮するための手立てを考える視点を提供する。

1　実験活動の意義

1　実験活動とは

　実験という言葉は，「観察・実験」などのように，観察という言葉とセットで使われる場合がある。これは，観察と実験は，どちらも五感を通して自然を認識する活動という点で共通しているためである。その一方で，花のつくりについて調べる活動では観察という言葉が，そして，ガスバーナーを用いて金属のあたたまり方を調べる活動では実験という言葉が使われるなど，両者は区別されて使われている。これらを区別する基準は，人為的操作の程度である（図14-1）。すなわち，自然認識の際に，人為的操作の程度が小さいものは観察と呼ばれ，条件を制御するなどして人為的操作の程度が大きいものは実験と呼ばれる。そのため，両者は完全に線引きされるわけではないものの，実験は「複雑な自然現象の中で，一定条件を与えて行われる自然認識」と定義することができる。

　複雑な自然現象に関して実験をするためには，実験計画の立案，データの処理といった活動が不可欠である。実験を含むこれらの活動すべては，実験活動と呼ばれる（図14-2）。

　理科授業においては，必ずしもこれらの用語が定義通りに区別されて使われるわけではないが，本来の意味を理解することで，実験活動における一つひとつの

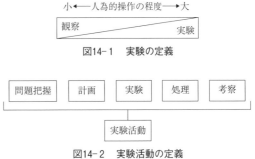

図14-1　実験の定義

図14-2　実験活動の定義

学習場面の意味を細かく検討できるようになるだろう。

2 理科授業における実験活動の意義

　理科授業には実験活動が必要不可欠という考えがあり，実験活動を行う頻度が，理科授業の質を決める一つの要素として捉えられることもある。しかしながら，実験活動を行いさえすれば，児童の資質・能力の育成が保証されるわけではない。理科授業における実験活動の意義を明確に設定して，単元や授業を計画することが大切である。以下では，理科授業における実験活動の意義についてあげていく。

　(1) 知識習得の促進：理科の授業では，児童が解決したいと思う問題を始発として，授業が展開されることが多い。それら解決したい内容は，科学的な知識や概念であるのが一般的である。あるいは，科学的な知識や概念は，ある問題を解決するために必要なものとして，取り扱われることもある。百聞は一見に如かずという言葉の通り，教科書や黒板を使った教師からの説明だけよりも，実際の現象を児童に見せた方が，知識の習得に関して効果が高いという考えに依拠している。

　(2) 実験スキル（技術）習得の促進：実験スキルは，次の2種類に大きく分類される。一つ目は，自然科学に特有な技術，例えば，顕微鏡やガス検知管の使い方などのように，主に理科の実験器具の操作技術を指す。このような技術の習得により，科学者のような実験操作体験ができるだけではなく，再び同じ実験器具を用いる際に，より効率的に実験活動を行うことが可能となる。もう一方は，「分類をすること」や「仮説を立てること」のような，一般的なスキルを指す。このようなスキルは，思考するためのスキルであり，認知的スキルと呼ばれる。実験活動の遂行には，これら2種類のスキルが必要とされるため，実験活動に取り組ませることで，これらのスキルを習得させることができるという考えに依拠している。

　(3) 科学的探究方法の性質についての理解の促進：これは，実験手順の理解そのものを指すのではなく，実験活動とはどのようなものか，あるいは科学とはどのようなものかについての洞察を獲得させることを指す。例えば，児童の誤った認識として，科学にはすでに「答え」が存在し，実験活動はその「答え」の確認のためになされるという捉え方がある。実験活動を通じて，そのような考え方を修正し，科学的探究方法の性質について正しく理解させることができるという考えに依拠している。

　(4) 科学的態度の育成：実験活動では，精密に実験方法を計画し，それに基づいて実験をして，その結果を基に考察がなされる。このような性質から，実験活動を通じて，正直に実験データを扱う態度，客観的に考える態度，我慢強

く取り組む態度，などを育成できるという考えに依拠している。

(5) 科学への動機づけ：実験活動は，実験器具を操作する楽しさ，科学の不思議さを味わう機会となりうる。実験活動のこのような性質が，児童の科学への興味・関心を引き出し，科学学習へ動機づけるという考えに依拠している。

2　実験活動の種類

実験活動は，いくつかの観点により分類可能であり，ここでは3つの観点から分類を試みる。学習内容や児童の実態等に応じて，適切な種類の実験活動を採用する必要がある。また，多様な種類の実験活動への取り組みが，児童の学習経験の幅を広げる。

図14-3　実験活動の種類

1　形態による分類

(1) 研究実験と学校実験：研究実験とは，大学等の研究機関において，自然科学の研究者が行う実験活動である。このような実験活動では，研究の独創性，新規性などが重視され，世界中の研究者が先を争って研究に取り組んでいる。一方，学校実験とは，教授学習活動として，児童，あるいは教師によってなされる実験活動である。この実験活動のねらいは，研究成果を学術研究上に位置づけることではなく，児童の学びを促すことである。

(2) 演示実験と児童実験：これらはどちらも学校実験に属するものである。演示実験は，児童らに実験の様子を示すために，教師によって行われる実験活動である。教師が実験活動をしながら解説をしたい場合や，危険性が高い実験活動，実験器具や材料が少ないあるいは高価である場合などに行われる。一方，児童実験は，児童自身でなされる実験活動のことである。

(3) グループ実験と個別実験：これらはどちらも児童実験に属するものである。グループ実験は2人以上のグループで行われる実験活動であり，個別実験は児童一人ひとりがそれぞれ実験器具を与えられ行う実験活動である。グループ実験では，児童が役割分担などにより協力して実験操作に取り組んだり，相談しながら取り組んだりできるよさがある。指導においては，協力して実験活動に取り組めるような配慮が必要とされる（図14-3）。

2　授業における位置づけによる分類

(1) 導入実験：単元あるいは授業の始めに，児童自身の問題意識をもたせるために，あるいは児童の興味・関心を引き出すためになされるのが導入実験である。導入実験の中で，児童は，現象についての気づきを得て，その気づきか

ら解決したい問題点を整理し，問題解決の過程に取り組んでいく。

(2) 検証実験：児童が考えた予想や仮説が正しいかどうかを確かめるための実験活動である。検証できるかどうかは，実験方法の妥当性によるため，児童が実験方法を考え出す活動，あるいは教師から提案された実験方法を検討する活動も重要となる。検証実験は，わかりきったことを確認するだけと捉えられることもあるが，実際には，予想や仮説については不確かな場合が多く，それを決着させる場として，意欲的に取り組まれるように計画する必要がある。

3 育成能力による分類

(1) 実験操作技術の獲得：この実験活動は，実験器具の操作能力の育成を主なねらいとした実験活動である。例えば，簡易検流計の使い方を学ぶことをねらいとして，回路に流れる電流の大きさを測定する実験活動が相当する。

(2) 知識の獲得：児童が自分自身で法則や概念を見出すことができるように，教師によって計画された実験方法に取り組む実験活動のことである。児童は，得られた結果から法則や概念を見出すことになる。

(3) 知識の強化：「知識の獲得」のための実験活動と類似しているが，異なる点は，実験活動を行う前に，予め実験活動で扱われる内容について学習を終えている点である。学習した内容を確かめるために実験活動を行うことで，すでに習得された内容についての理解を強化することがねらわれている。

(4) 知識の応用と実験方法に関する理解の応用：自由度の高い発展的な実験活動のことである。学習した内容について，児童自身で新たに条件を設定し，実験計画を立て，実行するものである。このような実験活動を通して，学習した知識を応用するとともに，これまでの実験方法を応用し，新たな実験方法を考える能力の育成までもがねらわれている。

3　初等理科における実験活動

1 問題解決能力の育成

小学校理科では，問題解決の過程を通じた学習活動が重視され，新学習指導要領では，それを一層重視するという方向性が示された。問題解決の過程は，探究の過程とも呼ばれる。例えば，自然の事物・現象に対する気づき，問題の設定，予想や仮説の設定，検証計画の立案，観察・実験の実施，結果の処理，考察・結論といった過程である。この一連の過程における流れは，一つの例にすぎず，教師からの課題提示から実験を行うという流れもあれば，観察・実験の後に検証計画の不備に気づき，検証計画の立案に戻るという流れもある。重

要なのは，探究の個々の過程においてどのような資質・能力の育成を目指すのかを明確にしたうえで，指導計画を立てることである。新学習指導要領では，小学校理科で育成を目指す資質・能力が，「知識及び技能」「思考力，判断力，表現力等」「学びに向かう力，人間性等」の3つの柱に沿って整理されている。「思考力，判断力，表現力等」に関する資質・能力は，図14-4のように学年ごとに設定されている。

校種	資質・能力	学年	エネルギー	粒子	生命	地球
小学校	思考力、判断力、表現力等	第3学年	（比較しながら調べる活動を通して）自然の事物・現象について追究する中で，差異点や共通点を基に，問題を見いだし，表現すること。			
		第4学年	（関係付けて調べる活動を通して）自然の事物・現象について追究する中で，既習の内容や生活経験を基に，根拠のある予想や仮説を発想し，表現すること。			
		第5学年	（条件を制御しながら調べる活動を通して）自然の事物・現象について追究する中で，予想や仮説を基に，解決の方法を発想し，表現すること。			
		第6学年	（多面的に調べる活動を通して）自然の事物・現象について追究する中で，より妥当な考えをつくりだし，表現すること。			
	学びに向かう力、人間性等		主体的に問題解決しようとする態度を養う。			
					生物を愛護する（生命を尊重する）態度を養う。	

図14-4　育成が求められる「思考力，判断力，表現力等」「学びに向かう力，人間性等」に関する資質・能力

2　見通しをもった実験活動の実現

　小学校理科における教科の目標には，「見通しをもって観察，実験を行うことなどを通して」という文言が入っている。児童は，自らが今取り組んでいる実験活動の目的さえわからないまま実験活動に取り組んでおり，教師から与えられた実験手順に従うばかりとなっている現状を反映し，あえて「見通しをもって」という文言が加えられているのである。

　『小学校学習指導要領解説理科編』では，「見通しをもつ」ことを，「児童が自然に親しむことによって，見いだした問題に対して，予想や仮説をもち，それらを基にして観察，実験などの解決の方法を発想すること」としている。実験活動の見通しをもつことによって，児童は，自らの主体的な問題解決活動として取り組み，考察が促されること等が期待されている。

3　主体的に問題解決しようとする態度の育成

　育成が求められる「学びに向かう力，人間性等」の一つとして，「主体的に問題解決しようとする態度」が，『小学校学習指導要領解説理科編』に示されている。実験活動では，児童が，実際に実験器具や具体的な事物・現象にふれ

ることが多いため，児童が，実際に手を動かす主体として，「実験活動への取り組み＝主体的」という見方もできるだろう。しかしながら，あえて実験活動において「見通しをもつ」ことが重視されたことからわかるとおり，必ずしも上記の図式が成り立つとは限らない。ここで言及される主体的とは，実験活動への動機づけがなされ，実験活動全体に責任をもって取り組むという姿勢を指すといえる。「教師から指示されたから，無批判にその通りに取り組む」という姿勢と対極にある姿である。

『小学校学習指導要領解説理科編』では，理科の目標等を十分達成できるようにするための配慮事項の一つに，「主体的な問題解決の活動の充実」があげられている。具体的には，「個々の児童が主体的に問題解決の活動を進めるとともに，（……）目的を設定し，計測して制御するという考え方に基づいた学習活動が充実するようにすること」と記述されている。理科におけるすべての実験活動で，このようなレベルでの指導が求められるわけではないものの，このような実験活動の実現を意識した日頃からの学習の蓄積がなければ，主体的に問題解決に取り組むという態度は形成されていかないだろう。

4　実験活動の指導

「実験活動の技能」や「実験方法についての理解」を主たる学習内容とした単元はないため，ここでは第5学年「電流がつくる磁力」の単元計画や学習指導案を検討することを通して，実験活動の指導を考えていきたい。

［1］　単位計画

① 単元名　電流がつくる磁力
② 単元の目標
　電流がつくる磁力について，電流の大きさや向き，コイルの巻き数などに着目して，それらの条件を制御しながら調べる活動を通して，次の事項を身に付けることができるようにする。

・電流の流れているコイルは，鉄心を磁化する働きがあり，電流の向きが変わると，電磁石の極も変わることを理解できる。
・電磁石の強さは，電流の大きさや導線の巻き数によって変わることを理解できる。
・電流がつくる磁力について追究するなかで，電流がつくる磁力の強さに関係する条件についての予想や仮説を基に，解決方法を発想し表現できる。
・電磁石の実験活動を通して，実験技能を身に付けることができる。

2　学習指導案

① 全体計画　全10時間（本時4/10時）

〈第1次　電磁石の極（3時間）〉
・電磁石の仕組みを理解し，電磁石を作成する（2時間）。
・電流の向きと電磁石の極の関係について理解する。

〈第2次　電磁石の強さ（7時間）〉
・電磁石の強さに影響を与えると考えられる要因をあげ，それを検証するための実験計画を立てる（本時）（2時間）。
・電磁石の強さと，流れる電流の大きさやコイルの巻き数の関係を調べる（2時間）。
・電磁石の強さと流れる電流の大きさやコイルの巻き数の関係をまとめる。
・電磁石の性質を利用して，おもちゃを作る。
・電磁石について学んだことを振り返る。

② 展開（4/10時）

学習活動	指導上の留意点
	電磁石のはたらきを大きくするにはどうしたらよいか。
電磁石のはたらきに影響を与える要因をあげる。	電磁石のはたらきに影響する要因をあげさせる。その要因の変化のさせ方についても問う。
「電流の大きさ」と「コイルの巻き数」を変える2つの実験活動について，実験方法を考える。	「電流の大きさ」と「コイルの巻き数」を同時に変えてもよいのかと問い，条件制御について確認する。電流の大きさを「乾電池の数」に置き換える。乾電池の数を，1個の場合と2個の場合の2つで測定する。また，コイルの巻き数は，100回巻きと200回巻きの2つで測定する。電磁石のはたらきの強さをどのように測定するのかグループで考えさせる（例：電磁石に付いたクリップの数，くっついたクリップ全体の長さ，さまざまな重さの釘）。
実験方法を発表するとともに，他の児童の方法についての意見を聞く。	いくつかの実験方法を取り上げ，学級全体で共有させることで，実験方法の妥当性について考えさせる。
実験方法を決定し，それに基づいて詳細な実験計画を立てる。	最終的に自分自身の実験方法を決定させる。実験計画は箇条書きや絵で表現してもよいとする。

　本時では，実験計画の立案が中心的な活動であるが，学習途上の児童にすべてを計画させることは難しい。そこで，児童に任せる部分を限定し，授業を計画することが大切である。
　(1) 実験方法についての学習内容：2つの要因について同時に実験できないことを確認することで，条件制御についての学習・確認の機会とする。
　(2) 実験方法決定の自由度：「電磁石の強さの測定方法」に絞って児童に考

え出させ，決定させる（本時展開の波線部分）。その点に焦点をあてるため，電磁石のはたらきに影響する要因を考え出す過程，「電流の大きさ」を「乾電池の数」に置き換える過程，乾電池の数とコイルの巻き数を決定する過程については，児童に発言させながらも教師の方で導くものとする（本時展開の下線部分）。このように，問題解決の個々の過程を誰が主導するのかを明確にすることで，主体的に問題解決に取り組むためのスキルや態度を段階的に指導することを意図している。

Exercise

① 実験活動において「見通しをもつこと」が求められているが，実験活動のすべてがわかっていては，実験活動が楽しくないという見方もある。期待される「見通しをもった」児童の状態を考えてみよう。
② 実験活動について「好き」と回答する児童は多い。その一方で，好きな理由として，友人と話しながら気軽な雰囲気で活動できることをあげる場合もある。実験活動の楽しさはどのようなところにあるのか考えてみよう。

📖 次への一冊

藤田剛志「問題解決学習と学習意欲」長洲南海男編著『新時代を拓く理科教育の展望』東洋館出版社，2006年，122～132ページ。
　本論文は，問題解決学習の学習意欲の育成に対する影響を実証的に検討したものである。理科における学習意欲測定尺度が分析に用いられている。

大嶌竜午「科学的探究能力の育成と生徒実験活動の改善」大髙泉編著『理科教育基礎論研究』協同出版，2017年，240～253ページ。
　本論文は，実験活動において子どもの思考を促進するための理論的検討と，それに基づいて行われた実態調査の結果を考察したものである。

日本理科教育学会『理科の教育6月号』Vol. 65, No. 767, 2016年。
　本誌は，「"見通す"こと」という特集号である。理科における「見通すこと」の理論的検討と，児童に「見通し」をもたせるための実践例が示されている。

引用・参考文献

文部科学省『小学校学習指導要領（平成29年告示）解説理科編』東洋館出版社，2018年。

第15章
初等理科のプロセス・スキルとその指導

〈この章のポイント〉
　初等理科において，問題を解決する力を養うことが目標とされている。その問題解決学習の過程では，「問題の発見」「仮説設定」「実験計画の立案」「分析・解釈」といった問題を解決する力，言い換えれば，問題を解決するためのプロセス・スキルの使用が問題解決を支える。新学習指導要領で示されている小学校理科における「見方・考え方」の「考え方」はプロセス・スキルそのものである。そこで，本章では，「プロセス・スキルの意義」「プロセス・スキルの種類」「初等理科におけるプロセス・スキル」「プロセス・スキルの指導」に関して解説する。

1　プロセス・スキルの意義

1　問題解決とプロセス・スキル

　科学の学習で重要なことには，3つある。一つ目は，科学の内容や科学的概念，科学的知識の習得である。二つ目は，科学の方法，つまり，サイエンスプロセス・スキル（以下，「プロセス・スキル」と表記）の使用である。三つ目は，科学へ向かう態度の育成である（例えば，Nath and Kumar, 2017, p. 2）。この3つは，小学校の新学習指導要領における小学校理科の目標「(1)自然の事物・現象についての理解を図り，観察，実験などに関する基本的な技能を身に付けるようにする。(2)観察，実験などを行い，問題解決の力を養う。(3)自然を愛する心情や主体的に問題解決しようとする態度を養う」とほぼ合致する。小学校理科の目標において，「プロセス・スキル」という表現は用いられていないが，問題解決には，「問題の発見」「予想・仮説の設定」「実験計画の立案」「観察・実験」「分析・解釈（考察）」「測定」「比較」「推論」等といった科学の方法を用いることから，問題解決にはプロセス・スキルが必要となる。また，特性に応じた物事を捉える視点や考え方である「見方・考え方」が各教科に導入されたが，理科における「考え方」とは，「プロセス・スキル」の活用を指すといえる。これに関して『小学校学習指導要領解説理科編』では，「児童が問題解決の過程の中で用いる，比較，関係付け，条件制御，多面的に考えることなどといった考え方を『考え方』として整理することができる」（文部科学省，2018,

▷1　「プロセス・スキル」は，「サイエンスプロセス・スキル」「科学プロセス・スキル」「科学的思考スキル」「問題解決スキル」「探究スキル」といった表現もされる。

第Ⅲ部　初等理科の学習指導

13ページ）と示していることからも読み取れる。

2　問題解決能力とプロセス・スキル

『小学校学習指導要領解説理科編』では、「児童が自然の事物・現象に親しむ中で興味・関心をもち、そこから問題を見いだし、予想や仮説を基に観察、実験などを行い、結果を整理し、その結果を基に結論を導きだすといった問題解決の過程の中で、問題解決の力が育成される」（文部科学省、2018、17ページ）としていることから、プロセス・スキルの使用を通して、各学年で問題解決能力の育成がされるといえる。また、学年を通して育成を目指す問題解決の力を表15-1のように示している。

▷2　各学年で育成する問題解決の力は、その学年で中心的に育成するものであるが、実際の指導に当たっては、他の学年で掲げている問題解決の力の育成についても十分に配慮することが必要である（文部科学省、2018、18ページ）。

表15-1　各学年で育成する問題解決能力

学年	問題解決能力
3	（比較しながら調べる活動を通して）自然の事物・現象について追究する中で、差異点や共通点を基に、問題を見いだし、表現すること。
4	（関係付けて調べる活動を通して）自然の事物・現象について追究する中で、既習の内容や生活経験を基に、根拠のある予想や仮説を発想し、表現すること。
5	（条件を制御しながら調べる活動を通して）自然の事物・現象について追究する中で、予想や仮説を基に、解決の方法を発想し、表現すること。
6	（多面的に調べる活動を通して）自然の事物・現象について追究する中で、より妥当な考えをつくりだし、表現すること。

出所：文部科学省（2018、26ページ）。

各学年のプロセス・スキルを端的に言えば、第3学年「比較」「問題の発見」、第4学年「関係付け」「予想・仮説の設定」、第5学年「条件制御」「実験計画の立案」、第6学年「多面的に考える」「解釈（考察）」となる。第5学年を例にとれば、「実験計画の立案」のプロセス・スキルを使用する際には、それより基礎的な「条件制御」のプロセス・スキルを使用し、問題解決学習を遂行するということとなる。

まとめると、プロセス・スキルの使用によって問題解決学習が遂行され、これにともない、問題解決能力が育成される。このように、プロセス・スキルは、問題解決の基盤となる。また、問題解決学習の遂行にともない、各プロセス・スキルは洗練される。

2　プロセス・スキルの種類

1　S-APA

プロセス・スキルの起源とも言えるガニエの理論における知的能力育成を指

向したS-APA（Science-A Process Approach）を見ていこう。このS-APAの探究過程（幼-小6年）では，プロセス・スキルを13の過程（①観察，②時間・空間関係の使用，③分類，④数の使用，⑤測定，⑥伝達，⑦予測，⑧推論，⑨変数の制御，⑩データ解釈，⑪仮説立て，⑫操作的定義，⑬実験（実験計画立案，実験の実施））に分けている。この13の過程のうち，①から⑧までは基礎的プロセス（basic processes）として位置づけ，⑨から⑬まではそれらの基礎的プロセスのうえに展開される統合的プロセス（integrated processes）として，位置づけている（Commission on Science Education of the American Association for the Advancement of Science, 1963, pp. 7-8）。例えば，基礎的プロセスの「⑧推論」では，目標として，「1．一組の観察データから一つ以上の推論をつくる。2．推論を支持する観察を同定する。3．代替の推論を検証するために必要な，さらなる観察に関して述べ実証する。4．新たな観察を基に，承認，拒否，修正すべき観察を同定する」の4つが掲げられている（Commission on Science Education of the American Association for the Advancement of Science, 1963, p. 111）。

2 Learning and Assessing Science Process Skills のプロセス・スキル

現在の科学カリキュラムに符合している現代版プロセス・スキルの指導資料 Learning and Assessing Science Process Skills（5th Edition）を取り上げる（以下，「LASPS」と表記）。この指導資料では，S-APAと同様に，プロセス・スキルを基礎的プロセス・スキルと統合的プロセス・スキルに分けている（図15-1）。

探究の計画	実験の分析	変数間の記述
		グラフの作成
仮説設定	データの取得と処理	操作的な変数定義
		変数の同定	データ表の作成
予測	測定	伝達
推論	分類	
観察		

図15-1　基礎的プロセス・スキルと統合的プロセス・スキル
出所：Rezba et al.（2007, p. 5）．下線は統合的プロセス・スキルを示す。筆者が加筆した。

各プロセス・スキルは密な関連をもっている。具体的には，基礎的プロセス・スキルは，統合的プロセス・スキルの土台となる。そして，この統合的プロセス・スキルは，観察，伝達，分類，測定，推論，予測といった基礎的プロセス・スキルを使用することによって機能する。例えば，統合的プロセス・ス

第Ⅲ部　初等理科の学習指導

キルである「仮説設定」は，基礎的プロセス・スキルである「予測」を使用する（Rezba et al., 2007, p. 6）。また，統合的プロセス・スキルは他の統合的プロセス・スキルを使用し機能する。例えば，統合的プロセス・スキルである「変数間の記述」は，統合的プロセス・スキルである「グラフの作成」を使用し機能する（Rezba et al., 2007, p. 219）。このように各プロセス・スキルは関連しながら機能している。

　一方で，先述した，第3学年「比較」「問題の発見」，第4学年「関係付け」「予想・仮説の設定」，第5学年「条件制御」「実験計画の立案」，第6学年「多面的に考える」「解釈（考察）」の『小学校学習指導要領解説理科編』におけるプロセス・スキルは，S-APAのプロセス・スキルやLASPSのプロセス・スキルと表15-2のように対応する。なお，表15-2の対応関係は，概観したものである。

▷3　『小学校学習指導要領解説理科編』における「比較」のプロセス・スキルとの対応関係については，自然の事物・現象を比較する際に，「観察，分類，測定」のプロセス・スキルを使用することからS-APAやLASPSでは「観察，分類，測定」と表記した。

表15-2　『小学校学習指導要領解説理科編』，S-APA及びLASPSのプロセス・スキルとその対応関係

学年	『小学校学習指導要領解説理科編』	S-APA	LASPS
3	「比較」	観察，分類，測定	観察，分類，測定
	「問題の発見」	推論	推論
4	「関係付け」	変数の制御，推論	変数の同定，推論
	「予想・仮説の設定」	予測，仮説立て	予測，仮説設定
5	「条件制御」	変数の制御，操作的定義	変数の同定，操作的な変数定義
	「実験計画の立案」	実験（実験計画立案，実験の実施）	データの取得と処理，探究の計画
6	「多面的に考える」	推論	推論
	「解釈（考察）」	推論，データ解釈	実験の分析，推論，変数間の記述

　『小学校学習指導要領解説理科編』におけるプロセス・スキルとS-APA及びLASPSのプロセス・スキルは，表現が異なるものの，プロセス・スキルの意味内容はほぼ類似している。また，表15-2からわかるように，各学年で問題解決能力を育成するためには，S-APA及びLASPSのプロセス・スキルを利用することができる。

3　初等理科におけるプロセス・スキル

　初等理科においては，基礎的プロセス・スキルの育成に努めることが必要であると一般的にいえるが，表15-2を見ても明らかなように，「変数の同定」「仮説設定」「探究の計画」「データ解釈」といった統合的プロセス・スキルも必要とされている。このなかでも，とくに問題解決学習のキーポイントとなる

「仮説設定」と「データ解釈」のプロセス・スキルをみていこう。

1 仮説設定のプロセス・スキル

LASPSの「仮説設定」プロセス・スキルを参照し，それを紹介する（図15-2）。

▷4 仮説観（仮説とは何か）については，論者により異なるが，本節では，Rezbaらの仮説観を採用することにする。

```
As the _____  _____, the_____ will _____.
      (independent variable) (describe how you change it) (dependent variable)  (describe the effect)

Another format for writing a hypothesis is:
If the _____  _____,
      (independent variable) (describe how you change it)

then the _____ will _____.
         (dependent variable)  (describe the effect)
```

図15-2　LASPSの「仮説設定」プロセス・スキル
出所：Rezba et al.（2007, p. 270）．

図15-2からわかるように，「"As the＿＿＿＿＿＿＿, the＿＿＿will＿＿＿＿."」「"If the＿＿＿＿＿＿＿, then the＿＿＿＿will＿＿＿＿."」のような記述形式を提示し，それぞれ前者下線部には「独立変数」と「独立変数の変化」を記述させ，後者下線部には，「従属変数」と「従属変数の変化」を記述させる。従属変数と独立変数の関係性の記述形式によって，仮説となる文を記述していることがわかる。

上述した記述形式を使用した仮説設定の例題を1つ紹介する（図15-3）。

問題：ラッセルは養蜂している際に，異なった時間に異なった数の卵がかえることに気づいた。どの要因が蜂の孵化の割合に影響があるのか，彼は疑問に思った。彼は，検証するために次の変数を選んだ。

a. 蜂の巣の温度　　b. 蜂の巣内の相対湿度　　c. 得られる餌の量
d. 蜂の巣の中に暮らしている蜂の数
　上の4つの変数のうち，2つを使用して仮説を設定しなさい。また，理由も付け加えなさい。
・【解答例】蜂の巣の温度が高くなると，孵化する蜂の数も増える。（理由：暖かさが活動を早める）
・【解答例】蜂の巣内の相対湿度が高くなると，孵化する蜂の数が減る。（理由：湿度が活動を遅くする）
・【解答例】得られる餌の量が多くなると，孵化する蜂の数も増える。（理由：餌を集める蜂が増えるため）

第Ⅲ部　初等理科の学習指導

> ・【解答例】蜂の巣の中に暮らしている蜂の数が増えると，孵化する蜂の数が減る。（理由：たくさんの蜂が阻むため）

図15-3　LASPSにおける「仮説設定」の例題
出所：Rezba et al. (2007, pp. 270-271, 278).

　図15-3より，仮説を設定した際に，その理由も答えるようにしていることがわかる。これは，先述した「自然の事物・現象について追究する中で，既習の内容や生活経験を基に，根拠のある予想や仮説を発想し，表現すること」（文部科学省，2018，26ページ）にも合致する。その際，「根拠」を「理由」と置き換えるとよい。

2　データ解釈のプロセス・スキル

　LASPSの「変数間の記述」プロセス・スキルが「データ解釈」のプロセス・スキルに該当するので，これを参照し，紹介する（図15-4）。

> As the ＿＿＿＿＿＿ ＿＿＿＿＿＿,
> 　　　(independent variable)　(describe how it was changed)
> the ＿＿＿＿＿＿ ＿＿＿＿＿＿.
> 　　(dependent variable)　(describe how it changed)

図15-4　LASPSの「データ解釈」プロセス・スキル
出所：Rezba et al. (2007, p. 224).

　図15-4からわかるように，仮説設定のプロセス・スキルと同様に，「"As the＿＿＿＿ ＿＿＿＿, the＿＿＿＿ ＿＿＿＿."」といった記述形式を提示し，それぞれ前者下線部には「独立変数」と「独立変数の変化」を記述させ，後者下線部には，「従属変数」と「従属変数の変化」を記述させる。従属変数と独立変数の関係性の記述形式によって，データ解釈となる文を記述させていることがわかる。これに対応して，「水を熱する時間（独立変数）が長くなると（独立変数の変化），温度（従属変数）が上がった（従属変数の変化）」と，水を熱する時間と温度の関係の例を示している（Rezba et al., 2007, p. 224）。

　それでは，上述した記述形式を使用したデータ解釈の例題を1つ紹介する（図15-5）。

> 探究：ロープの直径によって，ロープの限界点（切断点）はどうなるのだろうか（どの程度まで重さに耐えられるのだろうか）。
> 　グラフを分析しなさい。グラフ上の近似線は左から右へ変化している。独立変数の値が増えている。
> 　まず，先ほどの形式を使用しなさい。独立変数と独立変数の変化を書きなさい

150

(ロープの直径が大きくなる)。

次に,従属変数と従属変数の変化を書きなさい(ロープの限界点(切断点)は大きくなる)。

最後に,2つの変数間の関係を書きなさい(ロープの直径が大きくなると,ロープの限界点(切断点)も大きくなる)。

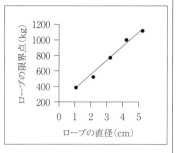

図15-5　*LASPS*における「データ解釈」の例題

出所：Rezba et al.（2007, pp. 224-225）.

図15-5より,独立変数と従属変数及び両変数の変化の関係性を段階的に文章で記述するようにしていることがわかる。

4　プロセス・スキルの指導

1　単元の指導計画

ここでは,プロセス・スキルの使用を踏まえた小学校第5学年「振り子の運動」の内容項目における単元計画を提示しよう。

① 単元目標

【知識・技能】
・振り子の1往復する時間を調べ,振り子が1往復する時間は,振れ幅やおもりの重さによっては変わらないが,振り子の長さによって変わることを理解する。
・振り子の1往復する時間を調べる際,振り子実験装置の組み立てや計測を的確に行う技能を身に付ける。
・算数科との関連を図り,データを表に整理し,平均を使用し,データを適切に処理する技能を身に付ける。

【思考力・判断力・表現力等】
・振り子の1往復する時間を調べる際に,条件を制御し,実験計画を立てる能力を育成する。
・振り子の1往復する時間を調べた結果を表やグラフに適切に表現する能力を育成する。
・振り子の1往復する時間を調べた結果を表した表やグラフから,振り子が

第Ⅲ部　初等理科の学習指導

1往復する時間と「振り子の長さ」「振れ幅」「おもりの重さ」との関係を解釈する能力を育成する。

【学びに向かう力・人間性等】
・実験結果のばらつきに気付かせ，その原因に関して，児童同士で主体的に解決しようとする態度を養う。
・実験誤差を少なくする要因に関して，児童同士で主体的に解決し，精度の高いデータを得ようとする態度を養う。

② 全体計画
（全8時間扱い）

次	学習活動
1（1時間）	振り子の運動を観察し，問題を見出す。
2（2時間）	振り子の1往復する時間と振り子の長さとの関係を調べる。
3（2時間）	振り子の1往復する時間と振り子の振れ幅との関係を調べる。
4（2時間）	振り子の1往復する時間と振り子のおもりの重さとの関係を調べる。
5（1時間）	振り子の運動を利用したものづくりをする。

2　授業の様子

それでは，単元の指導計画の第4次（2時間）「振り子の1往復する時間と振り子のおもりの重さとの関係を調べる」の略案を示すことにしよう。

① 本時の目標
振り子の1往復する時間と振り子のおもりの重さとの関係を見出すことができる。

② 本時の展開（略案）

学習活動	指導の手立て　評価（★）
1　本時の問題を確認する。 振り子のおもりの重さによって振り子の1往復する時間はどうなるのだろうか。	・1次で見出した振り子とおもりの重さに関する問題を想起させる。
2　仮説を立てる。 ・おもりの重さが重くなると振り子の1往復する時間も長くなる。 ・おもりの重さが軽くなると振り子の1往復する時間も長くなる。 ・おもりの重さが重くなっても振り子の1往復する時間は変わらない。	・検証可能な仮説を設定するようにする。 【変数の同定，仮説設定】
3　仮説を確かめるための実験計画を立てる。	・変える条件（独立変数）と変えない条件（制御変数）を明確にさせる。 【操作的な変数定義，実験の計画】

第15章 初等理科のプロセス・スキルとその指導

4	実験を行い，結果を記録する。	・振り子の長さは長く，振れ幅は小さくして実験を行わせる。 【観察，測定，実験】 ・データは表に記録させる。 【データ表の作成】
5	結果をクラスで共有する。	・実験結果をグラフ化し，実験結果のばらつきに気付かせ，実験誤差を少なくする要因について考えさせる。 【グラフの作成，伝達】 ★精度の高いデータを得ようとしている。 (学びに向かう力・人間性)
6	実験結果から考察する。	・実験誤差を踏まえて，考察させる。 【推論，変数間の記述】
7	結論を導出する。 振り子のおもりの重さによって振り子の1往復する時間は変わらない。	★振り子が1往復する時間は，おもりの重さによっては変わらないことを理解することができる。(知識・技能)

＊ 【　】内は，使用する主なプロセス・スキルを示す。なお，プロセス・スキルは，LASPS を参照した。

　このように，本時の展開のなかで，多くのプロセス・スキルが使用されていることがわかる。紙幅の関係で本時の展開で示したプロセス・スキルの具体的な指導については言及することはできなかった。各自，考えていただきたい。

Exercise

① 小学校第4学年「金属，水，空気と温度」の内容項目において，問題「水を熱し続けると，水の温度はどうなるだろうか」に対する仮説を設定してみよう。また，その根拠（理由）も付け加えてみよう。
② 小学校第5学年「振り子の運動」の内容項目において，問題「振り子の長さによって振り子の1往復する時間はどうなるのだろうか」に対して，実験結果を推測し，データを解釈してみよう。

📖 次への一冊

小倉康「科学的探究能力と理科の教育課程」日本理科教育学会編『理科教育学講座1 理科の目標と教育課程』東洋館出版社，1992年，264～280ページ。
　「プロセス・スキルと階層性」や「プロセス・スキルを評価するTIPS II（Test of Integrated Process Skills 改訂版）」が取り上げられ，紹介されている。
藤田剛志「問題解決の授業展開」大髙泉編著『新しい学びを拓く 理科授業の理論と実践

──中学・高等学校編』ミネルヴァ書房，2013年，100～105ページ。
　「科学的思考スキル（基礎的思考スキル，総合的思考スキル）」や「科学的思考スキルを育成するための授業展開」について紹介されている。

宮本直樹「科学的探究におけるデータ解釈とその指導法」大髙泉編著『理科教育基礎論研究』協同出版，2017年，290～302ページ。
　とくに「データ解釈」のプロセス・スキルに焦点をあて，科学的探究におけるデータ解釈の役割やデータ解釈能力育成ための指導法に関していくつかの事例が紹介されている。

Rezba, R. J., Sprague, C. R., McDonnough, J. T. and Matkins, J. J., *Learning and Assessing Science Process Skills*（5th Edition）, Kendall Hunt Publishing Company, Dubuque, Iowa, America, 2007.
　本章でも紹介した本である。全米科学教育スタンダードやアメリカ各州のスタンダードに準拠して，現代的なプロセス・スキルの説明やその指導に関して，紹介されている。

引用・参考文献

Commission on Science Education of the American Association for the Advancement of Science, *Science-A Process Approach Commentary for Teachers*, AAAS/XEROX Corporation, America, 1963.

文部科学省『小学校学習指導要領（平成29年告示）解説理科編』東洋館出版社，2018年。

Nath, R. and Kumar, S., *Constructivism and Science Process Skills*, Lap Lambert Academic Publishing, Germany, 2017.

Rezba, R. J., Sprague, C. R., McDonnough, J. T. and Matkins, J. J., *Learning and Assessing Science Process Skills*（5th Edition）, Kendall Hunt Publishing Company, Dubuque, Iowa, America, 2007.

第Ⅳ部

初等理科の評価と授業

第16章
初等理科教育における学習評価

〈この章のポイント〉
　本章では，まず，現行学習指導要領下で行われている目標に準拠した絶対評価である「観点別学習状況の評価」の実際を述べ，次に，新学習指導要領下での新たな評価を概観する。そこでは，「知識及び技能」「思考力，判断力，表現力等」「学びに向かう力，人間性等」の3つの資質・能力の柱に沿った新たな評価のあり方について解説する。

1　学校教育における学習評価

　学習評価は，学校における教育活動のなかで，児童の学習状況を評価するものである。基本的な評価のあり方は，学習指導要領等の改訂の趣旨を反映しており，評価によって，学習指導要領の教育目標の実現の様子が明らかとなる。これまでわが国で行われてきた学習評価は，学習状況を分析的に捉える「観点別学習状況の評価」と総括的に捉える「評定」の2種類である。

　これらの評価は，学習指導要領に定める「目標に準拠した評価」として実施されてきた。「目標に準拠した評価」とは，結果を点数化し，序列化するのではなく，「設定された目標」を児童がどの程度達成したかを探る評価法（「到達度評価」）として，1960年代に取り入れられた。これは，集団における自分の位置を特定する相対評価の非教育性を問う声から生まれた評価法である。

　ところで，新学習指導要領の前文には，「それぞれの学校において，必要な学習内容をどのように学び，どのような資質・能力を身に付けられるようにするのかを教育課程において明確にしながら」という文言が示され，新たに，それを受けて教育目標や内容が資質・能力の3つの柱に基づき再整理された。この3つの柱のもとですべての教科の学習をつなぐという発想が，今後の評価のあり方を規定することとなる。これからの各教科の評価は，「目標に準拠した評価」を資質・能力の育成の視点から実質化する取り組みと考えることができる。言い換えれば，新学習指導要領のもとでは，小学校・中学校を中心に定着してきたこれまでの学習評価の成果を踏まえながら，「目標に準拠した評価」を一層進展させていくことが求められる。

　本章では，まず，現行学習指導要領［2008（平成20）年改訂］のもとでの代表

▷1　観点別学習状況の評価
1つの教科について複数の観点を設け，評価観点ごとに数値，記号あるいは評語で成績を表示する評価方法。

▷2　評　定
総合評価とも言われる。絶対評価を加味した相対評価。「児童の努力の結果が表れにくい」とか「競争を激化させる」など，いろいろな教育的な問題が古くから指摘されている。

▷3　相対評価
相対評価では，どんな得点曲線も正規分布になおされ，それぞれの得点が正規分布のなかに位置づけられる。かつて通知表のなかに記された5段階の「相対評価（1～5）」が有名である。現在，進路指導等で使用されている偏差値は50段階の「相対評価（25～75）」である。

157

的な評価である「観点別学習状況の評価」を，小学校を例に概観する。その後，新学習指導要領での新たな評価のあり方についてふれる。

2 これまでのわが国の学習評価の実際

まず，現行学習指導要領の「観点別学習状況の評価」に関しては，評価の観点として「知識・理解」「技能」「思考・判断・表現」「関心・意欲・態度」の4観点が設定されている。これらの評価は，成績付けのための評価にとどまらず，指導の改善に生かすためにも使用されている。4観点は，学校教育法第30条第2項が定める学校教育において重視すべき学力の3要素である(1)基礎的・基本的な知識・技能，(2)知識・技能を活用して課題を解決するために必要な思考力・判断力・表現力等，(3)主体的に学習に取り組む態度，に基づき整理されたものである。とりわけ，基礎的・基本的な知識・技能は「知識・理解」において評価され，これらを活用して課題を解決するために必要な思考力・判断力・表現力等は「技能」「思考・判断・表現」において評価され，主体的に学習に取り組む態度は「関心・意欲・態度」において評価されると整理されている。

他方，「評定」に関しては，2000（平成12）年12月に教育課程審議会で示された「児童生徒の学習と教育課程の実施状況と評価のあり方について」の中で次のように述べられている。その文中では，「評定する」ことが「評価する」という表現で記載されている。

「ア．学習の状況や成果などについて，児童生徒のよい点，学習に対する意欲や態度，進歩の状況などを踏まえて評価することが適当であり，数値的な評価をすることは適当でない。」

「イ．評価に当たっては，各教科の観点別学習状況の評価を基本とする。」

アの記述のなかの，「児童生徒のよい点」「進歩の状況などを踏まえて評価する」は，個人の基準に準拠した評価である。イの記述のなかの，「観点別学習状況の評価」は，目標に準拠した評価である。

次に，到達度評価の導入を受けて作成された「観点別学習状況の評価」に関しては，評価の力点が，集団に準拠する相対評価から，個々の児童の達成状況を踏まえた，目標に準拠した絶対評価に移った。この改訂は，従来の授業で行われていた評価活動を見直し，本質的な改善を図り，評価の質的転換を目指して行われたものであり，1981年度に全面実施された。その結果，児童に対する評定を記録する原簿である「指導要録」に観点別学習状況の欄が設けられ，教師はその欄への評価結果の記入を義務づけられた（山極，1985，122～129ページ）。この時から，「観点別学習状況の評価」は，指導要録に記録するためのも

のに止まらず，きめ細かい学習指導と児童生徒一人一人の学習内容の確実な定着を図るため，日常の授業においても適切に実施されるべきものと変化していった。加えて，「観点別学習状況の評価」では，知識・理解や技能とともに，関心・意欲・態度といった情意的側面についても評価することになった。さらに，1990年代に入ると，児童の「生きる力」を標榜する新学力観のもとに，知識・理解よりも関心・意欲・態度に対する評価が重視された。以上のような変化を経ることによって，「評定」を記録する指導要録がより指導資料的な性格をもつようになったのである。

▷4　生きる力
「生きる力」は，中央教育審議会第1次答申「21世紀を展望した我が国の教育の在り方について」（平成8年7月）で定位された。

　具体的には，理科における観点別学習状況の評価は，指導要録に示されている4観点で行われてきた。理科の各単元においては，学習指導要領の趣旨に明記された学習活動が具体的に展開され，評価されることが求められている。その趣旨には，それぞれの観点が達成されたかどうかを読み取るための視点が示されている。

　小学校理科の評価の観点とその趣旨は以下の通りである（森本，2010, 34〜35ページ）。

---

①自然事象への関心・意欲・態度
　　自然に親しみ，意欲をもって自然の事物・現象を調べる活動を行い，自然を愛するとともに生活に生かそうとする。
②科学的な思考・表現
　　自然の事物・現象から問題を見いだし，見通しをもって事象を比較したり，関係付けたり，条件に着目したり，推論したりして調べることによって得られた結果を考察し表現して，問題を解決している。
③観察・実験の技能
　　自然の事物・現象を観察し，実験を計画的に実施し，器具や機器などを目的に応じて工夫して扱うとともに，それらの過程や結果を的確に記録している。
④自然事象についての知識・理解
　　自然の事物・現象の性質や規則性，相互の関係などについて実感を伴って理解している。

---

　①の「自然事象への関心・意欲・態度」では，児童が自然の事象や現象に意欲的に関われるよう問題や課題を準備することが重要であり，児童のこれまでの経験を上手く生かしながら，問題解決をはかる活動が欠かせない。この意欲的な問題解決への関わりが評価の対象となる。
　②の「科学的な思考・表現」では，予想や仮説を立てて観察，実験を行うだけでなく，その結果について考察を行う学習活動を充実させることが大切である。このような活動を通した科学的な思考力や表現力の定着が評価の対象となる。とりわけ，2010年の改訂で②の観点に加わった「表現」に関しては，学習した内容を記録，要約，説明させたり，さらに，討論させたり，レポートを作

成させたりしながら，その能力を総合的に評価する必要がある。

③の「観察・実験の技能」では，観察・実験の方法や実験器具の適切な使用が評価の対象となる。

④の「自然事象についての知識・理解」では，科学的な言葉や概念を使用して考えたり説明したりする学習が評価の対象となる。この観点は，教師の指導や，児童の学習の定着に関わる観点であり，学習活動のなかで，習得力や活用力，思考力・判断力・表現力等の成長を評価しなければならない。

以上，小学校理科の評価の観点とその趣旨を概観してきたが，実践のなかでは，児童の実際の状況を多様な方法を用いて評価することが求められている。

3　新学習指導要領での3つの資質・能力と評価の3観点

2012（平成24）年末，「育成すべき資質・能力を踏まえた教育目標・内容と評価の在り方に関する検討会」が設置された。そこでは，わが国が1990年代から長期に渡って教育目標として掲げてきた「生きる力」が，現在欧米で強調されている「コンピテンシー」や「21世紀スキル」や「汎用的能力」等と共通する考え方と確認された。一連のスキルや能力の捉え方を色濃く反映した新学習指導要領では，学習で身に付けた能力や技能を確実に活用できることが望まれており，新たな教育目標と上記の考え方を踏まえた評価の整合性が求められることになった。

このような点を踏まえ，新学習指導要領では，「知識及び技能」「思考力，判断力，表現力等」「学びに向かう力，人間性等」の3つの資質・能力の柱に沿って，指導すべき事項が整理された。具体的には，教科によって多少の違いはあるが，指導すべき事項が「次のような知識及び技能を身に付けること」と「次のような思考力，判断力，表現力等を身に付けること」の2つに区分されて，具体的に示されている。このような2つに区分した表記の仕方は現行学習指導要領では行われていない。

加えて，2016（平成28）年12月21日の中央教育審議会答申「幼稚園，小学校，中学校，高等学校及び特別支援学校の学習指導要領等の改善及び必要な方策等について」では，これまでの評価の4観点（国語を除く）が，「知識・技能」「思考・判断・表現」「主体的に学習に取り組む態度」の3観点に変更された。

ところで，学習評価に関しては，平成29年10月から，中央教育審議会教育課程部会の学習評価のワーキンググループで継続的に議論されている。そこでは，資質・能力をどのように捉え，教育課程にどう位置づけていくかが問われることになる。さらに，示された3つの資質・能力の視点から教育課程や指導

計画を見直し，教育目標を具体的にどう作るかも重要な課題である。したがって，今後作られる多くの評価に関する資料については，評価規準を細かく示すのではなく，どのような観点で，どういう資質・能力を見ていくべきかという評価の手順を示すことが求められる。

以下では，ワーキンググループの今後の議論に先立ち，今回の改訂が目指す，3つの柱に沿って整理された資質・能力を児童に確実に身に付けさせるための方策や，各教員が改訂の趣旨や狙いを十分に理解して指導計画を作成するための指針について述べる。

① 「知識及び技能」に関する評価

「何を理解しているか」「何ができるか」を探ることは，「生きてはたらく『知識・技能』の習得」を探ること，と言い換えることができる。今回の観点では，「基礎的・基本的」という言葉がないので，より広い概念で「知識・技能」の習得を捉えなければならない。したがって，ここでは児童が学習内容に対して，より概念的に理解しているか，かつ概念を軸に知識を構造化しているかという点が問われることになる。

実際の評価では，学習事項が個別の知識や概念の習得に関わるものであるため，従来から用いられているペーパーテストが適切であろう。

② 「思考力，判断力，表現力等」に関する評価

思考一つとっても，論理的なものから，論理性に乏しいものまで多岐に渡っており，能力レベルを評価する場合には，スタンダードを準備し，それに準拠した評価が必要となるだろう。ここでの評価では，能力のレベルを示す文章表現と，そのレベルに該当する児童の作文，プレゼン，レポートなどを用いた多様な評価基準を示す必要がある。さらに，ここでは，「知識・技能」の観点とは異なり，個別の学習内容を習得したかを評価するのではなく，習得のレベルを評価しなければならない点に難しさがある。

加えて，「思考力，判断力，表現力等」が育っているかどうかを評価する際には，「理解していることやできることをどう使えるか」の観点からの評価が重要であり，この点を踏まえると，未知の状況にも対応できる思考力・判断力・表現力等が育っているかを問うことになり，その判断は極めて難しいと言える。

③ 「学びに向かう力，人間性等」に関する評価

「学びに向かう力，人間性等」の育成は，新学習指導要領の3本柱の一つである。評価の面から，とりわけ，妥当性，信頼性の高い評価は難しく，ここでの評価は形成的評価として行うのが望ましいだろう。

①②に比べ，多少長くなるが，③について検討してみよう。「学びに向かう力，人間性等」を涵養するための観点としては，児童が自身にとっての社会である学校・家庭・地域とどのように関わることが，よりよい人生につながるの

かを推論しなければならない。「学んだことを使って，どのような学校生活を送っていくのか」「自らの学びが，社会・世界にどう広がっていくのか」「学びを自らの人生や社会との関わりにどう生かしたら良いのか」といった観点が，検討する際に重要となるだろう。

ところで，「学びに向かう力，人間性等」には，次の2つの部分があると考えられる。

> ア）「主体的に学習に取り組む態度」として観点別評価（学習状況を分析的に捉える）を通じて見取ることができる部分。
> イ）観点別評価や評定には馴染まず，こうした評価では示しきれない個人内評価（個人の良い点や可能性，進歩の状況についての評価）を通じて見取る部分。

これらの部分は，毎回の授業ですべてを見取ることは難しく，単元や題材を通じたまとまりの中で，学習・指導内容と評価の場面をうまく組み立てて評価することが重要となるだろう。

さらに，これまでの認知心理学の成果に基づくと，このような能力に深く関係しているのはメタ認知能力である。優れた学習者は，学習課題や問題をきちんと把握しており，その結果，解決に向けた適切な方法をとることができる。このメタ認知能力を育てるためには，自己評価能力の育成が欠かせない。

ところで，「学びに向かう力，人間性等」に示された資質・能力には，感性や思いやりなどの幅広いものが含まれている。これらは，「観点別学習状況の評価」に馴染まないものであり，評価の観点としては，学校教育法に示された「主体的に学習に取り組む態度」として設定すべきであり，感性や思いやり等については，観点別学習状況の評価の対象外とするのが望ましいと考える。

▷5　メタ認知能力
自分の認知活動を一歩上の立場からみる力。理科学習のなかでは，問題解決のプロセス全体を見通す力や把握する力，あるいは，自分の学習過程や学習状況を把握する力と捉えることができる。

4　新学習指導要領のなかで活用される評価法

① 「主体的・対話的で深い学び」の評価の観点

新学習指導要領のもとでの評価では，「資質・能力」の評価に加えて，児童の「主体的・対話的で深い学び」の実現に向けた授業改善の評価も課題となっている。

「主体的な学び」の視点からは，児童に学習に積極的に取り組ませるだけでなく，児童が学習後に「自らの学びの成果や過程を振り返る」（メタ認知を育成する一つの視点）ことを通して，次の学びにさらに主体的に取り組む態度が生まれているかを評価することが重要である。

「対話的な学び」の視点からは，児童が思考ツールを活用し，情報を可視化したうえで，それらを操作し，さらに他者に説明するなどして知識・技能の構造化が図られているかを評価することが重要となる。

「深い学び」の視点からは，児童が各教科等の特質に応じて育まれる「見方・考え方」を総合的に活用し，個別の知識や技能を関連づけて概念化しているかを評価することが重要である。さらに，概念を実際の活用場面と結びつけて汎用的にし，多様な文脈のなかで使用可能にしているかについても評価する必要があり，知識を既存経験や学習した知識と関連づけて概念化したり，構造化したりすることが重要となる。

② 「主体的・対話的で深い学び」を評価するための新たな評価方法

児童の主体的・対話的で深い学びの実現では，上述したように，知識を活用する応用的な能力や，自ら学び自ら考えようとする自発的な能力の育成が叫ばれている。そこで求められる「確かな学力」とは，単に知っているだけではなく，知っていることを使って何かができる力であり，応用性に富んだ力と捉えなければならない（江田編著，2004）。

そして，そのような力を評価するためには，テストを，単に単純な問いへの正誤に基づいた得点づけではなく，実生活・実社会の実際の行為（パフォーマンス）や作品の集合体（ポートフォリオ）のなかに位置づけなければならない。そうすれば，そこでの評価はより「信頼」できるものとなるのである。

以下，具体的な評価方法としてのパフォーマンス評価[6]（performance assessment）とポートフォリオ評価[7]（portfolio assessment）について詳しく述べる。

③ パフォーマンス評価

パフォーマンス評価は，アメリカにおける大規模な標準テストや知識に焦点があてられた従来のテストに対する反省から模索された評価法の一つである。1994年には大塚が，アメリカにおける最近の流行的な評価方法の一つにパフォーマンス評価があると報告している（大塚，1994，102～111ページ）。

もともと，パフォーマンス評価は体育や芸術のなかでは幅広く使用されていたものである。ここでの評価は，能力に対する間接的な評価ではなく，パフォーマンスに対する直接的な評価である。例えば，ダイビング，体操，ピアノの演奏などは直接的な競争を同時に行うことができないので，参加者のパフォーマンスを審判員が評価する。最終的な評価は，個々の審判員の評価を集計して決められる。パフォーマンスという用語は，普通「遂行，作業，動作」等の意味で使用されているが，ここでは，かなり広い意味で用いられており，体操の演技や楽器などの演奏のみならず，文章や絵の作成など，児童の活動そのものを指している（後者は主に「ポートフォリオ評価」の対象となっている）。

パフォーマンス評価は，学習を通して得た知識や技能が本当に身に付いているかどうかを試す評価法である。理科では，ペーパーテストで評価することが難しい「実験や観察の能力」や「操作技能」などのパフォーマンス評価が，実験テストなどの名称で行われている。しかも，ガスバーナーや顕微鏡の操作な

▷6 パフォーマンス評価
わが国では，パフォーマンス評価は，とくに，理科の実験などで用いられてきた。実験の計画・探究の過程に関して，ペーパーテストで評価するのと，実際の実験活動のなかで評価するのとではすっかり異なることが容易にイメージできるだろう。

▷7 ポートフォリオ評価
ポートフォリオは教授の効果を示す具体的な証拠である。ポートフォリオ評価では，教師が子どもたちの成長と進歩を評価できる点のみが強調されがちだが，もう一つの側面としては，教授モデルを教師が再考するきっかけを与えてくれる点をあげることができる。

ど単純な実験技能を扱うだけではなく，より広い視点から理科の知識や技能などを評価している。

④ ポートフォリオ評価

パフォーマンス評価のなかに，ポートフォリオ評価が含まれる。ポートフォリオ評価とは，児童の作品や多様な学習に関わる情報を組織化し，分類した集合体であるポートフォリオを用いた評価法である。ポートフォリオは学習の創作物や選ばれた作品が組織化された記録物であり，そこには，個人の達成度や理解度などに関する証拠が保存されている。このポートフォリオを活用した評価がポートフォリオ評価であり，テスト結果からだけでは測れない児童の学習過程や達成度を探ることができる。

理科におけるポートフォリオ評価では，目的に応じ，観察カード，実験レポート，学習成果をまとめたポスター，テスト，さらには，ビデオ，ICレコーダーによる記録も評価対象に含まれる。また，各段階で，ポートフォリオの検討に評価者として児童を加わらせることにより，児童は自己評価ができるようになる。この自己評価のための作業は，児童に自分自身を第三者的に捉えるメタ認知能力を発展させる契機にもなっている。

ポートフォリオのなかに蓄積された作品や記録物は，長期間にわたる学習に対する児童の意識や努力だけでなく，達成度など偏差値や順位では得られない成長の様子をより鮮明に描き出しており，信頼性が高い証拠と思われる。しかし，ポートフォリオ評価には，伝統的に行われてきたテストに比べ，手間暇がかかり，さらに，ルーブリック[48]（「評価指標」）を教授・学習のガイドラインとしていかに価値あるものにするかという課題が残されている。

5　学習評価と授業サイクル

最後に，「指導と評価の一体化[49]」の問題にふれておく。教師は常に，児童の状態を評価しながら指導を調整しており，評価は本来的に指導と切り離せない。

「指導と評価の一体化」は教師の最大の関心事である。教師は適切な学習目標を掲げ，学習活動や指導方法を工夫するとともに，常に児童の達成状況を確かめながら，授業を行うことが求められている。「指導と評価の一体化」が強調され始めたのは，教育工学が導入された1960年代以降である。初期の教育工学のなかでは，教授や学習をシステム的に捉えて，適切なメディアや教育方法を選択して，指導にあたることが大切なこととされた。とくに，授業をシステムとして捉えると，計画（Plan）・実施（Do）・評価（See）の3者の循環が重要とされた（PDSサイクル）。

しかし，「評価が教育活動に生かされていないのではないか」，「問題点を改

▷8　ルーブリック
テスト，パフォーマンス，ポートフォリオなどを評価し，点数化するために使用される確立した基準である。「採点のための鍵」という意味でも用いられるルーブリックは，子どもたちの作品を判断するためのガイドラインとして使用されている。

▷9　指導と評価の一体化
「指導と評価の一体化」はスローガンとして唱えられるほど，簡単なものではない。今後，どのような評価を行えば，教師の過度の負担なしに「指導と評価の一体化」が行えるかについて検討する必要がある。

善し，教育をし直して，全ての目標を実現してから次へ進むべきでないか」という主張のもとに，現在では，PDCAサイクルが教育界に普及している（PDCA：Plan/Do/Check/Action）。P，Dはそれぞれ計画と実施，Cは点検・反省である。Actionは，改善された教育をし直して目標を実現する活動と捉えられている。すなわち，PDCAサイクルは，教育が目標実現に機能したかを値踏み・点検・反省し，達成できていない目標があれば，教育をし直し，すべての目標の実現を確認し，次へ進むというサイクルを示している。

しかし近年，教育の本質を考える際，静態的なデータだけではなく，実際の学校に出向いて，児童の様子をホリスティックに捉える大切さが強調されるようになった。ここで注目されたのがPDSAサイクルである（PDSA：Plan/Do/Study/Action）。教育行政でも，学校評価でも，このサイクルでは，Studyという観点が重要視され始めている。

PDSAサイクルは，学校教育がどういう力を育もうとしているかを表明する機会を提供しており，「社会に開かれた教育課程」にもつながっている。例えば，理科に引きつけて考えると，探究活動一つをとってみても，それは「生きた知識」を身に付けるために必要な学びであり，10年後20年後の児童の人生を支えるものとなる。PDCAサイクルからPDSAサイクルの流れは，社会との学びの意味の共有という観点から「社会に開かれた教育課程」の重要な要素の一つになってくるだろう。

学習評価をシステムと考えるなかで，教師は，外部から直接アクセスできない児童の心や頭の変化を何らかの観察手段を使って明らかにし，その変化したデータを用い評価しなければならない。適切な評価を行うためには，観察したデータを繰り返し解釈しながら，一人一人の児童が教室に来る前に「何を知っていて」，「何ができているのか」をきちんと捉え，授業を経て「何が身に付いたのか」に関して可能な限りの情報を集め，分析することが必要となる。

Exercise

① 現行学習指導要領と新学習指導要領では，評価の目指すものがどのように変わったのだろうか。それは，どのような理由によるのか考えてみよう。
② パフォーマンス評価やポートフォリオ評価の利点と問題点について，具体例をあげて考えてみよう。

📖次への一冊

田中耕治『教育評価と教育実践の課題——「評価の時代」を拓く』三学出版, 2013年。
　　本書は, 2008年以降の著者の論考を集めて出版した書籍である。国際的な学力調査であるPISA, 国際調査によって触発され, わが国で悉皆調査として実施された「全国学力・学習状況調査」, さらには2010年に改訂された新指導要録等, 近年の教育評価に関わる問題に焦点を当てている点に特徴がある。
奈須正裕『「資質・能力」と学びのメカニズム』東洋館出版社, 2017年。
　　本書は, 新学習指導要領改訂の背景にある理論面を分かりやすく解説している良書である。現場で日々の実践を行っている教師や, これから教師になろうとしてる学生諸君にとって貴重な情報を提供しており, 新学習指導要領の自律的な読み解きやそれを基盤にした豊かで自由な実践を創造するための本である。

引用・参考文献

東洋『子どもの能力と教育評価』東京大学出版会, 2001年。
江田稔編著『確かな学力を育てる中学校理科授業』東洋館出版社, 2004年。
小島繁男「評価」東洋・大橋秀雄・戸田盛和編『理科教育事典』大日本図書, 1991年, 203～228ページ。
森本信也「小学校「理科」の評価の留意点」『教職研修』Vol. 38-12, 2010年, 34～35ページ。
長尾彰夫・浜田寿美男『教育評価を考える』ミネルヴァ書房, 2000年。
大塚雄作「わが国の最近1年間における教育心理学の研究動向と展望」『教育心理学年報』第33集, 日本教育心理学会, 1994年, 102～111ページ。
菅井勝雄「指導と評価の一体化」北尾倫彦編集『新しい評価観と学習評価』図書文化, 1996年, 35～41ページ。
山極隆「理科における評価を生かした指導の進め方」『理科教育』No.210, 明治図書出版, 1985年, 122～129ページ。

第17章
初等理科実験の安全指導と実験室管理

〈この章のポイント〉
　本章では，初等理科実験の安全指導と実験室管理について解説する。まず，これまでに発生した理科実験事故の発生頻度などの特徴を理解したうえで，実験事故に対するリスク・危機管理を検討してほしい。次に，初等理科で用いる主な実験器具の種類と特徴を踏まえ，さらに，安全な理科実験のための諸外国の取り組みを紹介したうえで，理科実験の安全指導の要点を説明する。最後に，理科備品の管理や薬品の廃液処理を中心に実験室管理について説明する。

1　理科実験事故とリスク・危機管理

1　初等理科実験事故の特徴

　小学校の新学習指導要領では，小学校理科の教科の目標として「観察，実験などに関する基本的な技能を身に付ける」や「観察，実験などを行い，問題解決の力を養う」など，問題解決を重視し，これまでの学習指導要領と同様に，理科授業のなかでの観察，実験を重視していることがうかがえる。そもそも理科における観察，実験は，児童が自ら問題意識をもって意図的に自然の事物・現象に働きかけていく活動とされている。しかしその一方，理科の実験では，安全への十分な配慮を必要とされながらも，残念ながら死亡事故を含む重大事故が発生している。例えば，小学校理科の事故は，過去約30年間，児童1人あたりの年間事故件数が0.04～0.07％（低学年を除く）の割合で推移しており，これまで決して0％となったことはないという（春日・森本，2016，11～17ページ）。このように理科の実験は，常に危険がともなうものであり，児童が安全に実験を行うためには，教師の十分な配慮と安全指導が必須となる。これまでも学習指導要領において観察，実験が重視されてきたためか，理科授業において観察，実験に多くの時間が割かれてきた。理科授業を担当する教師は，児童の安全を確保しながら，多種多様な実験を実施しなければならない。
　小学校の理科授業における事故に関するこれまでの調査では，全国理科教育センター研究協議会が実施したものがある（全国理科教育センター研究協議会，1967）。それによると，表17-1のような集計結果が報告されている。

表17-1 事故の集計（小学校）

発生頻度順位	観察や実験の種類	事故件数の割合（％）
1	アルコールランプの取り扱い	17.8
2	野外観察学習	14.1
3	化学薬品の取り扱い	14.0
4	ガラス器具の取り扱い	12.2
5	（薬品操作以外の）化学的内容	10.3

出所：全国理科教育センター研究協議会（1967）のデータを基に筆者作成，集計結果からの一部抜粋。

　実験事故は，表17-1の通り，アルコールランプの取り扱いに関する事故が発生件数全体の約18％を占めており，もっとも多い。アルコールランプの取り扱いに関する事故例では，例えば，「アルコールランプの取り扱い方の不注意によるはね・こぼれによる事故」や「アルコールの不足したランプへの点火による気化したアルコールの爆発事故」などといった事故が発生している。

　また，小学校で取り扱う化学薬品の種類は中学校や高等学校に比べて少ないものの，化学薬品の取り扱いに関する事故が目立つ。化学薬品の取り扱いに関する事故例では，例えば，「塩素ガス発生時，換気不完全と発生量過剰による中毒」や「水酸化ナトリウム水溶液の入った容器などの取り扱い不注意によるはね・こぼれ」などといった事故が発生している。

　ガラス器具の取り扱いに関する事故例では，例えば，「ガラス器具の切り口で指を切った」や「ガラスの破片で手を切った」などの事故が発生している。

2　実験事故に対するリスク・危機管理

　もし実験事故が起こった場合，教師が速やかに適切な応急処置をとり，その後の対応をすることが，実験事故に対するリスク・危機管理として重要となる。具体的には，実験事故発生時の対応について学校の養護教諭や管理職等と事前に打ち合わせをしておき，緊急対応マニュアルなどのルール作りをすることである。このルールには，理科授業担当教師のみで事故被害について判断することをできる限り避け，事故発生後すみやかに養護教諭や専門医の診察，処置を受けさせること，所属学校長等への報告・連絡方法などを明記したい。さらに，事故が起こった場合の対応としてもう一つ重要なことが，事故で被害を受けた児童以外の児童への適切な指導を行うことである。このことは，事故発生後に残りの児童が動揺し，連鎖的に事故が発生することを防ぐためである。学校内で実験事故発生時の緊急対応マニュアルの作成に加えて，実験事故に対するリスク・危機管理に必要なことは，実験事故への対応を学校全体で共有することである。理科授業を担当する教師全員に緊急対応マニュアルの理解を徹底させるため，理科主任などを中心に学校内で研修を実施するなどしてほしい。

2　安全指導

1　実験器具の種類と特徴

　理科授業では多くの実験器具を使用する。試験管やビーカー等のガラス器具をはじめ，アルコールランプ等の加熱器具，虫眼鏡や顕微鏡等の光学器具，メスシリンダーや上皿てんびんといった測定器具である。（公社）日本理科教育振興協会▷1が作成している小学校理科教育設備備品リストによると，小学校に整備することが推奨される実験器具として計155種類の理科設備品があげられている。それら設備品を大別すると，以下の表17-2のようになる。

表17-2　小学校の主な理科実験器具

	品　目	具体的な品名
1	加熱器具	アルコールランプ，実験用カセットコンロなど
2	測定器具	上皿てんびん，メスシリンダー，温度計など
3	電気器具	電流計，電圧計，発光ダイオードなど
4	光学器具	レンズ，顕微鏡，虫眼鏡など
5	力学器具	てこ実験器，振り子実験器など
6	情報器具	パソコン，プロジェクター，OHCなど
7	標本器具	人体模型，岩石標本，植物標本など
8	ガラス器具	試験管，ビーカー，フラスコなど

出所：（公社）日本理科教育振興協会の設備備品リストを基に筆者作成。

▷1　（公社）日本理科教育振興協会
科学技術教育の一層の振興を図るため1963（昭和38）年に学校教育用理科機器メーカーとそれらの販売会社によって結成された団体。公益社団法人日本理科教育振興協会ホームページ。http://www.japse.or.jp/（最終アクセス2017年10月）

　表17-2の通り，理科の実験器具は，その取り扱いには専門的知識を必要とするものばかりである。教師はそれぞれの実験器具の管理と使用方法を十分に理解しておく必要がある。また，これらの器具に関する基本的な知識の理解とともに，実際に使用できるよう技能の向上を図っておくことも必要である。さらに，教師は，自分自身が実験器具を適切に使用できることはもちろん，児童に基本的な使用方法を伝達し，適切に使用させなければならない。

　例えば，加熱器具にはアルコールランプや実験用カセットコンロ等がある。これらの器具を用いた事故では，児童の火傷などの被害が頻発している。その原因は，児童が加熱器具の構造と操作方法を十分に理解せずに実験をしたことと思われる。理科実験で加熱器具を用いる場合，加熱器具は非常に危険度が高いことを児童に直接伝えることが必要である。

　理科授業では数多くのガラス器具を用いる。ガラスは，熱に強いが衝撃に弱く破損しやすい。また，ガラス器具の破損箇所は，想像以上に鋭利である。そのため，破損したガラス器具による切傷の事故が発生している。ガラス器具に関する事故は，児童はもちろん教師がガラス器具の特性を十分に理解せずに使

用していることが主な原因である。こうした事故を防ぐためには，教師が理科授業で取り扱うガラス器具の特性を十分に把握することが必要である。

2 諸外国における安全指導

英国や米国といった諸外国では，教科書等で理科実験での注意事項が掲載されている。例えば，英国では，理科授業で児童生徒が注意すべき安全規則（12項目）が教科書に掲載されているという（磯﨑，2005，170～171ページ）。また，米国の理科教科書では，独立した単元にて，理科における安全に関する内容が導入されている（鈴木，2016，34ページ）。例えば，第3学年の理科教科書では，実験器具の使用方法に関する学習内容の一部として，下記の表17-3のような10項目の注意事項が明記されていた（Buckley eds., 2012）。こうした注意事項は，理科実験に取り組む児童が守るべきものとして，実験手順の確認方法，頭髪の処理，保護眼鏡の使用といった事項を含む。つまり，児童の安全に関する資質・能力を育成しようとする意図がうかがえる。その他，この教科書の教師用指導書をみると，教師が児童の実験手順についての理解を確認することの必要性を指摘していた。

表17-3 理科教科書における安全に関する注意事項

1. 教師の指示に従いなさい。
2. 実験活動を読解しなさい。
3. 教師の指示があるまで，教材（溶液を含む）を口に含んだり，臭いを嗅いだりしてはいけません。
4. 保護眼鏡，ゴーグルを身に付けなさい。また，必要に応じて髪を後ろでまとめなさい。
5. はさみやその他の器具を注意深く扱いなさい。
6. 実験をする場所は，整理整頓しなさい。
7. 溶液をこぼしたら，すぐに拭きなさい。
8. 事故が発生したり，何か危険を感じたならば，ただちに教師に報告しなさい。
9. 実験活動後はかならずよく手を洗いなさい。
10. 実験後，教材をもとの場所に戻しなさい。

出所：Buckley eds. (2012) の記述を基に筆者作成。

表17-4 安全に関する教材の内容構成

1. 導入
2. 事故事例
3. 目の保護
4. 教室における植物栽培
5. 応急処置
6. 教室における動物飼育
7. 校外学習
8. 火災防止とコントロール
9. 保管とラベリング
10. 実験器具と教材の安全使用
11. 安全のためのチェックリスト

出所：Texley eds. (2003) を基に筆者作成。

その他，米国では，表17-4の構成をもつような，理科授業における安全指導に関して初等教育段階とミドルスクール段階で教材が開発されている（Texley eds., 2003）。この教材では，理科授業ではどんな事故が起きたかといった実際の事故事例の紹介をはじめ，実験器具の使用上の注意点，さらには，安全な理科実験実施のためのチェックリストも含まれていた。その他，この教材では実験事故後の簡易な応急処置の方法も掲載しており，実験事故が発生した

際の緊急連絡先なども記入できる。この教材の各章では，教師自身が実験事故の防止のための具体的な手立てを詳細に示している。

このような指導を行っている米国では実験事故が少ないというわけではない。しかし，これまでの日本における理科実験実施に対する対応方法だけではなく，実験事故を防止する新たな視点を得るために諸外国の状況を探ることには意味がある。

3 理科実験の安全指導

新学習指導要領の解説では，小学校理科授業における事故防止等について「観察，実験などの指導に当たっては，事故防止に十分留意すること。また，環境整備に十分配慮するとともに，使用薬品についても適切な措置をとるよう配慮すること」としている（文部科学省，2018）。具体的には，学習指導要領解説にて，「観察，実験などの指導に当たっては，予備実験を行い，安全上の配慮事項を具体的に確認した上で，事故が起きないように児童に指導することが重要である」とあるように，実験実施前の予備実験の重要性を指摘している（文部科学省，2018）。また，児童への安全指導の観点として「安全管理という観点から，加熱，燃焼，気体の発生などの実験，ガラス器具や刃物などの操作，薬品の管理，取扱い，処理などには十分に注意を払うことが求められる」とあるように，数ある実験のなかでも，加熱や燃焼の実験，気体発生の実験，ガラス器具等を用いた実験など，とくに注意すべき実験場面や器具を例示している。さらに，「実験は立って行うことや，状況に応じて保護眼鏡を着用するなど，安全への配慮を十分に行うことが必要である」としており，保護眼鏡の着用などといった，具体的な安全指導事項を整理している（文部科学省，2018）。

理科実験の安全指導については，表17-3のような事故防止のための指導のポイントがある（大日本図書教育研究室，2015，10～11ページ）。

表17-5 事故防止のための指導のポイント

- 指導者の注意をよく聞き取らせる。
- 指導者の制止の合図に従わせる。
- 必要な指示及び注意事項の確認は，観察・実験の前に行う。
- 平静で真剣な行動を習慣づける。
- 教師が自ら模範を示し，整理整頓を徹底させる。
- 安全に観察・実験をするために，服装などに気をつける。

出所：大日本図書教育研究室（2015）を基に筆者作成。

このポイントは，学習指導要領より具体的で教師が実施すべき必要最低限の事項であろう。その他「児童の理解にもとづく指導」の重要性を指摘している。児童自ら安全を確保するような態度を育てることが重要だということである。そのためには，児童に実験手順を正確に理解させることが前提となる。ま

た，教師は実験の実施状況を把握するとともに，児童が実験手順を正確に理解しているかどうかを把握することも必要となる。つまり，児童自身がどのように安全確保しているかを教師が確認するという作業を必ず実施すべきである。

理科実験における安全指導について，学校ごとに理科の安全指導のルールを統一することを検討してほしい。児童の学年進行に応じて，学年ごとに理科を担当する教師が変更となり，それにともなって安全指導のルールを変更していては，児童の安全のための態度育成を妨げるおそれがある。学校全体で理科実験の事故防止のための取り組みを考えつづけてほしい。

3　実験室管理

1　理科室・準備室の管理

理科実験における児童への安全指導だけでなく，理科室・準備室の管理もまた教師の役割の一部である。この役割は，これまで理科授業を受けてきただけの者には理解しにくい内容を含むため，教師となる前に必ず理解しておくべきである。

学習指導要領の解説では，「観察，実験の充実を図る観点から，理科室は，児童が活動しやすいように整理整頓しておくとともに，実験器具等の配置を児童に周知しておくことも大切である」としている（文部科学省，2018）。理科室・準備室は，日頃から整理整頓を心がけたい。例えば，学年や単元ごとに使用する実験器具をまとめて管理したり，児童によりわかりやすいよう実験器具の写真を理科室の棚や引き出しに貼る等の対応が考えられる。その他，理科室・準備室における備品の配置には備品を収納する棚などの耐震対策を意識したい。棚を固定することをはじめ，もし棚に保管していた備品が棚から落ちても大きな事故につながらないように，備品の重量に応じた配置を検討することが重要である。

理科室・準備室では，理科実験の事故を防止したり，事故の被害を最小限に抑えたりするための設備が備わっている。具体的には，理科室の消防設備や換気設備である。

理科室の消防設備は，消火器をはじめ防火用水や防火用砂等である。これらの消火設備は，理科室の教師用実験台の周辺に設置するとともに，常時使用可能であるか点検し続けなければならない。その他，消火設備としてぬれた雑巾を児童用実験台ごとに用意する。ぬれた雑巾の役割については誤解している児童も多い。実験で火を用いる前には児童にも説明することが必要である。

理科室の換気設備は，実験で発生した有毒ガスの濃度を一定以上にさせない

ことが目的である。これまでも発生した塩素ガスによる事故が報告されている。教師は，窓や換気扇が正常に稼働できるか授業前に確認すべきである。

最近，理科室には多様なICT機器が導入されてきている。具体的には，プロジェクターや電子黒板，実物投影機などである。これらはより円滑な理科授業の実施に役立つ。こうした理科室設備等の使い方についても備品と同様にできる限り年度当初に児童に説明したい。

理科室の設備改修には，多額の予算を必要とする。理科室やその設備の管理については，数年後といった短期的な整備計画とともに，10年後といった長期的な展望のもとに整備計画を立案していく必要がある。

▷2　ICT（Information and Communication Technology） ICTは「情報通信技術」の略である。近年，教育や学校において授業や校務での活用が強調されている。

2　理科備品の管理

理科実験を行うためには多数の理科備品が必要となる。ここでの理科備品とは，理科実験で使用する器具のなかでも1回の使用ではその品質・形状が変わらず，比較的長期間継続して使用できるものである。これらの備品は，日常的に点検し，いつでも使用できるような状態で保管しなければならない。その際，使用頻度が高く危険性の少ないものは実験室に配置し，高額なものや取り扱いに危険が生じるようなものは準備室で保管したり，施錠できる棚に入れて保管したりする。また，理科備品の保管場所，利用状況，取り扱い説明書などをまとめた台帳（コンピュータ管理も含む）を作成することも管理の点から重要である。

小学校理科で必要な理科備品は，前節でも取り上げた「小学校理科教育設備備品リスト」が非常に参考になる。このリストをもとに，必要な理科備品の種類や数の充足を確認したい。理科備品の整備は，次のような手順で行うことが望ましい。「①購入計画の立案」「②備品の購入」「③備品台帳の管理」「④理科室・準備室における保管場所の決定」，そのうえで，理科授業で理科備品を活用し，「⑤備品の点検・修理」「⑥備品の廃棄」という一連の流れを意識したい。近年，理科備品の整備に用いることのできる学校内予算は限られており，非常に少ないという。科学技術振興機構の「平成22年度小学校理科教育実態調査集計結果」によると，「児童1人あたりの平均が年間約478円，消耗品は，児童1人あたりの全国平均で年間約373円である。設備備品費が0円の学校が約38％である」という（科学技術振興機構，2012）。そのため，例えば，「理科教育振興法」に基づく助成制度等を活用したい。現在の理科室は，これまで理科室を管理してきた教師などの尽力によって理科備品が整備されている。教師は勤務する学校における今後の理科授業を考え，これらの助成申請等の手続きを正しく理解し，積極的に助成申請してほしい。

▷3　理科教育振興法 理科教育の振興のため1953（昭和28）年に制定され，1954（昭和29）年に施行された法律。

3 薬品の管理と廃液処理

『小学校学習指導要領解説理科編』にて「使用薬品などについては，地震や火災などに備えて，法令に従い，厳正に管理する必要がある」とあるように，小学校理科授業では，薬品の安全な使用だけでなく法令に従って適切に処理しなければならない。

文部科学省の『小学校理科の観察・実験の手引き』を見てみると，学年が進むにつれて観察や実験において多くの薬品を使用することになる（文部科学省, 2011）。そのなかには，可燃物を含む危険物や毒劇物などの危険な薬品も含まれる。そのため，薬品の購入や保管などに際しては，「消防法」や「毒物及び劇物取締法」などの法令を遵守しなければならない。また，薬品戸棚を準備室の冷暗所に設置し，施錠して，厳重に鍵を管理しなければならない。ちなみに，毒劇物の保管庫には「毒物・劇物」の表示が必要となる。先の理科備品と同様に，薬品の保管場所，利用状況などを記録した薬品台帳を作成することは必須となる。

〈毒劇物〉

初等理科で使用する薬品のうち，主な毒物及び劇物には，塩酸や水酸化ナトリウムがある。学校において，毒物及び劇物を取り扱う場合には，登録や届出の義務はないが，届出を要しない毒物劇物業務上取扱者として「毒物及び劇物取締法」で規制を受けている。この点に十分留意し，薬品を取り扱う際は，慎重に行う必要がある。

〈危険物〉

初等理科で使用する薬品のうち，主な危険物には，アルコールランプの燃料の一部であるメタノールなどがある。理科実験では，消防法に定める危険物に留意する必要がある。学校では，指定数量以上の危険物を取り扱うことはないため，消防署への届出の必要はほとんどない。安全な管理や取り扱いを行うためにも，できる限り危険物の大量購入・保管は避けるべきである。

〈廃液処理〉

実験後の廃液は，児童や教師の健康を害さないように処理しなければならない。理科実験の廃液によって学校近隣の環境に負荷を与えるようなことはあってはならない。薬品の使用とともに「環境基本法」といった法律に基づき，廃液を処理する必要がある。危険な廃液はたとえ少量であろうとも勝手に排出してはならない。なかでも重金属を使用した実験を行った場合，廃液処理に十分注意を払う必要がある。廃液処理は，授業後，基本的に分別貯留し，教師がまとめて廃液処理を行う。

新学習指導要領では，理科における環境教育の実施も強調されている。そう

▷4　毒劇物
毒劇物は，「特定毒物」「毒物」「劇物」の3区分に分けられる。その各々の区分・物質ごとに具体的な規制が示されている。

▷5　危険物
危険物とは，引火性物質，爆発性物質，放射性物質などの危険性のある物質の総称。各種法令により規制されている。

いった観点からも，環境に対する理科教育に携わる者の責任は今後ますます大きくなると思われる。実験廃液については，実験終了後の後片付けの一環として，できる限り児童に行わせ，児童が廃液処理の必要性を理解することを通じて，児童の環境意識の醸成をはかりたい。

Exercise

① 理科授業で使用する主な器具一覧を確認し，それらの使用方法と管理方法について確認してみよう。
② 実験活動を一つ取り上げ，その実験の安全指導についてグループで検討してみよう。
③ 理科実験室で使用する器具や薬品の管理台帳を作成してみよう。

次への一冊

文部科学省『小学校理科の観察・実験の手引き』文部科学省，2011年。
　本書は，初等理科のすべての単元における観察・実験に関する基本的な内容を解説しつつ，観察，実験に必要な装置や器具の使用法，実験における指導上の注意点をまとめたものである。

角屋重樹・石井雅幸・林四郎編著『小学校 理科の学ばせ方・教え方事典』教育出版，2005年。
　本書は，初等理科を理論と実践の2つの側面から分析し，その詳細をそれぞれのキーワードに従って整理している。小学校理科授業に必要な知識が網羅的に掲載されている。

大日本図書教育研究室『小学校理科観察・実験セーフティマニュアル——学習指導要領対応』大日本図書，2015年。
　本書は，2015年度から使用される教科書に合わせて，小学校の実験事故を防止するため作成されたものである。小学校教師を目指す学生のテキストとして活用できる。

加藤尚裕・引間和彦編著『安全な小学校理科実験——基本操作ハンドブック』東洋館出版社，2011年。
　本書は，初等理科で用いる観察や実験の器具の使用方法を，複数のカテゴリーに分けながら，多数の図や写真を用いて説明している。

引用・参考文献等

Buckley, D. (eds.), *Interactive Science*, Pearson Education, 2012.
大日本図書教育研究室『小学校理科観察・実験セーフティマニュアル——学習指導要領対応』大日本図書，2015年。

資料：関連情報（法令等）のまとめ

〈小学校理科に関連する重要法令〉
・毒物及び劇物取締法（最終更新：平成27年6月26日改正）
・消防法（最終更新：平成27年9月11日改正）
・高圧ガス保安法（最終更新：平成27年9月11日改正）
・環境基本法（平成5年11月19日施行）
これらの法令については，電子政府の総合窓口 e-Gov（イーガブ）を参照。
http://www.e-gov.go.jp/index.html（最終アクセス：2017年10月）

〈専門機関〉
・（財）日本中毒情報センター
http://www.j-poison-ic.or.jp/homepage.nsf（最終アクセス：2017年10月）
・高圧ガス保安協会
http://www.khk.or.jp/（最終アクセス：2017年10月）

〈関連書籍〉
・日本理科教育学会編『理科実験観察指導講座 全4巻』東洋館出版社，1955〜1956年。
・国立天文台編『理科年表 平成30年』丸善出版，2017年。
・日本化学会編『化学便覧 基礎編 改訂5版』丸善株式会社，2004年。
・「新観察・実験大事典」編集委員会編『新観察・実験大事典［物理編］・［化学編］・［生物編］・［地学編］』東京書籍，2002年。
・長谷川秀吉『小学校・中学校理科薬品ハンドブック』東洋館出版社，1993年。

磯﨑哲夫「理科における安全教育」野上智行編著『理科教育学概論』大学教育出版，2005年，166〜171ページ。
科学技術振興機構「平成22年度小学校理科教育実態調査集計結果」2012年。
春日光・森本弘一「過去30年間の小学校理科実験事故の傾向に関する研究」『理科教育学研究』日本理科教育学会，Vol. 57, No. 1, 2016年。
文部科学省『小学校理科の観察・実験の手引き』文部科学省，2011年。
文部科学省『小学校学習指導要領（平成29年告示）解説理科編』東洋館出版社，2018年。
鈴木宏昭『理科の観察や実験における安全のための学習指導に関する研究——米国の教材分析を中心に』日本理科教育学会，日本理科教育学会第55回東北支部大会論文集，2016年，34ページ。
Texley, J. et al. (eds.), *Safety in the Elementary Science Classroom*, National Science Teachers Association, 2003.
全国理科教育センター研究協議会『安全な理科実験——事故事例とその防止対策』東洋館出版社，1967年。

第18章
初等理科におけるものづくり

〈この章のポイント〉
　理科学習における自然体験活動は，観察，実験，栽培，飼育，ものづくりなど，多様である。体験活動の一つである理科におけるものづくりは，手を使って何かを創造する，物を作るという体験や学習活動と捉えられている。本章では，理科の学習としてのものづくりの位置づけ，ものづくり活動の目的や指導上の留意点などについて学ぶ。

1　理科におけるものづくり

　理科におけるものづくりは，手を使って何かを創造したり，物を作ったりする学習活動と捉えられている。「ものづくり」という用語は，物を作る学習を名称的に表す場合や，学習の過程を表す場合，さらには，学習の成果としてできあがった製作物をさす場合などに使われることがあり，用語のニュアンスは複合的である。本章では，学習指導の観点から，物を作る学習活動の過程に焦点をあてる場合を「ものづくり活動」と表して，使い分けることにする。

1　ものづくりの位置づけ

　「ものづくり」という用語が，学習指導要領の理科に登場したのは小学校の学習指導要領［1998（平成10）年改訂］が初めてである。それ以前の理科でものづくり活動は実施されてこなかったかというと，そうではない。「ものづくり」という用語が登場していないだけで，理科学習のなかで物を作る学習活動は継続して扱われていた。現在の「ものづくり」に通じる活動は，それぞれの時代の理科学習のなかにしっかりと位置づけられていた（人見，2010）。小学校の学習指導要領［1998年改訂］において各学年の目標に「ものづくり」という用語が登場し，内容の取扱いとして「〇種類程度のものづくりを行うものとする」という表現が明記された。小学校の学習指導要領［2008（平成20）年改訂］でも各学年の目標に「ものづくり」に関する記述は同じように含まれ，内容の取扱いでは「〇種類以上のものづくりを行うものとする」という表現で統一された。小学校の新学習指導要領では各学年の目標の表記のしかたが変わり，「ものづくり」という用語は含まれなくなった。しかし，扱いの程度を見てみ

▷1　ものづくりという用語が登場する前，ものづくりに相当する学習は，「理科工作」「製作学習」「製作活動」「おもちゃづくり」などと呼ばれていた。

ると，小学校の学習指導要領［2008年改訂］と同等の扱われ方であることがわかる。小学校理科でものづくりが主に想定される単元は，「A 物質・エネルギー」領域である。これらを整理すると，表18-1のようになる。

表18-1　小学校理科におけるものづくりの位置づけ
（小学校の学習指導要領［1998年改訂，2008年改訂，2017年改訂］）

	1998年改訂		2008年改訂		2017年改訂	
	想定される単元	扱い	想定される単元	扱い	想定される単元	扱い
第3学年	光，電気，磁石	3種類程度	風やゴムの働き，光の性質，磁石の性質，電気の通り道	3種類以上	風とゴムの力の働き，光と音の性質，磁石の性質，電気の通り道	3種類以上
第4学年	空気・水，金属，水，空気と温度，乾電池・光電池	2種類程度	空気と水の性質，金属，水，空気と温度，電気の働き	2種類以上	空気と水の性質，金属，水，空気と温度，電流の働き	2種類以上
第5学年	てこ，振り子	2種類程度	振り子の運動，電流の働き	2種類以上	振り子の運動，電流がつくる磁力	2種類以上
第6学年	電磁石	2種類程度	てこの規則性，電気の利用	2種類以上	てこの規則性，電気の利用	2種類以上

2 ものづくりの例

　小学校の新学習指導要領をもとに，ものづくりが想定されている学習単元と製作物の例を整理すると，表18-2のようになる。いずれの例も，理科学習で得た自然事象の性質（働き）に関する知識を活用して，遊ぶ物や実用的な物を作る活動である。

表18-2　小学校の新学習指導要領に見るものづくりの例

	学習内容	ものづくりの例
第3学年	風とゴムの力の働き	風やゴムの力で動く自動車，風車
	光の性質	平面鏡を使って物を明るくしたり暖かくしたりする装置
	音の性質	糸電話
	磁石の性質	極の働きや性質を使って動く自動車，船
	電気の通り道	スイッチ，テスター
第4学年	空気と水の性質	空気でっぽう，水でっぽう
	物の温まり方	ソーラーバルーン，温度計
	電流の働き	自動車，回転ブランコ，クレーン
第5学年	振り子の運動	簡易メトロノーム
	電流がつくる磁力	モーター，クレーン

| 第6学年 | てこの規則性
電気の利用 | てこ，てんびんばかり
蓄電器を利用した照明，センサーを使った発光ダイオードの点灯装置，モーター |

　例えば，第3学年の風とゴムの力の働きでは，それらの力を動力に変換するという観点から，風やゴムの力で動く自動車や風車を作ることなどが例示されている。音の性質の学習は新学習指導要領で新設されたが，この単元でのものづくりとして，糸電話の製作が例示されている。ここでは，離れた場所へ声を伝える簡易な物や，複数本の糸を枝分かれさせ，複数個の紙コップにつなげることで，同時に複数の場所に音声が伝わることを確かめるような製作も考えられる。電気の性質の活用では，豆電球などを点灯させたり切ったりすることを目的にスイッチを作ったりする。あるいは，電気を通す物であるかどうかを調べることを目的としてテスターを作ったりする。

　第4学年の，空気でっぽうや水でっぽうを作る活動では，空気は圧し縮められるが，水は圧し縮められないという観点を考える。簡易温度計の製作では，液体の体積変化を活用する。また，乾電池や光電池を使った模型自動車の製作では，乾電池等の数とモーターの回り方を考える。電流の働きを関係づけるよいきっかけになるであろう。

　第5学年では，振り子の原理を応用した簡易メトロノームの製作が例示されている。日常生活で振り子時計はほとんど見かけなくなり，振り子が使われている事例や場面を児童が目にすることは少なくなっていると予想されるため，そのような体験の欠如を補う意味でもこのものづくり活動は有効であろうと思われる。また，電磁石に関連するものづくりでは，電磁石を利用したモーター作りやクレーンの模型の製作が例示されている。これは，実際に鉄等をつり上げる際に使われている電磁石クレーンと同じ原理を用いたものであり，日常生活との結びつきを理解するうえでの好例となる。

　第6学年では，てんびんばかりの製作が例示されている。物の重さを測定するはかりの製作は，てこの働きを確認するうえで重要である。また，学習で使う物を児童自身が自作することは，個人や班での実験を進めるうえでも役立つ。蓄電器とライトや発光ダイオード等と組み合わせた物を作ることで，エネルギーの変換についての理解が確かなものになるであろう。

　以上のように，ものづくりを行ううえでは，各単元における学習内容を押さえたうえで，それらが製作物のどこに，どのように応用されているかを，児童が確実に理解できるようにすることが重要である。

▷2　昭和時代の学習指導要領では音の学習が位置づけられ，糸電話の製作が例示されていた。平成に入ってからは1989年，1998年，2008年版で音の学習がなかったため，ものづくりの例示もなかった。

▷3　「振り子」は1998年改訂で導入された。これ以前の学習指導要領では位置づけがなく，ものづくりの例示もなかった。

▷4　中学校第2学年の「電流と磁界」においても，モーター作りが例示されている（文部科学省，2018b，45ページ）。

2　理科学習としてのものづくり

1　理科学習にものづくりが導入される理由

　理科学習としてものづくりが導入される理由を考えてみたい。主に，2つの点にまとめることができる。

　第一点は，理科で学習したことを日常生活との関わりのなかで捉え直すことである。児童が自然の事象に関する確かな理解を得るうえで，学習内容と日常生活における事例を結び付けて考えることは重要であり，そのための方策として，ものづくりを活用するという考え方である。児童自身が，風車のおもちゃを作ったり，電磁石を利用したクレーンの模型を作ったりすることで，それらの本物についての動作原理を理解することが可能になる。このことは，まさに理科学習と日常生活との結び付きを理解することである。

　第二点は，理科を学習することの有用性を感じさせるために，ものづくり活動を行うという点である。例えば，日中に受けた太陽光を，電気エネルギーに変換して蓄え，夜間に蓄電器からの電気を照明に利用する例がある。このしくみを，第6学年の電気の学習におけるものづくりで扱うことができる。模型を組み立てることで，動作原理を理解するだけでなく，日常生活における活用の場面にも考えが広がっていく。生活の利便性の向上に科学技術（科学の応用的事例）が役立っていることを理解することは，理科学習の有用性に気づかせることにつながる。

　以上の2つの点は，いずれも，科学と科学技術の関係を理解することにかかわることである。

2　ものづくり活動の充実

　新学習指導要領の解説において，ものづくり活動の充実について述べられているので，以下に引用する（文部科学省，2018a，102ページ）。

　　これまでのものづくりの活動は，その活動を通して解決したい問題を見いだすことや，学習を通して得た知識を活用して，理解を深めることを主なねらいとしてきた。今回，学んだことの意義を実感できるような学習活動の充実を図る観点から，児童が明確な目的を設定し，その目的を達成するためにものづくりを行い，設定した目的を達成できているかを振り返り，修正するといったものづくり活動の充実を図ることが考えられる。

　従来の活動で見られた目的（ねらい）を踏まえ，学習の意義を実感することに留意し，活動のなかに振り返りや修正の場面を含めることなどが述べられて

いる。しかし，何をものづくり活動の目的として設定すればよいかについて述べられてはいない。上に述べたように，理科学習と日常生活との関連を理解することが，ものづくりが導入される理由である。しかし，ものづくり活動の目的とは区別されなければならない。

3　ものづくり活動の目的と高めたい力

理科学習としてものづくり活動を位置づける以上，その目的が明確でなくてはならない。目的を設定するには，ものづくり活動を通して児童のどのような能力が高められるかを考えることが前提となる。筆者は，高める力を表18-3のように例示し，これらの力を向上させることをものづくり活動の目的として設定することを提案したい。表18-3に例示した力は，エンジニアリング・デザイン（Crismond, 2013）からヒントを得たもので，列記の順序はエンジニアリング・デザインの過程に沿っている。

表18-3　エンジニアリング・デザインの過程とものづくり活動で高めたい力

エンジニアリング・デザインの過程	ものづくり活動で高めたい力
・問題を把握し，枠組みを決める。	・状況を理解し，何を作るかを決める力
・調べる。	・他の事例を調べる力
・アイディアを提案する。	・作品を設計する力
・モデル（試作品）を作る。試験する。	・作品を作り，動作を試してみる力
・問題点を解消し，反復する。	・動作のつまずきを見付け，修正する力
・コミュニケーションする。	・他の児童と話し合う力
	・自身の活動を振り返る力

▷5　エンジニアリング・デザイン（工学における設計の過程）には，①問題を特定する，②可能な解決策を提案する，③デザインや解決策を最適化する，という要素が含まれる。これらの要素にかかわる具体的な活動を，理科の学習に導入することが欧米で提唱されている。理科学習へのエンジニアリング・デザインの導入は，実際の問題に対する解答や解決策を得るために科学的知識等を適用させることを志向する。

4　ものづくり活動の目的を検討する際の留意点

角屋ら（2005）は，ものづくりを通して育てる力を，次のように整理している。それらは，(1)製作物にかかわる知識・実感してわかる，(2)知識を適用する力，(3)発想する力，創造性，(4)計画する力，(5)調整する力，活動を振り返る力，(6)続ける力，(7)他者とかかわる力，(8)製作物への思い入れ，物への感性，達成感，成就感，である。これらは，ものづくり活動でどのような力が高められるかを検討するうえで，手がかりとなるであろう。

他方，能力の育成のほかに情意面への影響なども考えられる。寺田（2014）は，理科におけるものづくりが情意面や認知面に与える影響を考察している。それによれば，ものづくりは，観察・実験と同様に学習意欲を高める効果があることが明らかになっている。寺田（2014）の分析のなかで興味深いことは，ものづくり活動の初期の設計や，後期の評価やまとめの段階では学習意欲があまり喚起されず，製作活動そのものが学習意欲を高めているという点である。この研究は，高校生を対象にしたものであるため，小・中学生に対しても同様

の考え方を当てはめることは早計である。しかし，製作活動と学習意欲との関係を視野に入れておくことは，ものづくり活動全体を構想するうえで，重要なポイントになるであろう。

3　アメリカの理科におけるものづくりの例

アメリカの理科における物を製作する活動に注目し，その特徴を探ることは，日本の理科におけるものづくりの学習指導に対する示唆を与えるものと考えられる。そのような視点から，アメリカの科学教育プログラムにおけるものづくりの例を取りあげてみたい。

1　DASH（ダッシュ）プログラムにおけるものづくり

▷6　DASHでは，各学年用の教師用指導書が開発され，そこには児童用ワークシートの例なども含まれている。教材の例示はあるが，キットとしての教材の提供はなく，教材の準備は教師に委ねられている。

ハワイ大学教育学部で研究開発された初等科学教育プログラムであるDASH（ダッシュ；Developmental Approaches in Science, Health & Technology）◁6は，タイトルに含まれるように「科学」「健康」「技術」という3つのテーマから学習内容を構想し，相互の関連を図った学習を展開している。ものづくりの例を2つあげる。一つは，第3学年における「肺のモデル製作」である。日本では，第6学年理科や中学校理科でヒトの身体のつくりとはたらきを学習する。ここでは，ペットボトルとゴム風船を使った肺のモデル製作が行われることが多いが，DASHのモデルも同種の材料を用いて同じ作り方となっている。このものづくりは，児童全員が同じものをつくり，同じ観察を行う。つまり，ものづくりの過程で，工夫や発展の余地は少なく，「学習で使う教材・教具を作るものづくり」である。もう一つの例は，第5学年における「簡易てんびんの製作」である。これは，段ボール箱，定規，クリップ，紙コップなどを使って，てんびんを作る活動で，つりあいの学習を終えた後，具体物を用いてつりあう状態を再現することを主なねらいとしている。この事例は，「科学的原理の確認のためのものづくり」といえる。科学的原理の確認とは，原理がどのような場面でも成り立つということを検証するものである。このようなものづくりでは，材料や形状が異なることは想定され，むしろ推奨されたりしている。工夫や発展の余地をもつものづくりである。

2　FOSS（フォス）プログラムにおけるものづくり

▷7　FOSSでは，各モジュールに対して，教師用指導書，児童用ワークシート，および教材キットが開発され，市販されている。

FOSS（フォス；Full Option Science System）◁7は，カリフォルニア大学バークレー校ローレンスホール・オブ・サイエンスにおいて研究開発された初等中等教育レベルの科学教育プログラムである。次世代科学スタンダードとの整合性を図った最新版では，学習内容は「生命科学」「物質科学」「地球科学」の3領

域とし，初等教育（幼稚園～第5学年）で計15のモジュール，前期中等教育（第6学年～第8学年）で計12のモジュールが構成されている。

第3学年の学習モジュール「運動」で，ものづくりが位置づけられている。児童には，「下り坂で速く走る車を，平坦な道でいかに減速させるか」という問題が与えられる。そして，この問題への答えを児童が考え，磁石やクリップを活用した車を設計し，製作する。この活動を通して，問題の把握，アイディアの提案，試作製作，改良というエンジニアリング・デザインの過程を学ぶことがねらいとなっている。

▷8 学習単元のまとまりを意味する用語として使われている。

3 ものづくり活動の形態

ものづくり活動は，その形態から，(1)学習で使う教材・教具を作るものづくり，(2)科学的原理の確認のためのものづくり，の2つに大別される。アメリカにおいて，理科学習にエンジニアリング・デザインの考え方が導入されている（人見，2018）現在，(2)の展開方法として，仮想的な問題の解決に向けたものづくりが広がりつつある。このものづくりは，ストーリー性のある場面設定と，満たすべき条件や克服すべき制約の特定がなされ，エンジニアが直面する問題解決として学習が展開される。日本の理科におけるものづくりでは，児童・生徒全員が同じものを製作し，動作確認をして，誰もが成功しなければならないという考え方に従っていたように思われる。学習としての達成感を考慮すれば，成功体験は重要であろう。しかし，理科にエンジニアリング・デザインの考え方を導入することを是とするならば，問題解決のために科学的原理を適用させることを大事にしながら，プロセスを大切にするようなものづくり活動に移行してよいと考えられる。

▷9 留意点として，装置やおもちゃの製作活動に偏らない学習にすることが指摘されている。

4 ものづくり活動をめぐる課題

1 教材キットの使用

理科におけるものづくりは，学習単元の終末に発展・応用的な学習として位置づけられるものが多い。この背景には，単元のまとめとして，科学的原理が応用された事例を具体物として製作し，科学的原理を確認することで，学習者の理解を深めるという考え方がある。しかし，ものづくりには，指導上の課題も指摘されている。例えば，製作の開始時に，教材の選択は誰（教師，児童・生徒）が行うのか，という点である。教材の選択は，製作する物の構想や設計に関わるため，児童が行えば主体的なものづくりになるが，材料の入手方法や予算等の理由から，教師が選択してしまうことが多い。また，製作過程での失

敗やつまずき，あるいは未完成の状態で終わることも懸念される。このようなことを回避するため，教材キットを使った製作に依存したものづくりの実践が多くなっている。

教材キットによるものづくりには，児童全員にとって完成が見込め，一定の達成感が得られるという利点がある。しかし，全員が同じ物を製作するため，工夫や改善の余地は少なく，創造性を発揮する場面はほとんど見込めないという欠点もある。理科におけるものづくり活動が単なる体験で終わらないよう，活動のねらいや単元内での位置づけを明確にし，児童が，発案，計画，発見するような学習場面を保証することが必要である。

2 ものづくりの教育的価値

ものづくり自体は楽しさをともなう活動である。このことは，その教育的な価値を高めることにつながる。西岡（1992）は，子どもたちが製作活動を好む理由として，(1)いろいろな素材や道具が用意され，それらがいじれる，(2)自分の考えやアイディアが生かせる，(3)身体全体を使って競争しながら作る，(4)できあがった作品を試したり，遊んだりするのが楽しい，などをあげる。これらの点は，作る内容にもよらず，また時代によっても変化しないものであろう。

ものづくりは，その過程を通して，科学的原理の応用例を学んだり，科学的原理の確認をしたりするだけでなく，科学技術のすばらしさを感じることができる活動である。子どもたちの科学技術に対する興味・関心，知的好奇心，探究心を高めることも，ものづくりの醍醐味である。このことは，科学技術の基礎としての理科教育の役割を明確にすることにつながると考えられる。

ブラック・ボックス化した物があふれる現代だからこそ，ものづくりはぜひ取り組ませたいものである。物を作ることや物を分解することは時間がかかるが，便利な時代であるからこそ，時間をかけて取り組ませ，完成させる喜びを味わわせたいものである。作ることの楽しさを子どもたちが感得できるようなものづくり活動が望まれる。

Exercise

① 理科の教科書を何種類か通覧し，ものづくりとして例示されている内容を比較してみよう。製作物や製作過程に共通点や相違点はあるだろうか。

② 理科の教科書などを参考に，実際にものづくりに挑戦して，製作過程や完成時の感想を振り返ってみよう。そして，ものづくりが理科学習に果たす役割について，グループで話し合ってみよう。

③ 海外の理科や技術科の教科書や学習プログラムの情報を入手して，ものづ

くりがどのように位置づけられているかを調べてみよう。

📖 次への一冊

寺田光宏『理科教育における「ものづくり」の研究』日本評論社，2014年。
　理科におけるものづくりの教育的効果に関して，生徒の情意・認知面に与える影響等から実証的に評価するとともに，科学／技術論，教授・学習論の側面からものづくりの目的や価値を総括的に論じている。ものづくりの特質を読み解くうえで役立つ。

技術教育研究会『小学校ものづくり10の魅力――ものづくりが子どもを変える』一藝社，2016年。
　理科，生活科をはじめとして多くの教科・領域で展開されるものづくりの多様さや，授業内での工夫がまとめられている。ものづくり活動を構想し，ものづくりを通して育成する力を検討するためのヒントが含まれている。

引用・参考文献

Crismond, D., "Design Practices and Misconceptions; Helping Beginners in Engineering design", *Science Teacher*, NSTA, Vol. 80, No. 1, 2013, pp. 50-54.
Curriculum Research and Development Group, University of Hawaii, *DASH Teachers Guide*, Grade 3, 1997, Section 3-6-5.
Curriculum Research and Development Group, University of Hawaii, *DASH Teachers Guide*, Grade 5, 1997, Section 5-8-3.
Full Option Science System, FOSS Next Generation, Investigation, Grade 3, Teachers Guide, Motion, Lawrence Hall of Science, University of California, 2016, p. 170.
人見久城「理科におけるものづくり」橋本健夫・鶴岡義彦・川上昭吾編著『現代理科教育改革の特色とその具現化』東洋館出版社，2010年，98～105ページ。
人見久城「科学教育におけるエンジニアリング・デザインの導入――米国オレゴン州スタンダードを事例として」『教科と内容構成新ビジョンの解明――米国・欧州 STEM・リテラシー教育との比較より』（長洲南海男研究代表：科学研究費最終報告書），2018年，123～132ページ。
角屋重樹・林四郎・石井雅幸編『小学校理科の学ばせ方・教え方事典』教育出版，2005年，134ページ。
文部科学省『小学校学習指導要領解説理科編』大日本図書，2008年。
文部科学省『小学校学習指導要領（平成29年告示）解説理科編』東洋館出版社，2018年 a。
文部科学省『中学校学習指導要領（平成29年告示）解説理科編』学校図書，2018年 b。
文部省『小学校学習指導要領解説理科編』東洋館出版社，1999年。
NGSS Lead States, *Next Generation Science Standards For States, By States*, National Academy Press, 2013.
西岡正泰「観察，実験のための教材論」日本理科教育学会編『理科教育学講座，第6巻』東洋館出版社，1992年，101～104ページ。
寺田光宏『理科教育における「ものづくり」の研究』日本評論社，2014年。

第19章
初等理科の授業研究

〈この章のポイント〉
　日本の授業研究は，学校で教師が協同で授業を計画し，実施し，振り返る活動であり，学校における教師の専門性向上のための活動として世界的に注目されている。授業研究は，教師が自校で授業研究を行う場合の他にも，他校で公開されている授業研究に参加する場合，教員養成段階の大学生としても参加する可能性もある。本章では，日本の教育実践として蓄積ある授業研究が世界から注目され，授業研究が教師の資質・能力を育成すると言われていること，理科の公開研究会として行われる授業研究への参加で学べること，授業研究で養われる理科授業づくりの力を示す。

1　注目される日本の授業研究

　日本の授業研究は，レッスンスタディとして海外にも知られている。本節と次節では，国内外の授業研究とレッスンスタディを扱う文献をもとに，授業研究の一般的な特徴として，国内外での実践や研究の概要と，教師の資質・能力の向上に授業研究がどのように関係するかについて示す。

1　日本における授業研究

　授業研究は，学校で教師が協同で授業を計画し，実施し，振り返る活動であり，日本においては100年以上の歴史をもった活動である。

　授業研究は，校内研究と同じ意味で使われることがある。校内研究が，研究主題を共有し，研究組織と年間計画を作り，授業で検証し，研究の結果を整理し評価をする過程（千葉県総合教育センター，2008）を経る場合は，授業の検討が中心であることから授業研究と基本的に同じである。授業研究には学校独自で行うものの他に，教育委員会が指定した学校で行うもの，大学附属学校やさまざまな研究会が開催する授業研究もあり，「公開研究会」「研究大会」「研究協議会」「実証授業」などさまざまな名称で公開されるものもある。

　学校段階では，小学校が最も授業研究が活発な学校段階であり，年間6回以上開催する小学校の割合は65％，年間1回以上開催する割合は97％を超える（国立教育政策研究所，2010）。

　このように授業研究が一般的であるため，他国に比べ日本では，他の教師の

▷1　授業研究は，研究者の行う授業の分析的な研究の意味でも用いられるが，この章では，学校で教師が授業力向上のために行う活動として授業研究の用語を用いる。

▷2　稲垣（1995）は，明治30年代（1897〜）頃，教員養成機関とその附属小学校での授業研究がヘルバルト主義教授論の普及に寄与したことを論じている。

▷3　公開されている授業研究の情報は，教育専門新聞（日本教育新聞），雑誌（教育技術）と教科書会社（学校図書，光村図書，教育出版，東京書籍）などのWebサイトで調べることができる。

第Ⅳ部　初等理科の評価と授業

▷4　教師の教育実践や指導環境，教育・学習に影響する要因を明らかにするために2013年に行われたOECD国際教員指導環境調査（国立教育政策研究所，2014）による。

▷5　Lewis (2002)，Lewis and Hurd (2011)，Wang-Iverson and Yoshida (2005)など。

▷6　授業研究は学術学会The World Association of Lesson Study (WALS) で主に扱われ，WALSは国際学会を2007年より開催し，世界各国からの研究者が参加している。

▷7　国際協力で理科教育が注目される理由は，日本が科学技術の発展により経済発展を遂げたこと，内容が世界的に共通性があること，日本の国際調査での成績，などがある。

▷8　Lewis et al. (2006) は，授業研究で，簡易的に自分の範囲で適用される理論が生成されていることを，ローカル理論が生成されているという。

授業を見学し，感想を述べることを行っている教師が多い。

2　レッスンスタディとして世界的に注目される授業研究

　Stigler and Hiebert は *The Teaching Gap* (1999) において，学校で行われる教師の専門性育成の活動として授業研究をレッスンスタディとの呼称で紹介した。その後，他国でもレッスンスタディを新たに始められるよう，レッスンスタディの各過程や要素を具体的に説明する書籍がいくつか出版されている。現在，授業研究は，世界中の教育研究者の研究対象となっている。学術学会で教育研究として扱われ，欧州，北米，アジア，オセアニアで授業研究を推進するグループがある（小柳・柴田編著，2017）。

　日本は，開発途上国や新興国への国際協力を教育分野でも行っている。理科教育分野での国際協力も多く，授業の改善と授業を実践する教師の能力を高める方法として授業研究が用いられる（国際協力機構，2007）。

　このように日本の教育実践として蓄積のある授業研究は，世界中から注目され，教育研究として関心を集め，国際教育協力として実践されている。

2　教師の資質・能力を育成する授業研究

1　教師の授業力を育成する授業研究

　授業研究は，授業を検討する活動が中心であることから授業研究と呼ばれるが，授業を「研究」しているという意味より，授業の検討を通して教師の授業力を向上させる活動という意味合いが大きい。

　米国の Lewis, Perry and Murata (2006) は，授業研究には，教育研究として解明できる形での研究目的がないこと，一般的な教育研究に見られる妥当性や客観性を高める配慮がないことから，授業研究は米国で一般的に認識されている教育研究とは異なると指摘する。また授業研究を，具体的な教授行為に対する学習者の反応を調べる活動と結論づけ，他者が適用できる知識を生成することが目的ではなく，研究授業を通して授業から直接学んだこと，授業研究の過程において間接的に学んだことを，教師が自分の範囲で適用しようとする活動であると説明する。中野（2009）も，授業研究は生徒の学習や成長に対する方法の有効性や意味を問うもので，特定の文脈での知見を得る活動と説明する。これらの指摘から，授業研究が妥当性と客観性を考慮して授業を研究し，どのクラスでも有効な完璧な授業案づくりを目的とする活動ではなく，教師が授業を検討する過程を通じて授業に必要な知識やスキルを身につけ教師の授業力を育成する活動といえる。

第**19**章　初等理科の授業研究

授業研究は，授業を計画し，計画された授業を研究授業として実施し，授業を振り返る，という過程を通し次のように教師の授業力向上に寄与すると考えられる。

授業の計画では，学習の目的や内容が示される学習指導要領，児童の実態を踏まえた授業研究の研究主題が考慮され（Lewis et al., 2006），単元の指導計画と，研究授業として検討する授業の計画がなされる。

計画された授業を研究授業として行うことで，児童の反応，発言，学習の様子を観察することができ，指導効果の把握がなされる。授業の観察は，ともに計画した教師のほか，他の教師も参加する。

研究授業を行った後には，授業の検討会で授業において観察されたことをもとに，授業で効果的であった点や改善すべき点を話し合う。佐藤（2009）は，自己の教育実践を振り返り批判的に検討することで新たな知識を生成していく省察的実践者としての教師の専門職像を踏まえ，「思慮深い教師」の形成に寄与する授業研究の専門的教育としての意義を強調している。

▷9　Schön（1983）は，知識や技術を実践に適用する従来の専門家像に対し，自らの行為を省察し実践を通して知識を生成する省察的実践者としての専門職像を示した。

2　授業研究が促す教師の社会的成長と成長への動機づけ

授業の計画，研究授業の実施，授業の振り返りを教師が協同で行うことは，教師の授業のための知識とスキルを向上させる以外にも，教師の資質・能力の向上に結びつくことが指摘されている。

授業研究は，他の教師と協力することや教師集団への帰属意識が芽生えることで教師の動機づけに結びつく（Lewis, Perry, Friedkin and Roth, 2012），教師の学び続けようとする習慣に結びつく（Lewis and Hurd, 2011）と指摘される。このように授業研究が教師間の同僚性や協調性の向上など教師の社会的成長と，教師の成長への動機づけに役立つことが注目されるのは，諸外国の教育改革で専門職の学習共同体や，ソーシャルキャピタルなど，教師の社会的成長が重視されているためである。日本において授業研究が一般的であることは，諸外国で重視される教師の社会的成長を促すための手立てがすでに存在しているとみなすこともできる。

▷10　米国などでは，Professional Learning Communities として，教師が定期的に集まり，協働的に仕事をする時間を時間割のなかに確保することを制度化する学校がある。

▷11　Hargreaves and Fullan（2012）は，学校の改革のためには教師個々人のなかにある知識とスキルであるヒューマンキャピタルへの投資のみならず，学校での教師間の関係性のなかにある同僚性や協調性などのソーシャルキャピタル（社会関係資本）へ投資することの重要性を指摘している。

3　授業研究への参加で学べること

前節までは，授業研究の一般的な特徴を示してきた。本節からは，授業研究の実践のうち，外部の教師や教師を目指す大学生も参加可能な，千葉県の習志野市と八千代市の小学校で公開研究会として行われている理科の授業研究を事例として見ていき，授業研究で具体的に何を学ぶことができるのか，どのように理科の授業づくりの力に結びつくのかについて示していく。

▷12　2市では教育委員会が各教科ごとに数校を研究校として指定し，公開研究会を開催している。

189

1　研究の概要と学習指導案を含む資料

　公開研究会に参加すると，受付で研究概要と学習指導案を含む冊子が配布される。研究概要には，研究主題について背景や研究の経緯などの解説，研究主題をどのように単元や授業の計画に反映させているか，公開研究会に至るまでの授業検討の結果などが示されている。

　各公開研究会では，研究主題を踏まえて授業の検討がなされる。研究主題は，「知的好奇心あふれる授業の創造」「生き生きと活動する子どもの学びを育てる」のように，児童の望ましい姿を見据えた主題がつけられる。研究主題については，学習指導要領との関連，現在の児童の課題，目指す子どもの姿などとの関連で配布資料の中で説明され，学校の研究主任による説明もある。このように研究主題に関連して，教育の課題や方向性を理解できる。

　公開研究会では，各学年が1つの単元について検討を重ねた結果が示される。そのため配布される冊子では，単元の指導の計画と公開される授業の授業案の両方が掲載されている。具体的には，小学校第6学年のてこの規則性の学習では，「力を加える位置や力の大きさを変えると，てこを傾ける働きが変わり，てこがつり合うときにはそれらの間に規則性があること」を観察，実験を通して学ぶことが単元の学習内容（文部科学省，2018）であるが，単元の計画には，力を加える位置を変えた実験を行う授業，力の大きさを変えた実験を行う授業などを単元の学習のなかにどのように位置づけるかが示される。

　公開研究会では，通常各学年のすべてのクラスの授業が公開される。単元の指導計画とともに，各授業の授業案が示されており，授業の全体像を授業案で把握しながら，公開授業を観察することができるようになっている。

2　授業の観察と検討会

　公開研究会では，2時間のなかで授業が公開される。そのため，例えば1学年に4クラスの学校の場合，公開授業の1時間目に2クラスの授業が公開され，2時間目に別の2クラスの授業が公開される。

　授業を観察する際，資料に記載された単元の計画と授業案，さらに教室内に掲示されているポスターで，単元内の授業の位置づけがわかる。前時までの実験の目的，方法，結果が示されたポスターは，児童が既習事項を思い出す手助けとなるとともに，授業の観察者にとって子どもの考えや活動を観察するのに役立つ。

　授業後には，分科会と呼ばれる公開された授業について授業者と参観者が話し合う機会が設けられる。分科会は，各学年で別々に設けられる場合と，2学年を一緒にして行われる場合とがある。分科会では，授業を行った教師から単

元や授業の計画の意図，授業での指導の説明など，計画と授業に関する説明があり，参加者は質問や感想などを発言し，話し合いが行われる。また，次項で示すように，外部からの講師による助言もある。分科会に参加することで，授業者より授業計画の背景を聞き，授業の観察に基づく話し合いのなかから授業の課題，観察者が気づいたことなどを知ることができる。

3　授業研究の指導助言者

　公開研究会として行われる授業研究には，大学教員，指導主事，他校の教師などが指導役の講師として関わっている。公開研究会の講師は，授業を計画する段階から助言役として関わり，研究授業について話し合いがなされる分科会にも参加する。講師は計画時から関わっていたことから，分科会では，単元と授業の計画の背景を説明したり，研究授業で児童の学習として観察された指導の効果など，幅広い観点からコメントをする。このように授業研究は，指導的な立場にある人の実際の授業の観察に基づくコメントを聞くことができる機会でもある。

4　授業研究で養われる理科の授業づくりの力

1　探究学習としての単元と授業構成

　単元の指導計画は，学習指導要領に則っている。新学習指導要領の理科の目標には，「見通しをもって観察，実験を行うことなどを通して，自然の事物・現象についての問題を科学的に解決するために必要な資質・能力」を育成することが含まれている。この見通しをもつことについては，「予想や仮説をもち，それらを基にして観察，実験などの解決の方法を発想する」と解説されている（文部科学省，2018）。このような学習は，観察や実験活動を通して明らかにすべき問いに基づき，方法を計画し実施する，結果を科学的に説明したり科学的概念を導き出したりする過程を含む探究学習（National Research Council, 2000）としての授業構成といえる。例として，第5学年の振り子の単元の9時間の授業計画（習志野市立東習志野小学校，2015）を見ると，1時間目に体育館でのロープを使った活動から振り子の周期が単元の学習課題であることに気づかせる「問いの明確化」，2時間目の授業で振り子の周期に影響する要素を話し合わせる「実験の計画」，3時間目に実験器具を作成し，4～6時間目で，ひもの長さ，振れ幅，おもりの重さという条件を変えたときの周期を測定する「実験の実施」と「結果の考察」を行っており，単元内の一連の学習は探究学習としての授業構成になっている。

▷13　指導計画は，各教科書会社のWebサイトにも例が掲載されている。

もう一つの単元の計画の特徴は，観察や実験が基本的な概念の獲得のために行われる構成となっていることである。振り子の学習では，実験により振り子が1往復する時間は，おもりの重さなどによって変わらないが，振り子の長さによって変わることを理解することが目指される。

実験で明らかにするべき「問い」は何か，実験の方法はどうするか，を児童に考えさせたり把握させたりすること，観察や実験中の指導をどのようにするか，実験結果を踏まえて，どのように児童に科学的な説明を考えさせ，科学的概念に結びつけさせるのか，という探究学習の授業構成との関係で，指導技術や児童の学習について学ぶことができる。

▷14 探究学習には，問いの明確化，実験の計画，実験の実施，結果の考察という一連の流れが共通でも，それぞれを児童が考えるか，教師が提示するかにより，構造化された探究学習からオープンな探究学習までいくつかに分ける分類もある。

2 授業で用いる理科教材の検討

単元の計画は学習指導要領に則っているため，単元で学ぶ科学的な概念やそのために実験で変える条件などに学校間で大きな違いがない。一方で，実験に用いる実験器具や材料には違いがある。前項で示した振り子の単元は，他校の公開研究会では，体育館で長いロープを使う替わりに，ペットボトルと脚立を使い，細長い厚紙の端に穴を開けぶら下げ，厚紙の下部を磁石で挟み厚紙が振り子のように動く実験器具も使うなど（習志野市立鷺沼小学校，2015），理科実験教材には授業研究ごとに違いが見られる。

▷15 本章で取り上げた2市の公開研究会は，いずれも秋に行われる。そのため，学校間で同じ単元が検討されたり，昨年と同じ単元が検討されることもある。

授業で用いる教材を検討することは，「教材研究」と呼ばれ授業研究の中心と捉えられることもある。馬場と小島は，授業研究の過程を「教材研究」「研究授業」「授業検討会」として紹介している。そのなかで「教材研究」は，教材の発掘ないし選択，教材の分析を通して教材の本質を見極め，子どもの実態に即して授業を構想し，学習指導案を作成するまでの，教材にかかわる一連の活動と説明する。さらに，授業で教材の意味を確かめ，不具合を修正するとする教材研究を授業研究の中核と位置づける説明をしている（馬場・小島，2005）。実際にいくつかの授業研究に参加し，同じ単元の研究授業を観察すると，教材の違いや教材の使い方の違いによって児童の学習がどう変わるかを学ぶことができ，授業後の検討会の話題も教材に焦点があてられることもある。

3 児童の反応を重視した授業計画と児童の観察

学習指導案では，「予想される児童の反応」として，授業の過程に沿ってどのように学習者が反応するかの予想が記載されている。予想される児童の反応は，疑問に思うこと，はっきりしないこと，したいこと，これまでの経験や学習，実験の予想，実験結果として気づくこと，などの項目について，〜だろうか，〜はどうなんだろう，〜したいな，というような児童の発言やつぶやきの形で記載されている。予想される児童の反応が計画で示されていることによ

り，研究授業での観察，授業の振り返りの検討会での議論は，児童の学習と活動に焦点があてられる。

探究学習の過程との関係では，実験中の児童の実験操作が適切か，実験の問い，実験の方法，実験から導かれる科学的説明や概念が，どの程度児童の発言や提案に基づいているのかを観察することができる。実際の授業での個々の児童の操作と学習の様子を観察でき，つぶやきまで聞くことができることが，授業ビデオの視聴では得られない授業研究ならではの利点である。

Exercise

① 理科授業を行う際に必要な知識とスキルにはどのようなものがあるか，考えられる項目を列挙してみよう。そのなかから，授業研究の研究授業の観察，検討会への参加，授業計画の資料を見ることで，どの項目を学ぶことができるか考えてみよう。
② 探究学習としての構成である，観察や実験活動の問い，実験の方法，観察や実験の結果をどのような科学的説明や科学的概念に結びつけるかについて，理科の単元を1つ選び学習指導要領と教科書を参照しながら授業構成を考えてみよう。
③ 近隣の学校ではどのような公開授業が行われているのか，インターネットなどで調べてみよう。また，教育実習予定校や自分の出身校ではどのような授業研究が行われているか聞いてみよう。

📖 次への一冊

山下修一『理科の授業研究』北樹出版，2012年。
　　豊富な理科授業の事例を用いながら，研究授業の準備，研究授業の実施，授業の検討会の運営など，理科の授業研究について情報が示されている。
千葉県総合教育センター『校内研究ガイドブック』2008年。
　　学校で授業研究を含む校内研究を推進する教師のために，年間スケジュール例，計画の立て方，研究組織，話し合いや協議の方法など，具体的方法が示されている。
小柳和喜雄・柴田好章編著『Lesson Study（レッスンスタディ）』ミネルヴァ書房，2017年。
　　日本の授業研究と，欧州，北米，アジア，オセアニアでのレッスンスタディの動向と事例が示され，日本と世界の動向と事例が示されている。
秋田喜代美・ルイス，C.編著『授業の研究 教師の学習』明石書店，2008年。
　　レッスンスタディの米国での広がりと国際的動向，授業研究における教師間の話し合いと授業研究を行ううえでの他機関との連携が示されている。

引用・参考文献

馬場卓也・小島路生「授業研究」国際協力機構編『日本の教育経験——途上国の教育開発を考える』東信堂，2005年，164〜165ページ。

千葉県総合教育センター『校内研究ガイドブック』2008年。

Hargreaves, A. and Fullan, M., *Professional capital: Transforming teaching in every school*, Teachers College Press, 2012.

稲垣忠彦『増補版明治教授理論史研究』評論社，1995年。

国際協力機構『JICA 理数科教育協力にかかる事業経験体系化——その理念とアプローチ』国際協力機構，2007年。

国立教育政策研究所「校内研究等の実施状況に関する調査」2010年。

国立教育政策研究所『教員環境の国際比較（OECD 国際教員指導環境調査（TALIS）2013年調査結果報告書）』明石書店，2014年。

小柳和喜雄・柴田好章編著『Lesson Study（レッスンスタディ）』ミネルヴァ書房，2017年。

Lewis, C., *Lesson study : A handbook of teacher-led instructional change*, Philadelphia: Research for Better Schools, 2002.

Lewis, C., Perry, R. and Murata, A., How should research contribute to instructional improvement? The case of lesson study, *Educational Researcher*, 35（3），2006, 3-14.

Lewis, C. and Hurd, J., *Lesson study step by step: How teacher learning communities improve instruction*, Heinemann, 2011.

Lewis, C., Perry, R., Friedkin, S. and Roth, R., Improving teaching does improve teachers: Evidence from lesson study, *Journal of Teacher Education*, 63（5），2012.

文部科学省『小学校学習指導要領（平成29年告示）解説理科編』東洋館出版社，2018年。

中野和光「日本の授業研究の視座」日本教育方法学会編『日本の授業研究下巻——授業研究の形態と方法』学文社，2009年，1〜10ページ。

習志野市立鷺沼小学校『平成27年度生活科・理科公開研究会研究のあゆみ・学習指導案』2015年。

習志野市立東習志野小学校『第42回生活科・理科公開研究会学習指導案研究紀要』2015年。

National Research Council, *Inquiry and the National Science Education Standards*, National Academies Press, 2000.

佐藤学「第4章第2節改革の動向」日本教育方法学会編『日本の授業研究上巻——授業研究の歴史と教師教育』学文社，2009年，104〜114ページ。

Schön, D., *The reflective practitioner*, Basic Books, 1983（柳沢晶一・三輪健二監訳『省察的実践とは何か——プロフェッショナルの行為と思考』鳳書房，2007年）。

Stigler, W. and Hiebert, J., *The teaching gap: Best ideas from the world's teachers for improving education in the classroom*, The Free Press, 1999.

Wang-Iverson, P. and Yoshida, M., *Building our understanding of lesson study*, Research for Better Schools, 2005.

第20章
初等理科の学習指導案の作成

〈この章のポイント〉
　学級一人ひとり，すべての児童の深い学びの実現を目指すような質の高い授業の展開は，授業者が学習内容，授業のねらい，導入する指導方略，児童の深い学びを示す振り返りの典型事例といった4つの要件を明確に指導案に書き込めるかが，その成否の鍵を握る。さらに，そのような質の高い指導案の作成は，教師の資質・能力の向上につながる。本章では，本書のこれまでの議論を踏まえ，主体的・対話的で深い学びといったアクティブ・ラーニングの視点が入った質の高い授業を展開したり，授業研究会で有意味な議論をしたりするために必要な指導案の特質を解説する。

1　学習指導案とは

　学習指導案は，授業者がどのような学習内容を，どのような目標に向かって，どのように展開し，その目標が達成したかをどのように見取ろうとしているのかを示す文書である。指導案のフォーマットは，授業実施校によって異なっており，基本的な書き方だけなら書籍やウェブサイト，学校のサーバー等に蓄積されている前例を見れば容易にわかる。
　しかし，深い学びを指向する学習指導案には，本書で論じられてきたような学習観，子ども観，教材観，科学教育観，評価観など，授業者の理科授業あるいは理科教育に対するさまざまなアスペクトが明確に記述されている必要があり，その作成は難しい。新学習指導要領の作成にあたって，主体的・対話的で深い学びというアクティブ・ラーニングの視点に基づき，「どのように授業が改善され，子供たちのどのような変容（学習内容の深い理解や資質・能力の獲得，学習への動機づけ等）につながったかという，授業改善に関する実践例の蓄積と普及がなされるべきである」とされ，授業研究などを通した不断の授業改善が求められている（文部科学省，2016）。授業をアクティブ・ラーニングの視点で質的に改善し，その実践事例を着実に蓄積していくためには，教師の経験だけでなく，本書や，学習指導要領，先行研究などから得られる知見を参考にして指導案を作成することが不可欠である。深い学びを指向する学習指導案の作成は，授業の質的改善を目指す授業研究において，授業者のみならず，事前に授業の共同立案をする同僚や，当日の授業参観者にとって大変有用な資料となり，自身にとっ

ても自律的に学び続ける教師としての資質・能力の向上に必ずつながっていく。

このように教師自身がもつ教科教育の知識や技能を限界まで出し切って作成する指導案は，ある意味，授業者が書いた論文のようなものであり，自分自身で作成することが重要である。他人の指導案の安易な流用は，自律的に学び続ける教師としての信用をなくすだけでなく，自身の資質・能力の向上にまったくつながらない。

2　学習指導案に記述する内容及びねらい

本章の第1節で，「学習指導案は，授業者がどのような学習内容を，どのような目標に向かって，どのように展開し，その目標が達成したかをどのように見取ろうとしているのかを示す文書である」と定義した。ようするに内容，目標，展開，評価といった4つの基本的な要件を指導案に書くということである。ハーバード大学教育大学院のプロジェクトゼロで開発された深い理解のための教育（Teaching for Understanding）では，深い理解を目指す授業には知識（Knowledge），目的（Purpose），方法（Method），表現様式（Form）の4つの要件が必要であるとし，それらを授業立案者が可能な限り沢山リストアップするための表（図20-1）を用いて単元デザインを書いている（Wiske, 1998）。この表は指導案を立案するとき筆者も使用しており，とても有用なツールである。

▷1　深い理解のための教育（Teaching for Understanding）
ハーバード大学のハワード・ガードナー教授が提唱し，人間の賢さへの評価革命を起こしている多重知能理論などに基づき，教育をゼロベースで不断に見直していこうというプロジェクトゼロのいくつかあるプロジェクトの内の一つ。深い理解を目指す授業について，大学とリサーチャーである教師や教育機関が，アクションリサーチ的に長年共同で研究を進めている。英語の原語に「深い」という言葉は入っていないが，内容をわかりやすくするため，筆者が加筆した。

Knowledge（知識）	Purpose（目的）	Method（方法）	Form（表現様式）

図20-1　深い理解のための教育（Teaching for Understanding）の4要件リスト表の例

この表は左から順番に書くものではなく，それぞれが関連性をもっており，思いついたところから，できるだけ多くリストアップしていく。そうすることによって，児童を深い学びに誘い込む授業展開が見えてくる。ただし，リストアップしたすべてを指導案に盛り込む必要はない。授業者自身が決められたフォーマットなどに基づいて，まさに吟味して，活用できるものだけ自身の指導案に，自分の言葉で書き込むのである。もし，A4一枚程度の略案の形式での提出を求められるような場合，手書きのメモのようなものでも構わないので，略案に書き込めなかった具体的な詳細を自分自身が把握するための細案として書いておくことを強く推奨する。

次に図20-1の表に書き出す具体的な内容とねらいを示す。前述したよう

に，左から順に枠を埋めていくのではなく，思いつくものから書いていくものである。これにより，4つの要件に関する授業者自身の認知を認知できる，すなわちメタ認知できる。

① 知識（Knowledge）欄に書き出す内容及びねらい

　知識（Knowledge）欄に記入するためには，まず教科書（学校にあれば教師用指導書も）を見て，指導案の単元や本時にあたるところで，児童がどのような知識を学ぶのか，その概要を知る必要がある。次にその知識が『小学校学習指導要領解説理科編』でどのように記述されているか，必ず自分で目を通す必要がある。教科書や指導書だけでなく，『小学校学習指導要領解説理科編』を見ることによって，さまざまな情報にふれることができる。

　そして，その知識に関連する技能，見方・考え方，資質や能力，などを自分で思いつくだけ単語レベルで書き出してみることが必要である。ここでいう知識は，教科書や，『小学校学習指導要領解説理科編』のレベルではなく，関連する小学校の各学年，中学校，高等学校，大学，エキスパートのレベルまで系統的につながる知識，関連する知識，あるいは児童の生活，先行研究で明らかになっている誤概念，科学史，認知科学など，考え得るすべての関連知識をリストアップしてみることが大切である。

　そうすることによって，児童がどこで困るのか，児童からどのような考え方が出てくるのか，児童にどのような不備・不足・不十分があるのかが，具体的に見えるようになる。すると，本時ではどんな教材を使って，児童に何を問いかければ，児童らの考えに食い違いがでるのかが見えるようになる。理科の場合，例えば予想や仮説という形で，自然の事物・現象に対する自分の考えをもたせ，他者と対話することによって互いに考えをすり合わせるなかで食い違いが生じるとき，教師が適切に介入して論点を焦点化することによって一人ひとりの児童に知りたい，はっきりさせたいという主体性が生まれる。さらに教えるべき基本的なことは何か，考えさせるところはどこかなど，授業の見通しをもつことができる。

② 目的（Purpose）欄に書き出す内容及びねらい

　目的（Purpose）欄には知識欄に記述した単語レベルの知識，技能，見方・考え方，資質や能力を具体的にどのように変容させたいのかを一文で書き出す。知識欄同様，教科書やその指導書，『小学校学習指導要領解説理科編』で，どのレベルを期待しているのかを参照することは必須である。しかし，それは最低基準であり，深い学びを指向するのであれば，教師自身が教育課程委員会などの審議会答申や論点整理で指摘されていることや，知識欄に書き出した学年からエキスパートのレベルまでを考慮して，児童の既有の知識，技能，見方・考え方，資質や能力をどのレベルへ変容させたいのかを習熟目標として書き出しておくことが重要である。学級にはさまざまなレベルの児童が混在してお

第Ⅳ部 初等理科の評価と授業

▷2 協力学習(cooperative learning)
ジョンソンらの著書『学習の輪』の日本語訳では，cooperative learningを「協同学習」としているが，内容的に学習者に役割分担をするなどして責任をもたせて行う班学習が中心であり，協力学習という訳にした。逆に互恵的で対話的な学びを強調するcollaborative learningを「協同学習」（協働学習と訳される場合もある）と訳した。本章での区別は佐藤学の訳に依拠した。学会によりこれら2つの訳は異なっている。

▷3 Think-Pair-Share法
教師が発問し，個人に考えをもたせ，ペアで対話して考えを共有するようなアクティブ・ラーニング方略の一つ。ペアで対話するとき，**相手の話**の，**意図**や**意味**を，**窺**いながら，**遠慮**なく，**お互いにわかるまで訊**き合い聴き合う（筆者提唱の「話の聴き方あいうえお」）。児童に，モデリングとコーチングを繰り返して育てておくと，教科の本質に迫るような問いを，教師が発することができたとき，児童は深い学びに誘い込まれる。

▷4 対話的実践
自己との対話，他者との対話，対象との対話という3つの対話によって学ぶ授業実践。昨今学び合いと称し，ペアやグループなどでの他者との対話だけが強調される傾向にあるが，深い学びには対象との対話による自己との対話の繰り返しが不可欠である。

り，通常教科書レベルの理解は，初等教育では，その学年の平均習熟度レベル付近になっている。これでは，成熟度レベルの高い児童にとって，わかりきったことを回りくどく教えられているという印象を与えかねない状況になったり（大髙，1999），理解できたことを，理解が困難な児童へ一方的に教える状況になったりする。学級一人ひとりすべての児童の深い学びを指向する授業では，そのような状況は望ましくない。これまでも浅く表層的な学びより，少しでも深い学びにしようと教材や発問を工夫するような指導法研究をしてきたが，一部の児童の深い学びしか達成できていないことが多かった。

　学級一人ひとりすべての児童の深い学びを指向する授業にするためには，学級で最も認知的成熟度レベルの高い児童が，一人では達成できないが，仲間や教師との対話や，適切な足場掛けがある環境で達成することができるレベル（発達の最近接領域）への変容を期待し，それを目的欄に自分の言葉で書き出してみることが大切である。こうすることによって，教師は適切な課題設定ができ，授業のなかで生じた児童のわからなさや，考えの食い違いを適切な問いにして，すべての児童を全人的な探究へ誘い込む好機とすることができる。

③　方法（Method）欄に書き出す内容及びねらい

　方法（Method）欄には，知識欄と目的欄に書き出したことに対して，どのような指導方略を導入するのかを単語レベルで書き出す。ここに書き出すのは，講義・演習法のような一般的な教授法は方略としては抽象的すぎる。どのような講義や演習をどの程度行うのかが意識できる言葉で書き出すことが大切である。例えば，講義を基本とする教授法であっても，児童の先行概念を揺さぶるような質問をしたり，演示実験をみせたりするような伝統的講義法，ピア・インストラクション法，相互作用型演示実験講義法（Interactive Lecture Demonstration）など，さまざまなアクティブ・ラーニング的アプローチがあり，ワークシートを使った小グループ演習を基本とする教授法であっても，どのようなワークシートを使うのかによってさまざまなアクティブ・ラーニング的アプローチがある（レディッシュ，2012）。

　また，問題解決学習や協働学習のような言葉も抽象的である。仮説実験授業法，玉田泰太郎の到達目標・課題解決法，ジグソー法など個人の責任とグループ間のゆるやかな競争を強調するジョンソンらの協力学習（cooperative learning）[▷2]，Think-Pair-Share法[▷3]など互恵的な対話的実践[▷4]を強調する協働学習（collaborative learning）などさまざまなアクティブ・ラーニング的アプローチがある。さらに，児童に考えをもたせるときも，バズ法，コンセプトマップ法，コンテキストマップ法，KJ法などさまざまな方略がある。探究的な学習であっても，アナロジーを使ったClementの橋渡し方略（Bridging Strategy），Glynn, Yeany and Britton（1991）のような教師にガイドされた探究（guided inquiry）もあれ

ば，革新的教授モデル（Innovative Teaching Model）のような仮説設定をともなう全人的で本格的な探究もある（Stepans, 1991）。

ここに例示したのは，多様な教授方略のごく一部であり，実際には教師自身がこれらをアレンジし，児童の実態や教科内容，目的に合わせて適切に組み合わせて実践することが大切である。特定の教授法の型にこだわって，すべての授業を同じ型で展開するようなことは避けなければならない。

④　表現様式（Form）欄に書き出す内容及びねらい

表現様式（Form）欄には，思考の可視化を促進するため，知識欄に書き出したことを，児童自身がどのようにして表現するのかを書き出す。児童は書いたり，語ったりして可視化しないと思考を深められない。このとき，発表，ワークシートやノートの記述のような一般的なものは抽象的すぎる。発表といっても，挙手をした一部の児童の発表のことなのか，小グループの考えを代表児童がまとめて発表することなのか，ホワイトボードを使うのか，プレゼンテーションアプリやポスターを使うのか，それとも黒板に図や画像などを出しながら発表をするのかなど，多様な方法が考えられる。

意図的な指名により児童の考えを全体につなぎ，児童の対話的な深い学びを促進することは大切である。しかし，特定の児童やグループでの発表だけでは学級全体の一人ひとり全員の思考を可視化できない。すべての児童に個人の考えをワークシートやノートに書かせたり，それをペアや小グループで語らせたりする他者との対話が不可欠である。教師は児童が書いたものを見てまわり，ペアや小グループで語っていることを可能な限り聞き取って，意図的な指名計画を立てる必要がある。そして，深い学びにつながるような児童の考えの食い違いや困り感に焦点をあて，その焦点化された考えを問いの形で翻訳して，もう一度児童に個人の考えをもたせ，他者との対話を促すことが，主体的・対話的で深い学びには有効である。

このような対話的実践の促進により，個々の児童の学びの深まりを可視化するには，授業の終末に，個の学びのプロセスを省察する振り返りをすべての児童に書かせることが不可欠である。板書を児童がノートに写し取り，教えたことにする授業なら振り返りは必ずしも必要ない。しかし，対話的で深い学びを指向する授業では，黒板は児童が思考したり，思考したことを共有したりするツールとなるのだから，対話的実践から，個々の児童が何を学んだのか，何に気づいたのか，新たに生じた問題意識は何か，それらは，誰のどのような発言や行為によって認識できたのかといった，自身の学びのプロセスのメタ認知が必要となる（梶浦，2016）。

さらに，表現様式（Form）欄に，知識欄，目的欄，方法欄を総合的に関連させながら，本時における深い学びを示す典型的な振り返りの記述例を書き出す

ことができれば，授業の最終的で究極的なゴールを授業者が明確に自覚することが可能となり，逆向き思考によって，習熟目標としてのゴールに向かって児童一人ひとりが学びを深めるような授業展開を立案することが可能となる。

3 質の高い学習指導案の書き方とその利用

　本章第2節で示した①から④の要件の書き出しは，あくまでも事例であり，アレンジしたり，慣れてきたら簡単なメモ程度で済ませたり，4つの要件を意識して指導案を書きながら吟味，検討し，洗練していくことも可能である。これまで，教科内容と関連の深い知識欄と，それをどういう教材をつかって，どんな発問をして教えるかに関連した方法欄を意識した学習指導案の作成は行われてきているが，その際に不十分，あるいは欠けていたのは目的欄，表現様式欄の意識である。とくに本時における深い学びを示す典型的な振り返りの記述例を，評価の規準として学習指導案に書くということを，全校的に継続して実践している学校はほとんどない。

　学級一人ひとりに主体的・対話的で深い学びのある授業の実現には，質の高い学習指導案の作成がその成否の鍵を握るが，質の高い学習指導案の作成は，どのような深い学びを実現したいのかといった目標と，それが実現したときに，理想とする児童の振り返りの記述の具体的な設定の精度が，学習指導案の質の高さを決める。したがって，主体的・対話的で深い学びを実現する授業研究のために，学習指導案には，理想的な振り返りについて，できるだけ具体的に記述することがポイントであるといえる。むしろ，まず，最初にそれを決めてから，全体の構想に見通しをもって学習指導案を作成するとよい。

　学習指導案の形式やフォーマット，書く順番などはさまざまであるが，一般的な学習指導案は，まず，第〇学年〇組　理科学習指導案，授業者〇〇，単元名，単元目標，教材観，子ども観（児童の実態の場合もある），学習観（研究テーマとの関連の場合もある），単元の指導計画（評価計画を含む場合もある，本時が単元のどこにあたるのか書く），最後に本時の指導（ねらい，準備物，学習活動，本時の課題，予想される児童の表現，次時の課題，児童への配慮・支援，評価（理想的な振り返り等）など）を書いていく（図20-2）。板書計画を書くことを求められることがあるが，伝統的な説明講義中心の習得，活用型授業を乗り越える意味でのアクティブ・ラーニング型の授業に質的転換することにつながりにくい。対話的な学びという視点から考えると，教師の理解を詳細に板書したものを児童がひたすらノートに写し取って，教えたことにする授業からは深い学びは生まれてこない。本書で学んだ理科教育学に関連するさまざまなことを参考にして，自分の言葉で書いていくことが大切である。例えば，子ども観のところに「本

7　本時の指導
（1）ねらい ・ものは形を変えても重さは変わらないこと及び，目に見えないくらい小さく分けても重さはなくならず，分けて小さくしたものをすべて集めると元の重さになるという見方・考え方を活用して，すべてのものは小さな粒でできていて，形を変えても重さは変化しないと予想できる。 （2）準備物 ・アルミ箔，電子てんびん・○○（以下省略） （3）展開

学習活動及び予想される児童の反応	○児童への配慮・支援　●評価
1　前時を振り返る ・ブロックの置き方を変えたり，粘土の形を変えたりしても重さは変わらなかった。 2　本時の課題を確認する アルミ箔を丸めても，小さくちぎっても重さは変わらないのだろうか？ 〈予想される児童の反応〉 ・粘土のとき，変化しなかったのだから，アルミ箔でも変化しないと思う。 ・小さく丸めたとき，速く落ちたからアルミ箔では，小さく丸めると重くなると思う。 ・小さくちぎったアルミ箔は，手でもっても重さを感じないから，重さは減るか，なくなったと思う。 ・小さくちぎったアルミ箔の重さを量ったら，0gだったから，重さはなくなったと思う。（以下省略）	○　ブロックや粘土の変形で，重さの保存を確認しても，アルミ箔など他のものでは重さが変化すると考えがちな児童の考えを出させ，主体的な問題解決に誘い込む。 ○　一枚のアルミ箔を開いている状態と，形を変えて小さく丸めた状態の重さの大小関係について，個人の考えをもたせるため，落下させて見せ，揺さぶりをかける。 ○　重いものは速く落ちるという素朴な見方に触れさせるため，個人の考えをペアになって対話させる。 ○　小さくなって手に重さを感じなくなると，軽さはあるが重さはなくなるという素朴な見方に触れさせるため，個人の考えを，小グループで対話させる。 （以下省略）

図20-2　本時の指導の記述例（3年　単元名：ものの重さ）

　学級は男女の仲が良く，実験には協力して意欲的に取り組む。しかし，実験の結果を考察する場面では，自分の考えを発言できる児童は限られてくる」のような意味で，児童の実態が書かれていることがあるが，あまりにも一般的すぎると感じるのは筆者だけだろうか。学級の男女の仲がよいかどうかという実態は，理科の学習とどのような関係があるのか疑問に思うのは筆者だけだろうか。子ども観には，児童がどのような誤概念をもっているのか，認識の不備や不足，不十分があるのか，そしてそれがどんな困難に結びつくのかといった実態を書いておくとよい。

　学習指導案の作成とその実践及び授業研究会での省察の繰り返しは，教師を教える専門家から，学びの専門家に成長させ，自律的に学び続ける教師として，質の高い授業を展開するのに必要な資質・能力を着実に高めていく唯一無二の方法である。

Exercise

① 本書第1章から第19章，及び本章を参考にして，学習指導案の細案を書いてみよう。書いたら仲間や教師とともに困ったことや悩んだことなどを訊く

などして繰り返し対話してみよう。

② 本章で指摘した,「理想的な振り返りを学習指導案の作成の最初にする」ことが, なぜ主体的・対話的で深い学びのある質の高い授業実践を可能にするのか語ってみよう。

③ 本章で紹介した, 知識 (Knowledge), 目的 (Purpose), 方法 (Method), 表現様式 (Form) の4つの要件を書き出した表 (図20－1) を, 互いに見せ合い, 他者から多面的, 多角的な授業作りの視点を学ぼう。

📖次への一冊

梶浦真『アクティブ・ラーニング時代の「振り返り指導」入門——「主体的な深い学び」を実現する指導戦略』教育報道出版社, 2016年。
　主体的な深い学びには振り返りの指導が不可欠であることを, 多様な分野の研究成果を引用し, 具体的事例を交えながら平易な表現で端的に論じている。振り返りだけに特化して, これだけ深く書いてある良書はなく, 必読書といってもよい。

小林和雄「豊かで質の高い仮説設定の指導」大髙泉編『理科教育基礎論研究』協同出版, 2017年。
　仮説設定をともなうような探究的な学習に挑戦しようとするときに必要な多くの知見を得られる。本書同様, 他の章も参考になる。さらに本稿の引用, 参考文献にあたることができれば, 学ぶことは多い。あわせて, 拙稿「理科における主体的・対話的で深い学びとは何か——深い学びにつながる主体性, 対話」日本理科教育学会編『理科の教育　3月号』2017年, を一読することで, 本章の理解が深まる。

引用・参考文献

文部科学省「アクティブ・ラーニングの視点と資質・能力の育成との関係について——特に「深い学び」を実現する観点から」『総則・評価特別部会資料1－1』2016年。

Wiske, Martha Stone, *Teaching for Understanding Linking Research with Practice*, Jossey-Bass, 1998, pp. 172–198.

大髙泉「自ら学び, 自ら考える力を育てる理科の学習指導」『初等教育資料　教育課程基礎講座18』1999年, 62ページ。

レディッシュ, E. F., 日本物理教育学会監訳『科学をどう教えるか——アメリカにおける新しい物理教育の実践』丸善出版, 2012年, 175〜272ページ。

Glynn, S. M., Yeany, R. H., Britton, B. K., *The Psychology of Learning Science*, Lawrence Erlbaum Associates, 1991, p. 15.

Stepans, *Ibid*, pp. 112–114.

梶浦真『アクティブ・ラーニング時代の「振り返り指導」入門——「主体的な深い学び」を実現する指導戦略』教育報道出版社, 2016年。

小学校学習指導要領　理科

第1　目標
　自然に親しみ，理科の見方・考え方を働かせ，見通しをもって観察，実験を行うことなどを通して，自然の事物・現象についての問題を科学的に解決するために必要な資質・能力を次のとおり育成することを目指す。
(1)　自然の事物・現象についての理解を図り，観察，実験などに関する基本的な技能を身に付けるようにする。
(2)　観察，実験などを行い，問題解決の力を養う。
(3)　自然を愛する心情や主体的に問題解決しようとする態度を養う。

第2　各学年の目標及び内容
〔第3学年〕
1　目標
(1)　物質・エネルギー
　①　物の性質，風とゴムの力の働き，光と音の性質，磁石の性質及び電気の回路についての理解を図り，観察，実験などに関する基本的な技能を身に付けるようにする。
　②　物の性質，風とゴムの力の働き，光と音の性質，磁石の性質及び電気の回路について追究する中で，主に差異点や共通点を基に，問題を見いだす力を養う。
　③　物の性質，風とゴムの力の働き，光と音の性質，磁石の性質及び電気の回路について追究する中で，主体的に問題解決しようとする態度を養う。
(2)　生命・地球
　①　身の回りの生物，太陽と地面の様子についての理解を図り，観察，実験などに関する基本的な技能を身に付けるようにする。
　②　身の回りの生物，太陽と地面の様子について追究する中で，主に差異点や共通点を基に，問題を見いだす力を養う。
　③　身の回りの生物，太陽と地面の様子について追究する中で，生物を愛護する態度や主体的に問題解決しようとする態度を養う。
2　内容

A　物質・エネルギー
(1)　物と重さ
　物の性質について，形や体積に着目して，重さを比較しながら調べる活動を通して，次の事項を身に付けることができるよう指導する。
　ア　次のことを理解するとともに，観察，実験などに関する技能を身に付けること。
　　(ｱ)　物は，形が変わっても重さは変わらないこと。
　　(ｲ)　物は，体積が同じでも重さは違うことがあること。
　イ　物の形や体積と重さとの関係について追究する中で，差異点や共通点を基に，物の性質についての問題を見いだし，表現すること。
(2)　風とゴムの力の働き
　風とゴムの力の働きについて，力と物の動く様子に着目して，それらを比較しながら調べる活動を通して，次の事項を身に付けることができるよう指導する。
　ア　次のことを理解するとともに，観察，実験などに関する技能を身に付けること。
　　(ｱ)　風の力は，物を動かすことができること。また，風の力の大きさを変えると，物が動く様子も変わること。
　　(ｲ)　ゴムの力は，物を動かすことができること。また，ゴムの力の大きさを変えると，物が動く様子も変わること。
　イ　風とゴムの力で物が動く様子について追究する中で，差異点や共通点を基に，風とゴムの力の働きについての問題を見いだし，表現すること。
(3)　光と音の性質
　光と音の性質について，光を当てたときの明るさや暖かさ，音を出したときの震え方に着目して，光の強さや音の大きさを変えたときの違いを比較しながら調べる活動を通して，次の事項を身に付けることができるよう指導する。
　ア　次のことを理解するとともに，観察，実験などに関する技能を身に付けること。
　　(ｱ)　日光は直進し，集めたり反射させたりできる

こと。
　　(イ)　物に日光を当てると，物の明るさや暖かさが変わること。
　　(ウ)　物から音が出たり伝わったりするとき，物は震えていること。また，音の大きさが変わるとき物の震え方が変わること。
　イ　光を当てたときの明るさや暖かさの様子，音を出したときの震え方の様子について追究する中で，差異点や共通点を基に，光と音の性質についての問題を見いだし，表現すること。
(4)　磁石の性質
　磁石の性質について，磁石を身の回りの物に近付けたときの様子に着目して，それらを比較しながら調べる活動を通して，次の事項を身に付けることができるよう指導する。
　ア　次のことを理解するとともに，観察，実験などに関する技能を身に付けること。
　　(ア)　磁石に引き付けられる物と引き付けられない物があること。また，磁石に近付けると磁石になる物があること。
　　(イ)　磁石の異極は引き合い，同極は退け合うこと。
　イ　磁石を身の回りの物に近付けたときの様子について追究する中で，差異点や共通点を基に，磁石の性質についての問題を見いだし，表現すること。
(5)　電気の通り道
　電気の回路について，乾電池と豆電球などのつなぎ方と乾電池につないだ物の様子に着目して，電気を通すときと通さないときのつなぎ方を比較しながら調べる活動を通して，次の事項を身に付けることができるよう指導する。
　ア　次のことを理解するとともに，観察，実験などに関する技能を身に付けること。
　　(ア)　電気を通すつなぎ方と通さないつなぎ方があること。
　　(イ)　電気を通す物と通さない物があること。
　イ　乾電池と豆電球などのつなぎ方と乾電池につないだ物の様子について追究する中で，差異点や共通点を基に，電気の回路についての問題を見いだし，表現すること。
B　生命・地球
(1)　身の回りの生物
　身の回りの生物について，探したり育てたりする中で，それらの様子や周辺の環境，成長の過程や体のつくりに着目して，それらを比較しながら調べる活動を通して，次の事項を身に付けることができるよう指導する。
　ア　次のことを理解するとともに，観察，実験などに関する技能を身に付けること。
　　(ア)　生物は，色，形，大きさなど，姿に違いがあること。また，周辺の環境と関わって生きていること。
　　(イ)　昆虫の育ち方には一定の順序があること。また，成虫の体は頭，胸及び腹からできていること。
　　(ウ)　植物の育ち方には一定の順序があること。また，その体は根，茎及び葉からできていること。
　イ　身の回りの生物の様子について追究する中で，差異点や共通点を基に，身の回りの生物と環境との関わり，昆虫や植物の成長のきまりや体のつくりについての問題を見いだし，表現すること。
(2)　太陽と地面の様子
　太陽と地面の様子との関係について，日なたと日陰の様子に着目して，それらを比較しながら調べる活動を通して，次の事項を身に付けることができるよう指導する。
　ア　次のことを理解するとともに，観察，実験などに関する技能を身に付けること。
　　(ア)　日陰は太陽の光を遮るとでき，日陰の位置は太陽の位置の変化によって変わること。
　　(イ)　地面は太陽によって暖められ，日なたと日陰では地面の暖かさや湿り気に違いがあること。
　イ　日なたと日陰の様子について追究する中で，差異点や共通点を基に，太陽と地面の様子との関係についての問題を見いだし，表現すること。
3　内容の取扱い
(1)　内容の「A 物質・エネルギー」の指導に当たっては，3種類以上のものづくりを行うものとする。
(2)　内容の「A 物質・エネルギー」の(4)のアの(ア)については，磁石が物を引き付ける力は，磁石と物の距離によって変わることにも触れること。
(3)　内容の「B 生命・地球」の(1)については，次のとおり取り扱うものとする。

ア アの(イ)及び(ウ)については，飼育，栽培を通して行うこと。
イ アの(ウ)の「植物の育ち方」については，夏生一年生の双子葉植物を扱うこと。
(4) 内容の「B生命・地球」の(2)のアの(ア)の「太陽の位置の変化」については，東から南，西へと変化することを取り扱うものとする。また，太陽の位置を調べるときの方位は東，西，南，北を扱うものとする。

〔第4学年〕
1 目標
(1) 物質・エネルギー
① 空気，水及び金属の性質，電流の働きについての理解を図り，観察，実験などに関する基本的な技能を身に付けるようにする。
② 空気，水及び金属の性質，電流の働きについて追究する中で，主に既習の内容や生活経験を基に，根拠のある予想や仮説を発想する力を養う。
③ 空気，水及び金属の性質，電流の働きについて追究する中で，主体的に問題解決しようとする態度を養う。
(2) 生命・地球
① 人の体のつくりと運動，動物の活動や植物の成長と環境との関わり，雨水の行方と地面の様子，気象現象，月や星についての理解を図り，観察，実験などに関する基本的な技能を身に付けるようにする。
② 人の体のつくりと運動，動物の活動や植物の成長と環境との関わり，雨水の行方と地面の様子，気象現象，月や星について追究する中で，主に既習の内容や生活経験を基に，根拠のある予想や仮説を発想する力を養う。
③ 人の体のつくりと運動，動物の活動や植物の成長と環境との関わり，雨水の行方と地面の様子，気象現象，月や星について追究する中で，生物を愛護する態度や主体的に問題解決しようとする態度を養う。

2 内容
A 物質・エネルギー
(1) 空気と水の性質
空気と水の性質について，体積や圧し返す力の変化に着目して，それらと圧す力とを関係付けて調べる活動を通して，次の事項を身に付けることができるよう指導する。
ア 次のことを理解するとともに，観察，実験などに関する技能を身に付けること。
(ア) 閉じ込めた空気を圧すと，体積は小さくなるが，圧し返す力は大きくなること。
(イ) 閉じ込めた空気は圧し縮められるが，水は圧し縮められないこと。
イ 空気と水の性質について追究する中で，既習の内容や生活経験を基に，空気と水の体積や圧し返す力の変化と圧す力との関係について，根拠のある予想や仮説を発想し，表現すること。

(2) 金属，水，空気と温度
金属，水及び空気の性質について，体積や状態の変化，熱の伝わり方に着目して，それらと温度の変化とを関係付けて調べる活動を通して，次の事項を身に付けることができるよう指導する。
ア 次のことを理解するとともに，観察，実験などに関する技能を身に付けること。
(ア) 金属，水及び空気は，温めたり冷やしたりすると，それらの体積が変わるが，その程度には違いがあること。
(イ) 金属は熱せられた部分から順に温まるが，水や空気は熱せられた部分が移動して全体が温まること。
(ウ) 水は，温度によって水蒸気や氷に変わること。また，水が氷になると体積が増えること。
イ 金属，水及び空気の性質について追究する中で，既習の内容や生活経験を基に，金属，水及び空気の温度を変化させたときの体積や状態の変化，熱の伝わり方について，根拠のある予想や仮説を発想し，表現すること。

(3) 電流の働き
電流の働きについて，電流の大きさや向きと乾電池につないだ物の様子に着目して，それらを関係付けて調べる活動を通して，次の事項を身に付けることができるよう指導する。
ア 次のことを理解するとともに，観察，実験などに関する技能を身に付けること。
(ア) 乾電池の数やつなぎ方を変えると，電流の大きさや向きが変わり，豆電球の明るさやモーターの回り方が変わること。
イ 電流の働きについて追究する中で，既習の内容や生活経験を基に，電流の大きさや向きと乾電

池につないだ物の様子との関係について，根拠のある予想や仮説を発想し，表現すること。
B　生命・地球
(1)　人の体のつくりと運動
　　人や他の動物について，骨や筋肉のつくりと働きに着目して，それらを関係付けて調べる活動を通して，次の事項を身に付けることができるよう指導する。
　ア　次のことを理解するとともに，観察，実験などに関する技能を身に付けること。
　　(ア)　人の体には骨と筋肉があること。
　　(イ)　人が体を動かすことができるのは，骨，筋肉の働きによること。
　イ　人や他の動物について追究する中で，既習の内容や生活経験を基に，人や他の動物の骨や筋肉のつくりと働きについて，根拠のある予想や仮説を発想し，表現すること。
(2)　季節と生物
　　身近な動物や植物について，探したり育てたりする中で，動物の活動や植物の成長と季節の変化に着目して，それらを関係付けて調べる活動を通して，次の事項を身に付けることができるよう指導する。
　ア　次のことを理解するとともに，観察，実験などに関する技能を身に付けること。
　　(ア)　動物の活動は，暖かい季節，寒い季節などによって違いがあること。
　　(イ)　植物の成長は，暖かい季節，寒い季節などによって違いがあること。
　イ　身近な動物や植物について追究する中で，既習の内容や生活経験を基に，季節ごとの動物の活動や植物の成長の変化について，根拠のある予想や仮説を発想し，表現すること。
(3)　雨水の行方と地面の様子
　　雨水の行方と地面の様子について，流れ方やしみ込み方に着目して，それらと地面の傾きや土の粒の大きさとを関係付けて調べる活動を通して，次の事項を身に付けることができるよう指導する。
　ア　次のことを理解するとともに，観察，実験などに関する技能を身に付けること。
　　(ア)　水は，高い場所から低い場所へと流れて集まること。
　　(イ)　水のしみ込み方は，土の粒の大きさによって違いがあること。
　イ　雨水の行方と地面の様子について追究する中で，既習の内容や生活経験を基に，雨水の流れ方やしみ込み方と地面の傾きや土の粒の大きさとの関係について，根拠のある予想や仮説を発想し，表現すること。
(4)　天気の様子
　　天気や自然界の水の様子について，気温や水の行方に着目して，それらと天気の様子や水の状態変化とを関係付けて調べる活動を通して，次の事項を身に付けることができるよう指導する。
　ア　次のことを理解するとともに，観察，実験などに関する技能を身に付けること。
　　(ア)　天気によって１日の気温の変化の仕方に違いがあること。
　　(イ)　水は，水面や地面などから蒸発し，水蒸気になって空気中に含まれていくこと。また，空気中の水蒸気は，結露して再び水になって現れることがあること。
　イ　天気や自然界の水の様子について追究する中で，既習の内容や生活経験を基に，天気の様子や水の状態変化と気温や水の行方との関係について，根拠のある予想や仮説を発想し，表現すること。
(5)　月と星
　　月や星の特徴について，位置の変化や時間の経過に着目して，それらを関係付けて調べる活動を通して，次の事項を身に付けることができるよう指導する。
　ア　次のことを理解するとともに，観察，実験などに関する技能を身に付けること。
　　(ア)　月は日によって形が変わって見え，１日のうちでも時刻によって位置が変わること。
　　(イ)　空には，明るさや色の違う星があること。
　　(ウ)　星の集まりは，１日のうちでも時刻によって，並び方は変わらないが，位置が変わること。
　イ　月や星の特徴について追究する中で，既習の内容や生活経験を基に，月や星の位置の変化と時間の経過との関係について，根拠のある予想や仮説を発想し，表現すること。
3　内容の取扱い
(1)　内容の「A 物質・エネルギー」の(3)のアの(ア)については，直列つなぎと並列つなぎを扱うものとする。
(2)　内容の「A 物質・エネルギー」の指導に当たっては，２種類以上のものづくりを行うものとする。

(3) 内容の「B 生命・地球」の(1)のアの(イ)については，関節の働きを扱うものとする。
(4) 内容の「B 生命・地球」の(2)については，1年を通じて動物の活動や植物の成長をそれぞれ2種類以上観察するものとする。

〔第5学年〕
1 目標
(1) 物質・エネルギー
 ① 物の溶け方，振り子の運動，電流がつくる磁力についての理解を図り，観察，実験などに関する基本的な技能を身に付けるようにする。
 ② 物の溶け方，振り子の運動，電流がつくる磁力について追究する中で，主に予想や仮説を基に，解決の方法を発想する力を養う。
 ③ 物の溶け方，振り子の運動，電流がつくる磁力について追究する中で，主体的に問題解決しようとする態度を養う。
(2) 生命・地球
 ① 生命の連続性，流れる水の働き，気象現象の規則性についての理解を図り，観察，実験などに関する基本的な技能を身に付けるようにする。
 ② 生命の連続性，流れる水の働き，気象現象の規則性について追究する中で，主に予想や仮説を基に，解決の方法を発想する力を養う。
 ③ 生命の連続性，流れる水の働き，気象現象の規則性について追究する中で，生命を尊重する態度や主体的に問題解決しようとする態度を養う。

2 内容
A 物質・エネルギー
(1) 物の溶け方
 物の溶け方について，溶ける量や様子に着目して，水の温度や量などの条件を制御しながら調べる活動を通して，次の事項を身に付けることができるよう指導する。
 ア 次のことを理解するとともに，観察，実験などに関する技能を身に付けること。
  (ア) 物が水に溶けても，水と物とを合わせた重さは変わらないこと。
  (イ) 物が水に溶ける量には，限度があること。
  (ウ) 物が水に溶ける量は水の温度や量，溶ける物によって違うこと。また，この性質を利用して，溶けている物を取り出すことができること。
 イ 物の溶け方について追究する中で，物の溶け方の規則性についての予想や仮説を基に，解決の方法を発想し，表現すること。
(2) 振り子の運動
 振り子の運動の規則性について，振り子が1往復する時間に着目して，おもりの重さや振り子の長さなどの条件を制御しながら調べる活動を通して，次の事項を身に付けることができるよう指導する。
 ア 次のことを理解するとともに，観察，実験などに関する技能を身に付けること。
  (ア) 振り子が1往復する時間は，おもりの重さなどによっては変わらないが，振り子の長さによって変わること。
 イ 振り子の運動の規則性について追究する中で，振り子が1往復する時間に関係する条件についての予想や仮説を基に，解決の方法を発想し，表現すること。
(3) 電流がつくる磁力
 電流がつくる磁力について，電流の大きさや向き，コイルの巻数などに着目して，それらの条件を制御しながら調べる活動を通して，次の事項を身に付けることができるよう指導する。
 ア 次のことを理解するとともに，観察，実験などに関する技能を身に付けること。
  (ア) 電流の流れているコイルは，鉄心を磁化する働きがあり，電流の向きが変わると，電磁石の極も変わること。
  (イ) 電磁石の強さは，電流の大きさや導線の巻数によって変わること。
 イ 電流がつくる磁力について追究する中で，電流がつくる磁力の強さに関係する条件についての予想や仮説を基に，解決の方法を発想し，表現すること。

B 生命・地球
(1) 植物の発芽，成長，結実
 植物の育ち方について，発芽，成長及び結実の様子に着目して，それらに関わる条件を制御しながら調べる活動を通して，次の事項を身に付けることができるよう指導する。
 ア 次のことを理解するとともに，観察，実験などに関する技能を身に付けること。
  (ア) 植物は，種子の中の養分を基にして発芽すること。
  (イ) 植物の発芽には，水，空気及び温度が関係し

ていること。
　　(ウ)　植物の成長には，日光や肥料などが関係していること。
　　(エ)　花にはおしべやめしべなどがあり，花粉がめしべの先に付くとめしべのもとが実になり，実の中に種子ができること。
　イ　植物の育ち方について追究する中で，植物の発芽，成長及び結実とそれらに関わる条件についての予想や仮説を基に，解決の方法を発想し，表現すること。
(2)　動物の誕生
　動物の発生や成長について，魚を育てたり人の発生についての資料を活用したりする中で，卵や胎児の様子に着目して，時間の経過と関係付けて調べる活動を通して，次の事項を身に付けることができるよう指導する。
　ア　次のことを理解するとともに，観察，実験などに関する技能を身に付けること。
　　(ア)　魚には雌雄があり，生まれた卵は日がたつにつれて中の様子が変化してかえること。
　　(イ)　人は，母体内で成長して生まれること。
　イ　動物の発生や成長について追究する中で，動物の発生や成長の様子と経過についての予想や仮説を基に，解決の方法を発想し，表現すること。
(3)　流れる水の働きと土地の変化
　流れる水の働きと土地の変化について，水の速さや量に着目して，それらの条件を制御しながら調べる活動を通して，次の事項を身に付けることができるよう指導する。
　ア　次のことを理解するとともに，観察，実験などに関する技能を身に付けること。
　　(ア)　流れる水には，土地を侵食したり，石や土などを運搬したり堆積させたりする働きがあること。
　　(イ)　川の上流と下流によって，川原の石の大きさや形に違いがあること。
　　(ウ)　雨の降り方によって，流れる水の量や速さは変わり，増水により土地の様子が大きく変化する場合があること。
　イ　流れる水の働きについて追究する中で，流れる水の働きと土地の変化との関係についての予想や仮説を基に，解決の方法を発想し，表現すること。

(4)　天気の変化
　天気の変化の仕方について，雲の様子を観測したり，映像などの気象情報を活用したりする中で，雲の量や動きに着目して，それらと天気の変化とを関係付けて調べる活動を通して，次の事項を身に付けることができるよう指導する。
　ア　次のことを理解するとともに，観察，実験などに関する技能を身に付けること。
　　(ア)　天気の変化は，雲の量や動きと関係があること。
　　(イ)　天気の変化は，映像などの気象情報を用いて予想できること。
　イ　天気の変化の仕方について追究する中で，天気の変化の仕方と雲の量や動きとの関係についての予想や仮説を基に，解決の方法を発想し，表現すること。
3　内容の取扱い
(1)　内容の「A 物質・エネルギー」の指導に当たっては，2種類以上のものづくりを行うものとする。
(2)　内容の「A 物質・エネルギー」の(1)については，水溶液の中では，溶けている物が均一に広がることにも触れること。
(3)　内容の「B 生命・地球」の(1)については，次のとおり取り扱うものとする。
　ア　アの(ア)の「種子の中の養分」については，でんぷんを扱うこと。
　イ　アの(エ)については，おしべ，めしべ，がく及び花びらを扱うこと。また，受粉については，風や昆虫などが関係していることにも触れること。
(4)　内容の「B 生命・地球」の(2)のアの(イ)については，人の受精に至る過程は取り扱わないものとする。
(5)　内容の「B 生命・地球」の(3)のアの(ウ)については，自然災害についても触れること。
(6)　内容の「B 生命・地球」の(4)のアの(イ)については，台風の進路による天気の変化や台風と降雨との関係及びそれに伴う自然災害についても触れること。

〔第6学年〕
1　目　標
(1)　物質・エネルギー
　①　燃焼の仕組み，水溶液の性質，てこの規則性及

び電気の性質や働きについての理解を図り，観察，実験などに関する基本的な技能を身に付けるようにする。
② 燃焼の仕組み，水溶液の性質，てこの規則性及び電気の性質や働きについて追究する中で，主にそれらの仕組みや性質，規則性及び働きについて，より妥当な考えをつくりだす力を養う。
③ 燃焼の仕組み，水溶液の性質，てこの規則性及び電気の性質や働きについて追究する中で，主体的に問題解決しようとする態度を養う。

(2) 生命・地球
① 生物の体のつくりと働き，生物と環境との関わり，土地のつくりと変化，月の形の見え方と太陽との位置関係についての理解を図り，観察，実験などに関する基本的な技能を身に付けるようにする。
② 生物の体のつくりと働き，生物と環境との関わり，土地のつくりと変化，月の形の見え方と太陽との位置関係について追究する中で，主にそれらの働きや関わり，変化及び関係について，より妥当な考えをつくりだす力を養う。
③ 生物の体のつくりと働き，生物と環境との関わり，土地のつくりと変化，月の形の見え方と太陽との位置関係について追究する中で，生命を尊重する態度や主体的に問題解決しようとする態度を養う。

2 内 容
A 物質・エネルギー
(1) 燃焼の仕組み
燃焼の仕組みについて，空気の変化に着目して，物の燃え方を多面的に調べる活動を通して，次の事項を身に付けることができるよう指導する。
ア 次のことを理解するとともに，観察，実験などに関する技能を身に付けること。
(ア) 植物体が燃えるときには，空気中の酸素が使われて二酸化炭素ができること。
イ 燃焼の仕組みについて追究する中で，物が燃えたときの空気の変化について，より妥当な考えをつくりだし，表現すること。

(2) 水溶液の性質
水溶液について，溶けている物に着目して，それらによる水溶液の性質や働きの違いを多面的に調べる活動を通して，次の事項を身に付けることができるよう指導する。

ア 次のことを理解するとともに，観察，実験などに関する技能を身に付けること。
(ア) 水溶液には，酸性，アルカリ性及び中性のものがあること。
(イ) 水溶液には，気体が溶けているものがあること。
(ウ) 水溶液には，金属を変化させるものがあること。
イ 水溶液の性質や働きについて追究する中で，溶けているものによる性質や働きの違いについて，より妥当な考えをつくりだし，表現すること。

(3) てこの規則性
てこの規則性について，力を加える位置や力の大きさに着目して，てこの働きを多面的に調べる活動を通して，次の事項を身に付けることができるよう指導する。
ア 次のことを理解するとともに，観察，実験などに関する技能を身に付けること。
(ア) 力を加える位置や力の大きさを変えると，てこを傾ける働きが変わり，てこがつり合うときにはそれらの間に規則性があること。
(イ) 身の回りには，てこの規則性を利用した道具があること。
イ てこの規則性について追究する中で，力を加える位置や力の大きさとてこの働きとの関係について，より妥当な考えをつくりだし，表現すること。

(4) 電気の利用
発電や蓄電，電気の変換について，電気の量や働きに着目して，それらを多面的に調べる活動を通して，次の事項を身に付けることができるよう指導する。
ア 次のことを理解するとともに，観察，実験などに関する技能を身に付けること。
(ア) 電気は，つくりだしたり蓄えたりすることができること。
(イ) 電気は，光，音，熱，運動などに変換することができること。
(ウ) 身の回りには，電気の性質や働きを利用した道具があること。
イ 電気の性質や働きについて追究する中で，電気の量と働きとの関係，発電や蓄電，電気の変換について，より妥当な考えをつくりだし，表現すること。

B 生命・地球
(1) 人の体のつくりと働き
　人や他の動物について，体のつくりと呼吸，消化，排出及び循環の働きに着目して，生命を維持する働きを多面的に調べる活動を通して，次の事項を身に付けることができるよう指導する。
　ア　次のことを理解するとともに，観察，実験などに関する技能を身に付けること。
　　(ｱ)　体内に酸素が取り入れられ，体外に二酸化炭素などが出されていること。
　　(ｲ)　食べ物は，口，胃，腸などを通る間に消化，吸収され，吸収されなかった物は排出されること。
　　(ｳ)　血液は，心臓の働きで体内を巡り，養分，酸素及び二酸化炭素などを運んでいること。
　　(ｴ)　体内には，生命活動を維持するための様々な臓器があること。
　イ　人や他の動物の体のつくりと働きについて追究する中で，体のつくりと呼吸，消化，排出及び循環の働きについて，より妥当な考えをつくりだし，表現すること。
(2) 植物の養分と水の通り道
　植物について，その体のつくり，体内の水などの行方及び葉で養分をつくる働きに着目して，生命を維持する働きを多面的に調べる活動を通して，次の事項を身に付けることができるよう指導する。
　ア　次のことを理解するとともに，観察，実験などに関する技能を身に付けること。
　　(ｱ)　植物の葉に日光が当たるとでんぷんができること。
　　(ｲ)　根，茎及び葉には，水の通り道があり，根から吸い上げられた水は主に葉から蒸散により排出されること。
　イ　植物の体のつくりと働きについて追究する中で，体のつくり，体内の水などの行方及び葉で養分をつくる働きについて，より妥当な考えをつくりだし，表現すること。
(3) 生物と環境
　生物と環境について，動物や植物の生活を観察したり資料を活用したりする中で，生物と環境との関わりに着目して，それらを多面的に調べる活動を通して，次の事項を身に付けることができるよう指導する。
　ア　次のことを理解するとともに，観察，実験などに関する技能を身に付けること。
　　(ｱ)　生物は，水及び空気を通して周囲の環境と関わって生きていること。
　　(ｲ)　生物の間には，食う食われるという関係があること。
　　(ｳ)　人は，環境と関わり，工夫して生活していること。
　イ　生物と環境について追究する中で，生物と環境との関わりについて，より妥当な考えをつくりだし，表現すること。
(4) 土地のつくりと変化
　土地のつくりと変化について，土地やその中に含まれる物に着目して，土地のつくりやでき方を多面的に調べる活動を通して，次の事項を身に付けることができるよう指導する。
　ア　次のことを理解するとともに，観察，実験などに関する技能を身に付けること。
　　(ｱ)　土地は，礫，砂，泥，火山灰などからできており，層をつくって広がっているものがあること。また，層には化石が含まれているものがあること。
　　(ｲ)　地層は，流れる水の働きや火山の噴火によってできること。
　　(ｳ)　土地は，火山の噴火や地震によって変化すること。
　イ　土地のつくりと変化について追究する中で，土地のつくりやでき方について，より妥当な考えをつくりだし，表現すること。
(5) 月と太陽
　月の形の見え方について，月と太陽の位置に着目して，それらの位置関係を多面的に調べる活動を通して，次の事項を身に付けることができるよう指導する。
　ア　次のことを理解するとともに，観察，実験などに関する技能を身に付けること。
　　(ｱ)　月の輝いている側に太陽があること。また，月の形の見え方は，太陽と月との位置関係によって変わること。
　イ　月の形の見え方について追究する中で，月の位置や形と太陽の位置との関係について，より妥当な考えをつくりだし，表現すること。
3　内容の取扱い
(1) 内容の「A 物質・エネルギー」の指導に当たっては，2種類以上のものづくりを行うものとする。

(2) 内容の「A 物質・エネルギー」の(4)のアの(ア)については，電気をつくりだす道具として，手回し発電機，光電池などを扱うものとする。
(3) 内容の「B 生命・地球」の(1)については，次のとおり取り扱うものとする。
　ア　アの(ウ)については，心臓の拍動と脈拍とが関係することにも触れること。
　イ　アの(エ)については，主な臓器として，肺，胃，小腸，大腸，肝臓，腎臓，心臓を扱うこと。
(4) 内容の「B 生命・地球」の(3)については，次のとおり取り扱うものとする。
　ア　アの(ア)については，水が循環していることにも触れること。
　イ　アの(イ)については，水中の小さな生物を観察し，それらが魚などの食べ物になっていることに触れること。
(5) 内容の「B 生命・地球」の(4)については，次のとおり取り扱うものとする。
　ア　アの(イ)については，流れる水の働きでできた岩石として礫岩，砂岩，泥岩を扱うこと。
　イ　アの(ウ)については，自然災害についても触れること。
(6) 内容の「B 生命・地球」の(5)のアの(ア)については，地球から見た太陽と月との位置関係で扱うものとする。

第3　指導計画の作成と内容の取扱い
1　指導計画の作成に当たっては，次の事項に配慮するものとする。
(1) 単元など内容や時間のまとまりを見通して，その中で育む資質・能力の育成に向けて，児童の主体的・対話的で深い学びの実現を図るようにすること。その際，理科の学習過程の特質を踏まえ，理科の見方・考え方を働かせ，見通しをもって観察，実験を行うことなどの，問題を科学的に解決しようとする学習活動の充実を図ること。
(2) 各学年で育成を目指す思考力，判断力，表現力等については，該当学年において育成することを目指す力のうち，主なものを示したものであり，実際の指導に当たっては，他の学年で掲げている力の育成についても十分に配慮すること。
(3) 障害のある児童などについては，学習活動を行う場合に生じる困難さに応じた指導内容や指導方法の工夫を計画的，組織的に行うこと。
(4) 第1章総則の第1の2の(2)に示す道徳教育の目標に基づき，道徳科などとの関連を考慮しながら，第3章特別の教科道徳の第2に示す内容について，理科の特質に応じて適切な指導をすること。
2　第2の内容の取扱いについては，次の事項に配慮するものとする。
(1) 問題を見いだし，予想や仮説，観察，実験などの方法について考えたり説明したりする学習活動，観察，実験の結果を整理し考察する学習活動，科学的な言葉や概念を使用して考えたり説明したりする学習活動などを重視することによって，言語活動が充実するようにすること。
(2) 観察，実験などの指導に当たっては，指導内容に応じてコンピュータや情報通信ネットワークなどを適切に活用できるようにすること。また，第1章総則の第3の1の(3)のイに掲げるプログラミングを体験しながら論理的思考力を身に付けるための学習活動を行う場合には，児童の負担に配慮しつつ，例えば第2の各学年の内容の〔第6学年〕の「A 物質・エネルギー」の(4)における電気の性質や働きを利用した道具があることを捉える学習など，与えた条件に応じて動作していることを考察し，更に条件を変えることにより，動作が変化することについて考える場面で取り扱うものとする。
(3) 生物，天気，川，土地などの指導に当たっては，野外に出掛け地域の自然に親しむ活動や体験的な活動を多く取り入れるとともに，生命を尊重し，自然環境の保全に寄与する態度を養うようにすること。
(4) 天気，川，土地などの指導に当たっては，災害に関する基礎的な理解が図られるようにすること。
(5) 個々の児童が主体的に問題解決の活動を進めるとともに，日常生活や他教科等との関連を図った学習活動，目的を設定し，計測して制御するという考え方に基づいた学習活動が充実するようにすること。
(6) 博物館や科学学習センターなどと連携，協力を図りながら，それらを積極的に活用すること。
3　観察，実験などの指導に当たっては，事故防止に十分留意すること。また，環境整備に十分配慮するとともに，使用薬品についても適切な措置をとるよう配慮すること。

索　引

あ行

アームストロング，H. E.　*4, 5*
アクティブ・ラーニング　*107*
アナロジー（類推）　*100*
Apply　*108*
雨水の行方と地面の様子　*72*
アルコールランプ　*169*
安全指導　*171*
安定的探究　*90*
生きる力　*159*
一貫した説明　*109*
糸電話　*179*
色・形・大きさ　*134*
ウッドハル，J. F.　*4*
運動エネルギー　*42*
S-APA　*147*
STS　*24*
エネルギー概念　*39*
enquiry　*89*
エンゲージメント（engagement）　*99*
演示実験　*139*
エンジニアリング・デザイン　*181*
エンジニアリング・デザイン・プロセス　*36*
オープンエンドアプローチ　*86*
音の性質　*178*
重さの保存　*55, 56*
主な臓器　*65*

か行

解釈（考察）　*146*
改正教育令　*12*
ガイド学習　*101*
介入　*197*
開発教授法　*12*
科学概念　*31*
科学観　*23*
科学技術の二面性　*33*
科学啓蒙書　*11*
科学そのもの　*24*
科学的態度　*138*
科学と社会　*25*
科学と人文　*25*
科学について　*24*
科学の本性　*25*
科学（的）リテラシー　*24, 33*
科学論的理解　*24*

学習科学　*95*
学習指導案　*192*
革新的教授モデル（Innovative Teaching Model）　*199*
学制　*11*
学問中心カリキュラム　*23, 87*
陰　*77*
影　*77*
仮説　*197*
仮説実験授業　*198*
仮説設定　*149*
風とゴムの力の働き　*40, 178*
学校実験　*139*
加熱器具　*169*
ガラス器具　*169*
簡易てんびんの製作　*182*
考え方　*145*
感覚　*129*
感覚器官　*128*
関係付け　*50, 51, 146*
観察　*127*
　　──，実験活動の意義　*91*
観察カード　*135*
関心・意欲・態度　*158*
観点別学習状況の評価　*157*
気温の変化　*73*
危険物　*174*
気象情報　*75*
季節と生物　*134*
基礎的なプロセス　*147*
技能　*158*
キャリア教育　*34*
教育観　*22*
教育目標　*157*
教育令　*12*
教材研究　*192*
教師の資質・能力　*187*
教師の社会的成長　*189*
教師の専門職像　*189*
協同学習（collaborative learning）　*198*
協同的な学習　*102*
協力学習（cooperataive learning）　*198*
議論　*122*
空気でっぽう　*179*

空気と水の性質　*178*
空気のあたたまり方　*113*
グループコミュニケーション活動　*105*
グループ実験　*139*
経験カリキュラム　*34*
形式陶冶主義　*6*
継続観察　*131*
血液循環　*65*
結論の修辞術　*90*
研究協議会　*187*
研究実験　*139*
研究大会　*187*
言語活動の充実　*105, 117*
『言語活動の充実に関する指導事例集』　*117*
検証実験　*140*
コア知識　*108*
公開研究会　*187*
構成主義的な学習観　*96, 121*
校内研究　*187*
誤概念　*201*
呼吸　*65*
国際教育協力　*188*
国定教科書制度　*14*
国民学校令　*16*
個別実験　*139*
コメニウス，J. A.　*3*
昆虫の成虫と体　*61*
コンデンサー　*43*
コンピテンシー　*160*

さ行

サーモイクラ　*110*
サーモインク　*110*
サイエンスプロセス・スキル　*145*
採点のための鍵　*164*
参加としての学習　*122*
時間的・空間的な視点　*71*
ジグソー法　*102*
思考の可視化　*199*
思考・判断・表現　*158, 160*
思考力，判断力，表現力等　*26, 117*
自己効力感　*36*
自己調整学習（self-regulated learning）　*97*

索　引

自己調整としての学習　97
資質・能力　26, 141
磁石の性質　40, 178
次世代科学スタンダード　31, 182
『自然科』　3
自然科（Nature-Study）　4, 7, 8
自然災害のしくみ　73
自然認識　128, 137
自然の観察　17
実験　127, 137
実験活動　137
実験計画の立案　146
実験事故　167
実験室教授法　5
実験スキル　138
実験用カセットコンロ　169
実質陶冶主義　6
実証授業　187
実践　122
質的・実体的　49, 50
質の高い学習指導案　200
実用的価値　4
シティズンシップ　25
児童実験　15, 139
指導と評価の一体化　164
指導要録　159
社会言語　121
社会情動的スキル　34
社会的構成主義　121
社会に開かれた教育課程　165
社会文化的な行為としての協同
　　的・対話的な学習　98
ジャックマン, W. S.　7
習熟目標　197
従属変数　149
授業研究　187
授業サイクル　164
熟達者　95
種子の中の養分　63
主体的・対話的で深い学び　105, 162, 200
主体的な関与の高まりとしての学習　99
主体的な学び　99
主体的に学習に取り組む態度　160
主体的に問題解決しようとする態度　141
シュワブ, J. J.　88
情意的側面　33
消化・吸収　65

小学校ノ学科及其程度　13
小学校令　13
状況主義に基づく学習観　122
状況・文脈のなかでの学習　98
条件（を）制御　51, 146
省察的実践者　189
焦点化　197
消防設備　172
植物の受粉，結実　64
植物の成長と体　61
植物の成長と季節　63
庶物指教　6
自律的に学び続ける教師　196
思慮深い教師　189
新教育　15
Think-Pair-Share 法　198
人工知能（AI）　32
身体表現　110
審美的情操的価値　4
人文的価値　4
スイッチ　179
Scratch　43
生活科　19
生活共同体（Lebensgemeinschaft）
　　4, 6, 7, 14
生活単元学習　87
生活単元・問題解決学習　18
星座定規　80
成長の条件　64
生物と環境　66
全国学力・学習状況調査　118
全米科学教育スタンダード　25
専門職の学習共同体　189
操作技術　138
創造性　37
　　──の育成　36
相対評価　157
ソーシャルキャピタル　189

た行

太陽や影の位置の変化　72
対流　110
対話　197
対話的実践　198
確かな学力　163
DASH（Developmental Approaches in Science, Health & Technology）　182
卵の中の成長　64
多面的に考える　146
多面的に調べる　52
探究学習　85, 191

──のレベル　92
探究の過程　32, 140
探究のナラティヴ　91
探究の方法　89
探究への招待　91
単元の指導計画　191
談話　122
地球と天体の運動　71
地球な内部と地表面の変動　71
地球の大気と水の循環　71
蓄電　43
知識・技能　26, 160
知識・理解　158
直観科　6
直観の原理　5
月と太陽の位置関係　76
月や星の位置の変化　74
低学年理科特設運動　16
ディスターベーク, F. A. W.　4, 5
定性的観察　130
TIMSS　118
TIMSS 授業ビデオ研究　92
定量的観察　130
データ解釈　149
てこの規則性　42, 179
テスター　179
デューイ, J.　88
電気の通り道　41, 178
電気の働き　178
電気の利用　42, 179
電磁石　42
　　──の性質　108
でんぷんのでき方　65
電流がつくる磁界　42
電流の働き　41, 178
動機づけ　139
統合的なプロセス　147
到達度評価　157
到達目標・課題解決法　198
導入実験　139
動物の活動と季節　63
毒劇物　174
独立変数　149

な行

内容教科　105
21世紀スキル　160
日常生活　34
　　──との結びつき　179, 180
（公社）日本理科教育振興協会　169

213

認知的スキル　138
能動的な構成としての学習　96
能力訓練としての価値　4

は行

パーカー，F. W.　7
廃液処理　174
肺のモデル製作　182
橋渡し方略（Bridging Strategy）　198
発芽の条件　63
ハックスレー，Th. H.　4
発見的教授法　5, 15
発光ダイオード（LED）　43
発達の最近接領域　198
パフォーマンス　163
パフォーマンス評価　163
汎愛派　3
反省的思考　88
反転学習　107
汎用的能力　160
PSSC 物理　23
BSCS 生物　23
PDSA サイクル　165
PDS サイクル　164
PDCA　165
比較　50, 146
光電池　41
光と音の性質　40
光の性質　178
光を受けて輝いているもの（反射物）　77
PISA　25, 33, 118
ヒューマナイジング　33
評価指数　164
評定　157
フィールドワーク　131
FOSS（Full Option Science System）　182
深い学び　105
深い理解のための教育　196
複式学級　101
物質観　49
振り子の運動　41, 178
ブルーナー，J. S.　32
プログラミング　43
プロジェクト・メソッド　4, 8
プロセス・スキル　145
文脈（context）　98
ベイリー，L. H.　4, 8
ペスタロッチ主義者　5
変化の観察　130
方位磁針　74
ポートフォリオ　164
ポートフォリオ評価　163
母体内の成長　64
骨と筋肉　62
骨と筋肉の働き　62

ま行

マクマレー，Ch.　4
学びに向かう力，人間性　26
見方・考え方　26, 145
　　理科の――　49, 131
自ら光っているもの（光源）　77
ミスコンセプション・誤概念　49, 54
水でっぽう　179
水のあたたまり方　105
水の通り道　65
水の流れ方やしみ込み方　72
見通し　197
　　――をもった実験　141
身の回りの生物　131
　　――と環境　61
村の池　7
メタ認知　97, 197
メタ認知能力　162
モーター作り　179
目標に準拠した評価　157

モデル　100
モデル実験　74
ものづくり　36, 50, 51, 100, 177
ものづくり活動　177
物の温まり方　178
問題解決学習　85
問題解決能力　146
問題解決の過程　140
問題の発見　146

や行

野外観察　131
ユンゲ，F.　4, 6
用具教科　105
予想　197
予想・仮説の設定　146
予備実験　171

ら行

理科学習の有用性　180
理科教育の現代化　19
理科室・準備室の管理　172
理科の要旨　14, 24
理科備品の管理　173
理数科理科　17
リスク・危機管理　168
理想的な振り返り　200
Reflect　107
粒子　49-51, 53, 54, 58, 59
　　――の結合　53, 54
　　――の存在　53, 54
　　――の保存性　53, 54
　　――のもつエネルギー　53, 54
粒子概念　49, 53
粒子モデル　58
流動的探究　90
理論的価値　4
ルーブリック　164
礫，砂，泥，火山灰　75
Lesson Study　105

《監修者紹介》

吉田武男（筑波大学名誉教授／関西外国語大学英語国際学部教授）

《執筆者紹介》（所属，分担，執筆順，＊は編著者）

＊大髙　泉（編著者紹介参照：はじめに・第1章・第3章）

遠藤優介（筑波大学人間系助教：第2章）

郡司賀透（静岡大学学術院教育学領域准教授：第4章）

板橋夏樹（宮城学院女子大学教育学部准教授：第5章）

稲田結美（日本体育大学児童スポーツ教育学部教授：第6章）

伊藤哲章（宮城学院女子大学教育学部准教授：第7章）

柳本高秀（北海道立教育研究所附属理科教育センター主査：第8章）

石﨑友規（常磐大学人間科学部准教授：第9章）

内ノ倉真吾（鹿児島大学教育学系准教授：第10章）

山下修一（千葉大学教育学部教授：第11章）

泉　直志（鳥取大学地域学部講師：第12章）

山本容子（筑波大学人間系准教授：第13章）

大嶌竜午（千葉大学教育学部助教：第14章）

宮本直樹（茨城大学大学院教育学研究科准教授：第15章）

片平克弘（筑波大学特命教授：第16章）

鈴木宏昭（山形大学学術研究院［地域教育文化学部担当］准教授：第17章）

人見久城（宇都宮大学大学院教育学研究科教授：第18章）

畑中敏伸（東邦大学理学部准教授：第19章）

小林和雄（福井大学大学院教育学研究科准教授：第20章）

《編著者紹介》

大髙　泉（おおたか・いずみ／1952年生まれ）
　　常磐大学人間科学部教授・常磐大学大学院人間科学研究科長・筑波大学名誉教授
　　『Umwelt-Bildung: spielend die Umwelt entdecken』（共著，Hermann Luchterhand
　　　　Verlag，1995年）
　　『ドイツ科学教育論研究』（協同出版，1998年）
　　『教科教育の理論と授業Ⅱ──理数編』（共編著，協同出版，2012年）
　　『学校教育のカリキュラムと方法』（共編著，協同出版，2013年）
　　『新しい学びを拓く理科授業の理論と実践──中学高校編』（編著，ミネルヴァ書
　　　　房，2013年）
　　『理科教育基礎論研究』（編著，協同出版，2017年）

MINERVA はじめて学ぶ教科教育④
初等理科教育

2018年7月30日　初版第1刷発行　　　　　〈検印省略〉
2022年3月20日　初版第2刷発行

定価はカバーに
表示しています

編著者　　大　髙　　　泉
発行者　　杉　田　啓　三
印刷者　　藤　森　英　夫

発行所　株式会社　ミネルヴァ書房
　　　607-8494　京都市山科区日ノ岡堤谷町1
　　　電話代表　(075)581-5191
　　　振替口座　01020-0-8076

©大髙泉ほか，2018　　　　亜細亜印刷

ISBN978-4-623-08367-1
Printed in Japan

MINERVA はじめて学ぶ教科教育

監修　吉田武男

新学習指導要領［平成29年改訂］に準拠　　全10巻＋別巻1

◆　B5判／美装カバー／各巻190～260頁／各巻予価2200円（税別）　◆

① 初等国語科教育
塚田泰彦・甲斐雄一郎・長田友紀 編著

② 初等算数科教育
清水美憲 編著

③ 初等社会科教育
井田仁康・唐木清志 編著

④ 初等理科教育
大髙　泉 編著

⑤ 初等外国語教育
卯城祐司 編著

⑥ 初等図画工作科教育
石﨑和宏・直江俊雄 編著

⑦ 初等音楽科教育
笹野恵理子 編著

⑧ 初等家庭科教育
河村美穂 編著

⑨ 初等体育科教育
岡出美則 編著

⑩ 初等生活科教育
片平克弘・唐木清志 編著

別 現代の学力観と評価
樋口直宏・根津朋実・吉田武男 編著

【姉妹編】
MINERVA はじめて学ぶ教職　全20巻＋別巻1

監修　吉田武男　　B5判／美装カバー／各巻予価2200円（税別）～

① 教育学原論　　　　　　　　滝沢和彦 編著
② 教職論　　　　　　　　　　吉田武男 編著
③ 西洋教育史　　　　　　　　尾上雅信 編著
④ 日本教育史　　　　　　　　平田諭治 編著
⑤ 教育心理学　　　　　　　　濱口佳和 編著
⑥ 教育社会学　　　飯田浩之・岡本智周 編著
⑦ 社会教育・生涯学習　手打明敏・上田孝典 編著
⑧ 教育の法と制度　　　　　　藤井穂高 編著
⑨ 学校経営　　　　　　　　　浜田博文 編著
⑩ 教育課程　　　　　　　　　根津朋実 編著
⑪ 教育の方法と技術　　　　　樋口直宏 編著
⑫ 道徳教育　　　　　　　　　田中マリア 編著
⑬ 総合的な学習の時間
佐藤　真・安藤福光・緩利　誠 編著
⑭ 特別活動　　　　　　吉田武男・京免徹雄 編著
⑮ 生徒指導　　　　　　花屋哲郎・吉田武男 編著
⑯ 教育相談
高柳真人・前田基成・服部　環・吉田武男 編著
⑰ 教育実習　　　　　　三田部勇・吉田武男 編著
⑱ 特別支援教育
小林秀之・米田宏樹・安藤隆男 編著
⑲ キャリア教育　　　　　　　藤田晃之 編著
⑳ 幼児教育　　　　　　　　　小玉亮子 編著
別 現代の教育改革　　　　　　徳永　保 編著

― ミネルヴァ書房 ―
https://www.minervashobo.co.jp/